Tschechische Küche

Tschechische Küche

Joza Břízová · Maryna Klimentová

Verlag PRÁCE, Praha
Verlag für die Frau, Leipzig

Břízová Joza:
Tschechische Küche / Joza Břízová; Maryna Klimentová. [Fotos: Heinz Schütze].– 6. Aufl. – Praha; Verlag Práce; Leipzig: Verlag für die Frau, 1989. – 192 S.: 32 Ill. (z. T. farb.)

ISBN 3-7304-0018-5

NE: 2. Verf.:

Gemeinschaftsausgabe des Verlages PRÁCE, Praha/ČSSR, und des Verlages für die Frau, Leipzig/DDR
Bearbeitung: Redaktion Hauswirtschaft, Verlag für die Frau, 7010 Leipzig, Friedrich-Ebert-Str. 76/78
Titel- und Tafelgestaltung: Ursula Walch, Leipzig
Typografie: Klaus Müller, Leipzig
Fotos: Heinz Schütze, Leipzig
Anrichten der Speisen: Hermann Feiste, Klaus Haustein, Herbert Müller, Leipzig
6. Auflage 1989
© 1977 by Verlag PRÁCE, Praha/ČSSR, und Verlag für die Frau, Leipzig/DDR
Druckgenehmigungsnummer: 126/405/36/89
Satz, Druck und buchbinderische Verarbeitung: Naše vojsko, n. p., Praha 6, Vlastina 23
LVS 9229
Bestellnummer: 673 153 8
01750

Inhalt

5

Vorwort

Wie jede nationale Küche, so gründet sich auch die der ČSSR im wesentlichen auf das, was im Land angebaut und geerntet wurde. Das galt vor allem für ländliche Gegenden, wo es hauptsächlich Gerichte aus Milch, Quark, Schweinefleisch, Geflügel, Gemüse, Obst sowie Kartoffeln und außerdem viele Mehlspeisen gab. Die Erziehung zur richtigen Ernährung hat aber für die tschechische Küche insofern Veränderungen gebracht, daß mehr als zuvor Gemüse und mageres Fleisch anstatt der bisher vorherrschenden süßen Mehlspeisen und Knödel in den Speiseplan aufgenommen werden.

Durch den Kontakt mit befreundeten Ländern wurde die Einfuhr von Frühgemüse und Frühobst verschiedener Sorten ermöglicht und damit die Ernährung um wertvolle Vitamine bereichert. So konnten zahlreiche neue Gerichte aufgenommen werden, die bereits in ganz Europa auf den Speisekarten standen und nun auch bei uns heimisch geworden sind.

Im tschechischen Haushalt findet man jedoch noch heute zahlreiche Besonderheiten. Es handelt sich vor allem um die einfachen Gerichte der Bauernküche, wie Sauersuppe, Schlippenmilchsuppe (Kulajda), Kartoffelsterz mit Mohn, natürlich auch die bekannten böhmischen, mährischen und anderen Kolatschen, Buchteln und Knödelarten und um einige Zutaten (beachte besonders: griffiges und halb-

griffiges Mehl s. S. 152). Mehrere davon wurden als Spezialitäten in das vorliegende Kochbuch aufgenommen. Dieses Buch bemüht sich außerdem, die reichen Erfahrungen der Ärzte und anderer Fachleute auf dem Gebiete der Ernährungsforschung bekanntzumachen und in die Praxis umzusetzen. Deshalb wurde eine sachliche Auswahl bewährter traditioneller Rezepte der alten tschechischen Küche getroffen und durch neue Rezepte ergänzt, die sowohl durch die Auswahl der Grundnahrungsmittel als auch durch richtige küchentechnische Verarbeitung der gesunderhaltenden Ernährung des modernen Menschen entsprechen.

Die tschechische und die slowakische Küche bewährten sich erfolgreich auf den Weltausstellungen in Brüssel und Montreal. Auch die in manchen Städten befreundeter Länder errichteten tschechischen oder slowakischen Gaststätten haben mit ihren Spezialitäten ständig Erfolg. Wir hoffen, daß auch die Leser und Benutzer dieses Kochbuches neue Anregungen und Einfälle zur Bereitung schmackhafter Speisen finden werden und daß ihren Familien die einfache Kartoffelsuppe ebenso wie der Schweinebraten mit Kraut und Knödeln oder die beliebten Kolatschen und anderen Mehlspeisen munden werden.

Die Verfasserinnen

Suppen

Suppen sind von jeher ein wichtiger Bestandteil der tschechischen Küche. Früher waren sie, vor allem auf dem Lande, häufig das einzige Gericht zum Abendbrot. Um sie recht nahrhaft zu machen, wurden sie mit Mehlschwitzen, Körnerfrüchten oder Kartoffeln angereichert.

Heute haben Suppen in der Ernährung eine ganz andere Bedeutung. Eine warme Suppe soll den Magen auf die Aufnahme weiterer Speisen vorbereiten und die einzelnen Gerichte des Mittagessens harmonisch ergänzen. Deshalb bleibt die Wahl der richtigen Suppe nicht dem Zufall überlassen. Wenn das Hauptgericht recht sättigend ist (wie z. B. Fleisch mit Knödeln), dann sollte es nur eine leichte, wenig legierte Gemüsesuppe geben. Wenn jedoch nach der Suppe nur Nudeln oder Obstknödel gereicht werden, sollten in der Suppe auch tierische Eiweißstoffe enthalten sein. In einem solchen Falle ist eine Rindersuppe mit Leberklößchen, eine Gulaschsuppe o. ä. eine gute Ergänzung.

In ländlichen Gegenden wurden die Suppen meist aus den Lebensmitteln gekocht, die in der Wirtschaft zur Hand waren, d. h. aus Kartoffeln, Milch, Eiern und aus Gemüse, das im Garten angebaut wurde, aus Geflügel usw. In der Stadt dagegen bevorzugte man Fleischbrühe aus Rindfleisch mit feinen Einlagen. Heute werden oft Gemüsesuppen gekocht.

Die Suppen wurden stets gut gewürzt, aber nur selten mit scharfen Gewürzen. Die tschechische Hausfrau züchtete in ihrem Gärtchen eine Reihe von Kräutern, die man heute als „grüne Kräuter" bezeichnet, wie z. B. Schnittlauch, Petersilie, Dill, Majoran, Thymian, Kerbel, Basilikum, Salbei usw. Diese duftenden Zutaten verliehen den Suppen erst den richtigen Geschmack und ergänzten sie, wie wir heute wissen, auch mit dem wertvollen Vitamin C. Suppen wählt man entsprechend der Jahreszeit. Im Winter reicht man einen größeren Teller heißer Suppe auch zum Erwärmen. An warmen Sommertagen bereitet man leichte Fleischbrühen mit Einlagen, wenig gebundene Gemüsesuppen und kalte Obstsuppen. Oder man läßt die Suppe überhaupt weg und reicht statt dessen eine kleine Vorspeise, wie z. B. ein Schüsselchen erfrischenden Gemüsesalat. Für Menschen mit empfindlichem Magen und hauptsächlich für Kinder, die mit einer Suppe zu sehr gesättigt werden und dann keinen Appetit mehr auf das Hauptgericht haben, wählt man weniger nahrhafte Suppen, wie z. B. Fleischbrühen, die appetitanregend wirken.

Aus der Fülle der Suppen, die in unserem Land gekocht werden, haben wir einige ältere, typische Suppen ausgesucht, die noch immer beliebt sind. Einige neue „schnelle" Suppen wurden hinzugefügt. Die Suppen sind jeweils für 4 Personen berechnet.

❖❖❖❖❖❖❖❖❖❖❖❖❖❖❖❖❖❖❖❖❖❖❖❖

Warme Suppen

Geflügelsuppe mit Hefeklößchen

Geflügelklein (von 1 Gans, 1 Ente oder 2 Hühnern), 1 ¼ l Wasser, Salz, 50 g Margarine, 50 g Mehl, 80 g Wurzelwerk, ½ Blumenkohl oder 1 Eßlöffel grüne Erbsen, 1 Prise Muskat.
Für die Hefeklößchen:
50 g Hefe, 30 g Butter, 1 Ei, Salz, Petersilie, 4 Eßlöffel Milch, etwa 100 g Semmelbrösel.

Das vorbereitete Geflügelklein mit Salzwasser ansetzen und garkochen. In einer Kasserolle aus Margarine und Mehl eine helle Mehlschwitze bereiten, mit der abgekühlten Geflügelbrühe übergießen, gut verrühren und kurz aufkochen lassen. Das geputzte, in kleine Streifen geschnittene Wurzelwerk, die Blumenkohlröschen oder grünen Erbsen zufügen und kochen, bis das Gemüse weich ist. Das Fleisch von den Knochen lösen, in kleine Stücke schneiden und in die Suppe geben. Mit Muskat abschmecken. Für die Klößchen die Hefe in zerlassener Butter aufweichen. Sobald sich Haut bildet, das Ei unterrühren. Salz, feingehackte Petersilie, Milch und so viel Semmelbrösel zugeben, daß sich kleine Klößchen formen lassen. Die Klößchen in die siedene Suppe werfen und etwa 4 Minuten kochen lassen.

Fleischbrühe mit Ei und Käse

1 ¼ l Brühe aus Rindfleisch und Knochen oder Suppenwürfelbrühe,
1 Semmel, 50 g Butter, 4 frische Eier,
60 g geriebener Käse, Salz, 1 Prise Pfeffer.

Die Brühe durchseihen. Das Fleisch kann mit Soße oder als Haschee verwendet werden. Die Semmel in kleine Würfel schneiden und leicht in Butter rösten. In jeden Teller 1 frisches Ei schlagen, mit geriebenem Käse bestreuen und mit der heißen Brühe, die mit Salz und Pfeffer abgeschmeckt wurde, übergießen. Dazu die gerösteten Semmelwürfel reichen.

Rindersuppe mit Eierflöckchen

500 g Rindfleisch mit Knochen (Brust oder Schulter), 1 ¼ l Wasser, Salz, 100 g Sellerie, 50 g Möhren, 3 Eier, Petersilie.

Die in kleinere Stücke zerhackten Knochen und das Fleisch mit kaltem Salzwasser ansetzen und etwa 1 Stunde kochen. Durchseihen, Wasser auffüllen, in die wallende Rinderbrühe das geputzte, feingeriebene Gemüse geben und garkochen. Die Eier mit 3 Eßlöffel Wasser verschlagen und unter ständigem Rühren in die

kochende Suppe gießen, salzen und gehackte Petersilie zugeben. Die Eier können auch mit Wasser und 2 Eßlöffel Mehl verquirlt werden. Die Eierflöckchen müssen dann etwa 3 Minuten kochen.

Schnelle Suppe aus Hackfleisch

300 g gehacktes Rindfleisch, 1 ¼ l Wasser, 100 g Wurzelwerk, ½ Zwiebel, 20 g Margarine, Salz, etwas Suppenwürze, Petersilie.

Das Hackfleisch mit etwas kaltem Wasser begießen und mit der Gabel zerdrücken, damit beim Kochen keine größeren Klumpen entstehen. Das Wasser auffüllen und alles kochen lassen. Das geputzte Wurzelgemüse und die Zwiebel in Streifchen schneiden, in Margarine leicht rösten, in die Suppe geben und so lange kochen, bis das Gemüse weich ist. Salzen, mit einigen Tropfen Suppenwürze abschmecken und mit gehackter Petersilie reichen. – Soll die Suppe sättigender sein, dann 50 g Reis zufügen und garkochen lassen.

Weihnachtsfischsuppe

Kopf, Schwanz und Innereien von 1 Karpfen, 1 ¼ l Wasser, Salz,
40 g Margarine, 40 g Mehl, 100 g Wurzelwerk, 1 Eßlöffel Essig, Suppenwürze, Schnittlauch, 1 Semmel, 20 g Fett.

Kiemen und Augen aus dem Kopf entfernen. Den gesäuberten Kopf und den Schwanz in Salzwasser kochen. Wenn der Fisch fast gar ist, durchseihen, vorsichtig alle Gräten herauslösen. Den Fisch in kleine Stücke schneiden. Die geputzten Innereien extra kochen. Aus Margarine und Mehl eine helle Mehlschwitze bereiten, mit der Fischbrühe und etwas Wasser verrühren, das in Streifen geschnittene Wurzelgemüse zufügen und etwa 20 Minuten kochen lassen. Die Suppe mit Essig, etwas Suppenwürze und feingehacktem

Schnittlauch abschmecken. Zum Schluß das Fischfleisch und die gekochten Innereien zugeben. Die Fischsuppe mit gerösteten Semmelwürfeln reichen. – Anstelle von Essig kann 1 Eigelb, das in ⅛ Liter saurer Sahne verrührt wurde, zugefügt werden. Dann die fertige Suppe nur aufwärmen, nicht mehr kochen. Nach Wunsch noch einen Eßlöffel Grieß in etwas Margarine anrösten und in die Suppe geben.

Fleischsuppe

500 g Fleisch (Schweinskopf), 1¼ l Wasser, Salz, 2 Pfefferkörner,
100 g Wurzelwerk, ½ Zwiebel, 40 g Reis oder Gräupchen, Petersilie.

Das Fleisch gut putzen, Haare an Kopf und Ohr über der Flamme abbrennen. Den Kopf in kleinere Stücke zerteilen und mit kaltem Salzwasser ansetzen, dabei die Pfefferkörner zufügen. Auf kleiner Flamme 2 Stunden oder länger kochen, bis das Fleisch weich ist. Die Suppe stehen lassen, das Fett abschöpfen und zur Krautzubereitung oder als Bratfett verwenden. In die Suppe das geputzte und in kleine Streifen geschnittene Wurzelgemüse sowie die Zwiebel geben und kurz aufkochen lassen. Dann Reis oder Gräupchen zufügen und garen. Mit Petersilie bestreuen. – Das gekochte Fleisch kann auch mit geriebenem Meerrettich oder Senf gereicht werden. Oder es wird vorsichtig von den Knochen gelöst, in kleine Stücke geschnitten und in die Suppe gegeben.

Lebersuppe

250 g Schweine- oder Kalbsleber, ½ Zwiebel, 20 g Margarine, 1¼ l Wasser, 100 g Wurzelwerk, Salz, 1 Prise Pfeffer, 2 Semmeln, 20 g Fett.
Für die Mehlschwitze: 30 g Margarine, 30 g Mehl.

Die Leber in kleinere Stücke schneiden,

ungesalzen auf feingehackter, in Margarine gerösteter Zwiebel dünsten. Das Wasser zugeben, das in Streifen geschnittene Wurzelgemüse gardünsten. Die Leber und das Gemüse durchseihen. Aus Margarine und Mehl eine goldgelbe Mehlschwitze bereiten und mit Wasser auffüllen. Die Leber und das Gemüse zufügen und unter leichtem Rühren sehr gut durchkochen lassen. Die Suppe erst zum Schluß salzen und mit Pfeffer würzen. Mit in Fett gerösteten Semmel- oder Weißbrotscheiben servieren.

Kuttelflecksuppe

500 g Flecke (Kutteln), 1½ l Wasser oder Knochenbrühe, Salz, 60 g Mehl,
50 g Schmalz, 100 g Wurzelwerk,
1 Knoblauchzehe, Eßlöffel edelsüßer Paprika, Petersilie.

Die Flecke mehrmals waschen, mit Salz und Mehl bestreuen, erneut waschen. Dann in kaltem Wasser aufs Feuer setzen, das erste Kochwasser abgießen. In neuem Wasser ansetzen und weich kochen. Auf kleiner Flamme 3 bis 4 Stunden kochen. Aus Schmalz und Mehl eine helle Mehlschwitze bereiten, mit der abgekühlten Brühe verrühren, mit dem Schneebesen leicht schlagen und etwa 15 Minuten kochen lassen. Das in kleine Streifen geschnittene Wurzelgemüse zugeben und kochen lassen, bis es weich ist. Die Suppe mit geriebenem Knoblauch, Salz und Paprika abschmecken, Paprika in etwas Fett schwenken, damit die Suppe eine schöne Farbe erhält. Zum Schluß die in dünne Streifen geschnittenen Flecke und gehackte Petersilie zugeben. – Der Geschmack der Suppe kann noch verbessert werden, wenn ein Stück Rauchfleisch (Kaßler) oder eine Wurst mitgekocht wird. Auch mit Suppenwürze kann abgeschmeckt werden. Soll die Suppe besonders pikant gewürzt sein, dann mehr Paprika und 1 Prise Majoran zufügen.

Schinkensuppe

1 l Knochenbrühe, 50 g Margarine,
40 g Mehl, 150 g Gemüse (Möhren, Sellerie,
grüne Erbsen), ¼ l Sahne, 1 Eigelb,
150 g Schinken, Petersilie.

Die Knochenbrühe durchseihen, mit heller Schwitze aus Margarine und Mehl binden und das in kleine Würfel geschnittene Gemüse zufügen. So lange kochen, bis eine cremeartige Suppe entsteht. Das in Sahne verrührte Eigelb und den in Streifen geschnittenen Schinken zugeben. Nur erwärmen, nicht mehr kochen, gehackte Petersilie aufstreuen. – Statt eines Teiles der Mehlschwitze kann in der Brühe Reis gargekocht und durch ein Sieb in die Suppe gestrichen werden.

Knoblauchsuppe (Oukrop)

1¼ l Wasser, Salz, 70 g Schmalz,
4 Knoblauchzehen, 4 Brotscheiben.

In das Salzwasser Schmalz sowie geriebenen Knoblauch geben und alles aufkochen lassen. Die Suppe mit Brot reichen. – Der Knoblauch kann auch in kleine Stückchen geschnitten und in Schmalz leicht geröstet werden. – Statt Wasser kann Knochen- oder Fleischbrühe verwendet werden, auch Wasser mit Suppenwürze. Nach Belieben mit 1 Prise Majoran abschmecken. Vor dem Servieren kann der Knoblauch mit 2 Eiern verquirlt oder das Eigelb im Teller mit etwas Suppe verrührt werden, bevor die restliche Suppe darübergegossen wird.

Frühlingskräutersuppe

3 Handvoll Frühlingskräuter
(junge Brennesseln, Petersilie, Schnittlauch,
Spinatblätter usw.), 1¼ l Knochenbrühe
(oder Wasser mit Suppenwürze), 4 Eigelb,
40 g Butter, Salz, 1 Prise Muskat, 1 Semmel.

Die Kräuter und Blätter putzen, dabei Wurzeln und vergilbte Teile entfernen. Die Kräuter mit etwas Brühe ansetzen und kurz aufkochen lassen. Die Eigelbe in einem Töpfchen verrühren und in die heiße Brühe gießen. Die feingehackten Kräuter, ein Stückchen Butter, Salz und Muskat zufügen. Nur noch erwärmen, nicht mehr kochen, damit die Eigelbe nicht gerinnen. In der restlichen Butter Semmelscheiben rösten und zur Suppe reichen.

Feine Blumenkohlsuppe

1 Blumenkohl (etwa 500 g), 1¼ l Wasser
oder Fleischbrühe, Salz, 40 g Margarine,
40 g Mehl, 1 Eigelb, 1 Tasse Sahne.
Für die Schinkenklößchen: 30 g Butter, 1 Ei,
Salz, 100 g Schinken, etwa 60 g Semmelbrösel,
1 Eßlöffel Milch, 50 g geriebener Käse.

Den Blumenkohl putzen und in Salzwasser kochen. Eine Hälfte früher herausnehmen und in Röschen zerpflücken. Die zweite Hälfte garen und durch ein Sieb streichen. Aus Margarine und Mehl eine helle Mehlschwitze bereiten, mit Gemüsewasser oder Fleischbrühe auffüllen und gut durchkochen lassen. Dann den passierten Blumenkohl und das in Sahne verquirlte Eigelb zufügen. Die Suppe salzen. Für die Schinkenklößchen Butter, Ei und etwas Salz verrühren, den feingehackten Schinken und in Milch aufgeweichte Semmelbrösel zufügen. Alles gut vermischen und weitere Semmelbrösel zugeben, damit sich kleine haselnußgroße Klößchen formen lassen. In Salzwasser etwa 3 Minuten kochen. Die herausgenommenen Klößchen und die Blumenkohlröschen in die Suppe legen und mit geriebenem Käse servieren.

Porreesuppe mit Kartoffelbrei

500 g Kartoffeln, 1 l Wasser, Salz, ¼ l Milch,
300 g Porree, 50 g Margarine, 1 Eigelb,
Suppenwürze.

Die geschälten Kartoffeln mit siedendem Salzwasser übergießen und garkochen. Das Kochwasser in einen anderen Topf abgießen, die Kartoffeln durchpressen und noch warm mit Milch zu Brei verrühren. Den Brei mit dem Kartoffelwasser (1 Liter) aufgießen. Den geschnittenen Porree in Margarine dünsten und in die Suppe geben. Zum Schluß das Eigelb, in etwas Wasser verquirlt, und einige Tropfen Suppenwürze unterrühren.

Tomatensuppe

500 g reife Tomaten, 60 g Margarine, 1 Zwiebel, 40 g Mehl, 1 ¼ l Wasser, ½ Lorbeerblatt, 2 Pfefferkörner, Salz, etwas Zucker, Zitronensaft oder 1 Eßlöffel Essig, 40 g Teigwaren (Hörnchen, Muscheln o. ä.) oder Reis.

Die Tomaten abspülen, vierteln und in 20 g Margarine zusammen mit gehackter Zwiebel dünsten. In einer Kasserolle von der restlichen Margarine und dem Mehl eine helle Mehlschwitze bereiten, mit Wasser auffüllen, würzen und 10 Minuten kochen lassen. Die durch ein Sieb gestrichenen Tomaten zugeben. Die Suppe mit Salz, Zucker und Zitronensaft oder Essig abschmecken. Dann die Teigwaren oder den Reis zufügen und 10 Minuten garen.

Tomatencremesuppe

1 ¼ l Milch, 50 g Mehl, 400 g Tomaten, Salz, Pfeffer, Petersilie, 1 Semmel, 30 g Butter.

Etwa 1 Liter Milch aufkochen. Die restliche kalte Milch mit Mehl verquirlen und unter ständigem Rühren (damit sich keine Klümpchen bilden) zufügen. Das durchgeschlagene Tomatenmark darunterrühren, alles kurz aufkochen lassen und mit Salz und Pfeffer abschmecken. Zum Schluß kleingehackte Petersilie zufügen. Kleine, in Butter geröstete Semmelstreifen gesondert zu der Suppe reichen.

Gebundene Erbsensuppe

40 g Margarine, 40 g Mehl, 1 ¼ l Wasser, 500 g grüne Erbsen (frische, gefrorene, sterilisiert), Salz, Suppenwürze, ⅛ l Milch, 1 Eigelb, Petersilie, 1 Semmel, 20 g Fett.

Aus Margarine und Mehl eine helle Mehlschwitze bereiten, mit kaltem Wasser auffüllen, schaumig rühren, Erbsen und Salz zufügen und 20 Minuten kochen. Alles durch ein Sieb streichen, Suppenwürze und zum Schluß das mit der Milch verrührte Eigelb zufügen. Die Suppe nicht mehr kochen lassen. Mit feingehackter Petersilie und in Fett gerösteten Semmelstreifen servieren.

Gemüsesuppe mit Hefe

100 g Hefe, 40 g Margarine, 1 Zwiebel, 40 g Mehl, 1 ¼ l Wasser, 150 g Gemüse Wurzelgemüse, Blumenkohl, Porree, Wirsing), Salz, Petersilie.

In einer kleinen Kasserolle die Hefe in der Margarine zerlassen und feingehackte Zwiebel zufügen. Die Hefe zerfließt zunächst zu einer grauen Masse, anschließend nimmt sie Farbe an und duftet nach Fleisch. In diesem Augenblick mit Mehl bestreuen, leicht rösten und mit Wasser auffüllen, schaumig rühren und 10 Minuten kochen lassen. Dann das geputzte, feingeschnittene Gemüse zufügen und garkochen. Die Suppe salzen und mit feingehackter Petersilie reichen. – Anstelle von Mehl können 40 g Haferflocken in der Suppe aufgekocht werden, die zuvor trocken geröstet wurden. Es kann auch 1 Eigelb verrührt werden.

Wirsingsuppe mit Speckwürfeln

50 g Speck, 200 g Wirsing, 50 g Reis, 1 ¼ l Wasser mit Suppenwürze oder Fleischbrühe, 50 g geriebener Käse.

Den Speck in Würfel schneiden und in einer Kasserolle auslassen. Den in Streifen geschnittenen Wirsing zugeben und unter leichtem Rühren gardünsten. Im Suppentopf den Reis mit siedendem Wasser übergießen und gardünsten. Dann den gedünsteten Wirsingkohl und gegebenenfalls etwas Suppenwürze zufügen. Alles nur noch erwärmen. Die Suppe bei Tisch mit geriebenem Käse bestreuen.

Sauerkrautsuppe (Zelňačka)

40 g Margarine, ½ Zwiebel, 40 g Mehl,
1 l Wasser, 300 g Sauerkraut, 50 g Speck,
1 Prise edelsüßer Paprika, 100 g Bratwurst
oder gekochtes Rauchfleisch, ¼ l saure Sahne,
Salz, 1 Prise Zucker, Zitronensaft.

Aus Margarine, feingehackter Zwiebel und Mehl eine Mehlschwitze bereiten, mit Wasser verdünnen, schaumig schlagen und 10 Minuten kochen lassen. Das feingeschnittene Sauerkraut zugeben. Den Speck in kleine Würfel schneiden, in einer Kasserolle auslassen, Paprika und in Scheiben geschnittene Bratwurst zugeben, kurz braten lassen und dann unter die Suppe rühren. Vor dem Servieren mit saurer Sahne abziehen, mit Salz, etwas Zukker, Zitronensaft oder Essig abschmekken.

Kartoffelsuppe mit Einbrenne

500 g Kartoffeln, 100 g Wurzelgemüse
(Möhren, Petersilienwurzel, Sellerie),
½ Zwiebel, 80 g Margarine,
2 Eßlöffel Mehl, 1¼ l Wasser, 100 g frische
oder 50 g getrocknete Pilze,
1 Knoblauchzehe, Salz, Teelöffel edelsüßer
Paprika, 1 Prise Majoran, Petersilie.

Die Kartoffeln schälen und in Würfel schneiden. Wurzelgemüse und Zwiebel putzen, kleinhacken und in einem Drittel der Margarine leicht rösten. Von der restlichen Margarine und dem Mehl eine goldgelbe Mehlschwitze bereiten, mit kaltem Wasser auffüllen und ständig mit dem Schneebesen rühren, damit keine Klümpchen entstehen. Die Kartoffeln, das Gemüse, die geputzten und in Scheiben geschnittenen Pilze beifügen und alles etwa 15 Minuten kochen lassen. Den Knoblauch mit Salz verreiben und 1 Eßlöffel Wasser mit Paprika sowie 1 Prise Majoran verrühren. Alles zur Suppe geben und nicht mehr kochen lassen, auf jeden Teller 1 Eßlöffel feingehackte Petersilie streuen und mit der fertigen Suppe übergießen. – Die Kartoffelsuppe kann nach Belieben noch mit verschiedenen Gewürzen abgeschmeckt werden. Anstelle von Paprika läßt sich 1 Eßlöffel Tomatenmark oder auch Suppenwürze verwenden. 1 Tasse süße oder saure Sahne verfeinert die Suppe.

Passierte Kartoffelsuppe

500 g Kartoffeln, 1 l Wasser, Salz,
¼ l Sahne, 1 Eigelb, 50 g Speck.

Die Kartoffeln schälen, vierteln, mit siedendem Salzwasser übergießen und garkochen. Durch ein Sieb passieren und mit dem Kochwasser verdünnen. Das in der Sahne verquirlte Eigelb unterrühren. Zum Schluß die ausgelassenen Speckwürfel zugeben und nicht mehr kochen lassen. Die Suppe kann mit gerösteten Weißbrotscheiben gereicht werden.

Sauerteigsuppe
(aus dem Riesengebirgsvorland)

½ l Wasser, 3 Eßlöffel Mehl, 30 g Hefe,
1 Stück Brotrinde, 1 Handvoll
getrocknete Pilze, Salz, Kümmel,
1 kleine Zwiebel, 40 g Margarine,
4 größere Kartoffeln.

In dem lauwarmen Wasser die mit Mehl bestäubte Hefe aufgehen lassen. Die Brotrinde zufügen und im warmen Raum mehrere Stunden stehen lassen (am be-

13

sten über Nacht). Am nächsten Tag die Pilze mit Salz und Kümmel in ½ Liter Wasser kochen lassen, das Hefestück und die feingehackte, in Margarine geröstete Zwiebel zugeben. Die in Würfel geschnittenen Kartoffeln entweder in der Suppe oder extra kochen und heiß in einer gesonderten Schüssel zur Suppe reichen.

Erbsensuppe

200 g Erbsen, 1 ¼ l Wasser,
40 g Margarine, 1 Zwiebel, 40 g Mehl,
1 Knoblauchzehe, Salz, ⅛ l Milch,
1 Semmel, 20 g Butter.

Die Erbsen mit kaltem Wasser übergießen und über Nacht stehen lassen. Am nächsten Tag noch Wasser auffüllen und die Erbsen auf kleiner Flamme garkochen. Wenn die Erbsen älter sind, dauert die Kochzeit 2 und mehr Stunden. Die garen Erbsen durch ein Sieb passieren. Die feingeschnittene Zwiebel in Margarine rösten, Mehl zufügen und eine helle Mehlschwitze bereiten. Mit dem Kochwasser verdünnen und das Erbsenpüree zugeben. 10 Minuten kochen lassen. Den mit Salz verriebenen Knoblauch unterrühren und zum Schluß mit Milch legieren. Mit gerösteten Semmelwürfeln reichen. – Damit die Erbsen schneller weich werden, wird die Suppe erst später gesalzen. Das Kochwasser von Rauchfleisch, kleine Wurststücke oder 30 Gramm ausgelassene Speckwürfel verbessern den Geschmack.

Linsensuppe mit Kraut

200 g Linsen, 1 l Wasser, 40 g Margarine,
40 g Mehl, 100 g Sauerkraut, Salz,
1 Tasse saure Sahne.

Die Linsen 2 Stunden einweichen, dann mit Wasser auffüllen und garkochen. Die Suppe mit goldgelber Mehlschwitze aus Margarine und Mehl binden und noch-

mals durchkochen. Das feingehackte Sauerkraut zugeben, leicht salzen. In jeden Teller auf die Suppe 2 Eßlöffel saure Sahne gießen.

Hülsenfrüchtesuppe (Hrstková)

50 g Erbsen, 50 g Linsen, 50 g weiße
Bohnen, 50 g Graupen, 1 ¼ l Wasser,
100 g Wurzelgemüse (Möhren, Sellerie,
Petersilienwurzel), ½ kleine Zwiebel,
40 g Schmalz, 40 g Mehl, Salz, 1 Prise Pfeffer,
1 Prise Majoran, 1 Schöpflöffel Milch.

Die Hülsenfrüchte und Graupen mehrere Stunden in kaltem ungesalzenem Wasser einweichen. Kein Natron zufügen, wie es früher üblich war, weil dadurch die Vitamine B1 und C vernichtet werden. Mit Wasser auffüllen und unter Zugabe von geputztem Gemüse und Zwiebel auf kleiner Flamme kochen. Aus Schmalz und Mehl eine helle Mehlschwitze zubereiten, die Hülsenfrüchte und das Gemüse, beides durchpassiert, zufügen und Wasser auffüllen. Die Suppe mit Salz, Pfeffer und Majoran würzen. Zum Schluß Milch unterrühren und nur noch kurz aufkochen lassen. Die Suppe kann nach Belieben mit gerösteten Semmelwürfeln gereicht werden.

Brotsuppe

300 g hartes Brot oder Brotrinden,
1 ¼ l Wasser oder Knochenbrühe,
⅛ l Milch, 40 g Mehl, 2 Eigelb, Salz,
1 Prise Pfeffer, Petersilie.

Das Brot mit kaltem Wasser oder Brühe übergießen und weich kochen. Dann durch ein Sieb passieren. Die Milch mit dem Mehl verrühren und in der Suppe aufkochen lassen. Zum Schluß mit den in kalter Milch verquirlten Eigelben binden. Die Suppe mit Salz und Pfeffer abschmekken, gehackte Petersilie darüberstreuen. – Mit dieser Suppe können altbackene Brotreste, die es in jedem Haushalt gibt, gut verbraucht werden.

Haferflockensuppe

80 g Haferflocken, Salz, 1 ½ l Wasser,
40 g Butter, 1 Eigelb, Petersilie.

Die Haferflocken mit Salzwasser übergießen und kochen, bis sie weich sind. Dann durch ein Sieb passieren. Mit Wasser auffüllen, ein Stückchen Butter unterrühren und zum Schluß mit Eigelb, in Wasser oder Milch verquirlt, legieren. Gehackte Petersilie darüberstreuen.

Geröstete Grießsuppe

100 g Wurzelwerk, 50 g Margarine,
50 g Grieß, 1 ¼ l Knochen-
oder Fleischbrühe oder Wasser mit
Suppenwürze, Salz, Petersilie.

Das in Würfel geschnittene Wurzelgemüse in Margarine leicht rösten, mit Grieß bestreuen und verrühren, bis auch der Grieß leicht geröstet ist. Brühe aufgießen, gut verrühren und etwa 20 Minuten kochen lassen. Die fertige Suppe salzen und gehackte Petersilie zugeben.

Panadensuppe

4 Semmeln, 1 ¼ l Knochenbrühe
oder Wasser mit Suppenwürze,
100 g Wurzelwerk, 50 g Margarine,
2 bis 3 Eigelb, ⅛ l Sahne,
1 Prise Muskat, Salz.

Die Semmeln in Scheiben schneiden und in der Backröhre trocknen lassen. Soll die Suppe recht weiß werden, dann die braune Rinde abreiben. Die Semmelscheiben mit Brühe übergießen und das in Würfel geschnittene, in Margarine leicht geröstete Gemüse zugeben und garkochen lassen. Die Suppe durchseihen und Wasser auffüllen. Zum Schluß mit den in

Sahne verquirlten Eigelben abziehen, mit Muskat und Salz abschmecken und nicht mehr kochen lassen.

Pilzcremesuppe

50 g getrocknete Pilze, 50 g Butter,
50 g Mehl, ½ l Milch, 1 Ei, Salz,
¾ l Knochenbrühe oder Wasser
mit Suppenwürze.

Die getrockneten Pilze etwa 1 Stunde in lauwarmem Wasser einweichen. Dann auf kleiner Flamme weich kochen und feinhacken. Aus Butter und Mehl eine helle Mehlschwitze bereiten, mit Milch auffüllen und gut kochen lassen. Das verquirlte Ei und die Pilze zugeben, salzen und langsam mit der Brühe verrühren.

Graupensuppe mit Hühnerfleisch

100 g Graupen, 1 ¼ l Wasser, ¼ Huhn,
Salz, Petersilie.

Die Graupen über Nacht in kaltem Wasser einweichen. Am nächsten Tag Wasser auffüllen und die Graupen weich kochen, damit sie sich durch ein Sieb streichen lassen. In einem anderen Topf das Hühnerfleisch garkochen, dann von den Knochen lösen und in kleine Würfel schneiden. In die Hühnerbrühe die passierten Graupen und das Fleisch geben. Die Suppe salzen und gehackte Petersilie zufügen.

Sahnesuppe

¾ l Wasser, Salz, ½ Teelöffel Kümmel,
½ l saure Sahne, 80 g Mehl, 1 Semmel,
20 g Butter.

Das Wasser mit Salz und Kümmel kochen. Dann die mit Mehl verquirlte Sahne zufügen und unter ständigem Rühren gut aufkochen lassen. Mit in Butter gerösteten Semmelwürfeln reichen.

Südböhmische Suppe (Kulajda)

250 g frische Pilze, Kümmel, Salz,
1 l Wasser, 3 große Kartoffeln,
1 Eßlöffel Mehl, ¼ l saure Sahne,
1 bis 2 Eier, 1 Handvoll Dill,
etwas Essig.

Die vorbereiteten Pilze in Scheiben schneiden und mit Kümmel in Salzwasser garkochen. Die in Würfel geschnittenen Kartoffeln zugeben. Die Suppe mit in Sahne verquirltem Mehl andicken und gut aufkochen lassen. In die fertige Suppe die Eier rühren. Zum Schluß gehackten Dill und etwas Essig zugeben. Die Suppe soll dick und glatt sein.

Hefesuppe

150 g Wurzelwerk, 60 g Margarine,
1½ l Wasser, Salz, 1 Zwiebel, 80 g Hefe.
Für den Tropfteig: 2 Eier, 6 Eßlöffel
Milch, 80 g Mehl.

Das geputzte, in Würfel geschnittene Wurzelgemüse in der Hälfte der Margarine rösten. Mit Wasser übergießen, salzen und kochen lassen. In der restlichen Margarine die feingehackte Zwiebel glasig rösten und die Hefe zugeben. Nachdem die Hefe leicht gebräunt ist, alles in die Suppe schütten und kurz aufkochen lassen. Eier und Milch verquirlen, etwas Mehl zugeben und zu einem glatten Teig verrühren. Über die Gabel in die siedende Hefesuppe tropfen lassen und etwa 4 Minuten kochen.

Käsesuppe

½ Zwiebel, 50 g Margarine, 60 g Mehl,
1¼ l Wasser oder Knochenbrühe,
80 g geriebener Käse, 1 Eigelb,
1/16 l Milch, 1 Semmel, 20 g Fett.

Die feingehackte Zwiebel in der Margarine goldgelb rösten und mit Mehl bestäuben. Kaltes Wasser oder Brühe auffüllen,

schaumig schlagen und gut durchkochen lassen. Dann geriebenen Käse zugeben, verrühren und zum Schluß das mit Milch verquirlte Eigelb unterziehen. Nicht mehr kochen, nur erwärmen und sofort servieren. Dazu passen geröstete Semmelwürfel oder Käsetoasts.

Biersuppe (altböhmisches Rezept)

¾ l Bier, 70 g Zucker, 1 Prise Salz,
40 g Margarine, 5 Eigelb, 1 Semmel,
20 g Butter.

Das Bier mit Zucker, Salz und Margarine aufkochen. Die Eigelbe in etwas Wasser verquirlen und unter ständigem Rühren in das Bier schütten, nicht mehr kochen, nur erwärmen. Auf die Suppenteller in Butter geröstete Semmelwürfel legen und mit der Suppe übergießen.

Einbrennsuppe

100 g Wurzelwerk, 40 g Margarine,
20 g Mehl oder Grieß, 2 Eier,
1¼ l Wasser, Suppenwürze, Petersilie.

Das geputzte Wurzelgemüse in feine Streifen schneiden und in der Margarine rösten. Mit Mehl oder Grieß bestäuben, leicht bräunen, die Eier zugeben und rühren, bis die Masse gerinnt. Mit Wasser auffüllen, Suppenwürze zufügen und etwa 20 Minuten kochen lassen. Die fertige Suppe mit gehackter Petersilie bestreuen.

Zwiebelsuppe mit Käse

200 g Zwiebeln, 60 g Margarine, 30 g Mehl,
1¼ l Wasser, Salz, 4 Scheiben Brot,
50 g geriebener Käse.

Die feingewiegten Zwiebeln in 40 g Margarine anrösten, Mehl zugeben, eine helle Mehlschwitze bereiten, kaltes Wasser aufgießen, salzen und alles unter Rühren gut durchkochen lassen. Das Brot kleinschneiden und in der restlichen Margarine anrösten. Dann das Brot auf die Suppenteller verteilen, mit geriebenem Käse bestreuen und heiße Suppe darüberfüllen.

Semmelbröselsuppe

70 g Semmelbrösel, 50 g Butter, 3 Eier,
1 ¼ l Fleisch- oder Suppenwürfelbrühe,
Salz, 1 Prise Muskat, Petersilie.

Die Semmelbrösel in Butter anrösten, vom Feuer nehmen und die Eier unterrühren. Langsam Brühe auffüllen und kurz aufkochen. Mit Salz und Muskat abschmecken, feingewiegte Petersilie darüberstreuen.

Gärtnersuppe

50 g Margarine, 50 g Mehl, 1 ¼ l Wasser,
50 g frische Pilze, 20 g Gräupchen oder Reis,
Salz, 250 g Suppengemüse (Möhren,
Petersilienwurzel, Sellerie, grüne Erbsen,
Blumenkohl u. ä.), Suppenwürze, 1 Eigelb.

Aus Margarine und Mehl eine helle Mehlschwitze bereiten und mit kaltem Wasser gut verrühren. Die geputzten, blättrig geschnittenen Pilze, Gräupchen oder Reis und Salz zugeben und 15 Minuten kochen lassen. Das vorbereitete, kleingeschnittene Gemüse untermischen und alles garen. Die Suppe mit etwas Suppenwürze abschmecken und mit dem Eigelb, das mit wenig kaltem Wasser verrührt wurde, abziehen. Nicht mehr kochen lassen, nur erwärmen.

Kalte Suppen

Apfelsuppe

500 g Äpfel, 1 l Wasser, 50 g Zucker,
1 Zitrone, 20 g Stärkemehl.

Die Äpfel schälen, in Würfel schneiden,

mit Zuckerwasser übergießen, Zitronensaft zugeben und alles aufkochen lassen. Das Stärkemehl mit kaltem Wasser verrühren und zu den gekochten Äpfeln geben. Unter ständigem Rühren noch 2 Minuten kochen. Abkühlen lassen und vor dem Servieren mit Zucker oder Zitrone abschmecken. – Die Suppe kann mit gehackten Walnußkernen verfeinert werden.

Kalte Heidelbeersuppe

300 g Heidelbeeren, 1 l Wasser, 1 Prise Salz,
etwas Zucker, ¼ l saure Sahne,
1 Teelöffel Mehl oder Stärkemehl.

Die vorbereiteten Heidelbeeren in Wasser kochen, Salz, Zucker und die mit Mehl verquirlte Sahne zugeben. Kurz aufkochen lassen, abkühlen und kalt servieren. Es kann dazu Zwieback oder geröstetes Weißbrot gereicht werden.

Suppeneinlagen

Butternockerl

30 g Butter, Salz, 1 Eigelb,
etwa 60 g griffiges Mehl,
1 Eßlöffel Milch, 2 Eiweiß.

Die Butter in einer Schüssel mit Salz und Eigelb verrühren. Nach und nach Mehl und Milch zugeben. Zum Schluß steifen Eischnee leicht unterheben. Den glatten Teig an den Schüsselrand schieben, mit einem in kaltes Wasser getauchten Teelöffel von der Masse Nockerl abstechen und in die siedende Suppe werfen. Aufwallen und auf kleiner Flamme noch etwas kochen lassen. Der Schnee läßt die Nockerl schön aufgehen. Für eine Brühe bestimmte Nockerl in siedendem Salzwasser in einer breiten Kasserolle garen. Die fertigen Nockerl abseihen und in der Brühe nur noch aufwärmen.

Semmelklößchen

20 g Margarine, 1 Semmel, ½ Zwiebel,
Petersilie, 1 Ei, 1 Eßlöffel Milch, Salz,
40 g Semmelbrösel.

In der Hälfte der Margarine die kleinwürfelig geschnittene Semmel anrösten. In der restlichen Margarine feingewiegte Zwiebel und Petersilie anrösten. Das Ei mit der Milch verrühren, salzen, nach und nach das Gemisch aus Semmeln, Zwiebeln, Petersilie und zum Schluß auch die Semmelbrösel untermischen. Aus dem Teig Klößchen in Kirschgröße formen, in siedendes Wasser oder in die Suppe werfen und etwa 4 Minuten kochen. Semmelklöße sind für gebundene oder Gemüsesuppen geeignet.

Suppenschöberl (Eierstich) mit Pilzen

80 g frische Pilze oder etwa
40 g Trockenpilze, 20 g Butter, Petersilie,
Salz, 2 Eier, etwa 50 g griffiges Mehl,
Fett für die Form.

Die geputzten, blättrig geschnittenen Pilze in Butter kurz dünsten lassen (Trockenpilze vorher in kaltem Wasser einweichen). Dann fein hacken, gewiegte Petersilie und Salz zugeben. Die Eier in einen Topf schlagen, ins Wasserbad stellen, rühren, nach und nach Mehl und die vorbereiteten Pilze unterziehen. Den Teig in eine gut gefettete, mit Mehl ausgestreute Form gießen und in der Röhre backen. Das abgekühlte Suppenschöberl in Würfel schneiden und als Einlage für Fleischbrühen und Gemüsesuppen servieren.

Schinkennockerl aus Brandteig

10 g Butter, Salz, ⅛ l Wasser,
80 g griffiges Mehl, 30 g geriebener Käse,
2 Eier, 50 g Schinken,
etwa 60 g Öl zum Ausbacken.

Butter und Salz in das Wasser geben und zum Kochen bringen. Das Mehl hineinschütten und verrühren. Den geriebenen Käse zugeben und auf kleiner Flamme weiterrühren, bis der Teig nicht mehr an der Topfwand klebt, also glatt und fest ist. Den Teig in eine Schüssel geben, gut durcharbeiten und abkühlen lassen. Ein Ei nach dem anderen unterziehen, bis der Teig gut gebunden ist. Zum Schluß noch den feingewiegten Schinken untermischen. Mit in kaltes Wasser getauchten Händen kleine Kugeln formen und in siedendem Öl ausbacken. Die Nockerl auf die Suppenteller verteilen und heiße Brühe oder auch eine feine Gemüsesuppe darüberfüllen.

Hirnklößchen

100 g Hirn, 40 g Butter, ½ Zwiebel, 1 Ei,
Salz, Petersilie, etwa 100 g Semmelbrösel.

Das Hirn mit heißem Wasser abbrühen und die blutige Hirnhaut vorsichtig abziehen. Eine Weile in Butter, zusammen mit gerösteter Zwiebel dünsten und dann abkühlen lassen. Ei, Salz sowie gewiegte Petersilie unterrühren und zum Schluß je nach Bedarf mit Semmelbröseln andicken. Aus der weichen Masse vorsichtig Klößchen formen und in die Suppe werfen. Etwa 5 Minuten kochen lassen.

Käseflocken

1 Ei, 1 Eßlöffel Milch, Salz,
etwa 60 g griffiges Mehl mit Semmel-
bröseln vermischt, 30 g geriebener Käse.

Das Ei mit Milch und Salz verschlagen, nach und nach Mehl, Semmelbrösel und geriebenen Käse untermischen und zu einem glatten, dünnen Teig verquirlen. Quer über den Topf einen Quirl legen, und wenn die Suppe siedet den Teig dünn und langsam über den Quirlstiel gleiten und abtropfen lassen. Nur 3 bis 4 Minuten aufkochen.

18

Geriebener Teig

120 bis 140 g griffiges Mehl, 1 Ei, Salz.

Das Mehl auf ein Brett sieben, in die Mitte eine Vertiefung drücken, das Ei aufschlagen, hineingleiten lassen und etwas Salz zufügen. Zunächst alles mit einem Messer, dann mit den Händen zu einem sehr festen Teig verarbeiten und grob reiben. Den geriebenen Teig auf einem Tuch breitstreuen und trocknen lassen. Dann in die siedende, gesalzene Suppe schütten und etwa 8 Minuten kochen lassen. – Der trockene Reibteig kann auch in etwa 30 g Butter gebräunt werden. Er wird in der Suppe dann nicht mehr gekocht, sondern nur noch erwärmt.

Teigerbsen

4 Eßlöffel Milch, 1 Ei, Salz, 40 g griffiges Mehl, etwa 50 g Fett zum Ausbacken.

Die Milch mit Ei sowie Salz verschlagen, nach und nach Mehl darunterquirlen. Den dünnen Teig durch die Löcher eines groben Reibeisens drücken und in heißes Fett fallen lassen. Es bilden sich sofort erbsengroße Kugeln, die goldgelb ausgebacken werden. Dann mit dem Schaumlöffel herausnehmen und in einem Schüsselchen extra servieren oder in der Suppe aufwärmen. Für Fleischbrühen, aber auch für Blumenkohlsuppen u. ä. geeignet.

Fritatnudeln (Eierkuchenstreifen)

1 Ei, 4 Eßlöffel Milch, Salz, etwa 50 g Mehl, etwa 30 g Fett zum Ausbacken.

Das Ei in Milch mit der Gabel verschlagen, salzen und mit Mehl zu einem dünnen Teig verrühren. In eine gefettete heiße Pfanne gießen und einen dickeren Eierkuchen von beiden Seiten goldgelb backen. Nach dem Abkühlen zusammenrollen und in längere Streifen schneiden. Als Einlage für Fleischbrühen verwenden.

Panierte Würstchen

2 Würstchen, 1 Ei, Salz, Semmelbrösel, etwa 50 g Fett zum Ausbacken.

Die Würstchen abziehen und in Scheiben schneiden. In zerquirltem, gesalzenem Ei und Semmelbröseln wenden und in erhitztem Fett schnell braten. Als Einlage für Fleischbrühen, vor allem aber für Gemüsesuppen geeignet.

Vorspeisen

Unter Vorspeisen versteht man kleinere Mengen schmackhafter Speisen, die appetitanregend wirken und die Verdauungsorgane auf die Aufnahme des folgenden Hauptgerichtes vorbereiten. Vorspeisen werden also nicht nur zu festlichen Anlässen mittags oder abends gereicht, sondern auch manchmal anstelle von Suppen. Es gibt kalte und warme Vorspeisen. Hierbei gilt der Grundsatz, daß man kalte Vorspeisen vor der Suppe und warme erst nach der Suppe reicht. Die Vorspeise besteht in der Regel aus kleineren Mengen ausgewählter Gerichte, die nicht nur geschmacklich interessant sind, sondern ebenfalls wichtige Nährstoffe enthalten, so z. B. Fleisch, Käse, Eier, Gemüse. Deshalb sollte großer Wert auf die richtige Auswahl der Vorspeisen und ihre Zubereitung gelegt werden. Vorspeisen reicht man auf kleinen Desserttellern oder in Kompottschüsseln. Bei festlichen Anlässen werden sie auf großen Platten angerichtet, damit die Gäste selbst wählen können.
Als Vorspeisen eignen sich sowohl Brötchen mit leckeren Aufstrichen als auch Kartoffel- oder Gemüsesalate, warme Toasts, Eierspeisen, Omeletts, Pasteten usw.

Kalte Vorspeisen
Aufstriche

Liptauer Aufstrich

50 g Butter, 250 g Quark,
½ kleine Zwiebel, 1 Gewürzgurke,
20 g Kapern, Salz, 1 Teelöffel gemahlener Kümmel, 1 Eßlöffel feingehackte Petersilie, ½ Teelöffel edelsüßer Paprika.

Die Butter mit dem Quark verrühren. Zwiebel, Gurke und abgespülte Kapern feingehackt zugeben. Mit Salz, Kümmel, Petersilie und Paprika abschmecken. Um einen pikanteren Geschmack zu erreichen, kann etwas Anchovispaste zugefügt werden.

Porreeaufstrich mit Mayonnaise

50 g Porree, 100 g Schinken,
100 g Mayonnaise, Salz,
1 Prise Zucker, Zitronensaft.

Den Porree gut abspülen und feinhacken. Den Schinken in feine Streifen schneiden. Alles mit Mayonnaise verrühren und mit Salz, Zucker und Zitronensaft abschmekken. Der Aufstrich ist auf Weißbrotscheiben besonders schmackhaft.

Hefeaufstrich

½ kleine Zwiebel, 50 g Butter, 100 g Hefe,
⅛ l Milch, Salz, 4 Eier, Schnittlauch,
Semmelbrösel.

Die feingehackte Zwiebel in Butter leicht dünsten, zerbröckelte Hefe zugeben, aber nicht rühren. Die Hefe zergeht, schäumt leicht und bildet eine Haut. Dünsten lassen, bis sie am Rand leicht bräunt und duftet. Dann mit Milch auffüllen, zu einer glatten Creme verrühren und salzen. Die Eier sowie feingehackten Schnittlauch zugeben und alles gut verrühren. Sollte der Aufstrich zu dünnflüssig sein, dann mit feinen Semmelbröseln binden. Hefeaufstrich schmeckt am besten auf Schwarzbrot und enthält reichlich Vitamin B.

Käseaufstrich

100 g Butter, 100 g geriebener Käse, Salz,
Petersilie, 1 Teelöffel Senf.

Die Butter schaumig rühren, den Käse, Salz, feingehackte Petersilie und etwas Senf zugeben.

Roquefort-Aufstrich

100 g Butter, 100 g Roquefort, Salz, 2 Teelöffel Weinbrand, nach Belieben Walnußkerne.

Butter und Käse schaumig rühren, durch ein Sieb streichen, salzen und mit Weinbrand abschmecken. Der Aufstrich eignet sich besonders für Appetitshäppchen. Nach Belieben auf jedes Häppchen ½ Walnußkern legen.

Feiner Hühnerfleischaufstrich

¼ gebratenes Hähnchen oder der Rest von einem garen Suppenhuhn, 1 Zwiebel, 50 g Speck, 50 g Butter, Salz, ¹⁄₁₀ l Sahne, Zitronensaft, 1 Prise Pfeffer.

Das Fleisch von den Knochen lösen, durch den Fleischwolf drehen, mit feingehackter Zwiebel sowie ausgelassenen Speckwürfeln verrühren. Die Butter schaumig rühren, die Fleischmasse zugeben, salzen, mit etwas Sahne verdünnen und mit Zitronensaft und Pfeffer abschmecken.

Wurstaufstrich

100 g Dauerwurst, 1 Magerkäse, ½ Zwiebel, 1 Teelöffel Senf, 60 g Butter, Salz.

Wurst und Käse durch den Fleischwolf drehen, feingehackte Zwiebel und Senf zugeben. Mit Butter schaumig rühren und nach Geschmack salzen.

Schweinefleischaufstrich

200 g fetter Schweinebraten, 1 Zwiebel, 1 Teelöffel Senf, Salz, Petersilie.

Das Fleisch durch den Wolf drehen, die gehackte Zwiebel, Senf, Salz und feingeschnittene Petersilie zufügen.

Sellerieaufstrich

250 g Rauchfleisch, 1 Magerkäse, 50 g Mayonnaise, 50 g Sellerie oder Meerrettich.

Das Rauchfleisch feinhacken oder durch den Fleischwolf drehen, mit dem zerdrückten Käse und der Mayonnaise verrühren. Das Fleisch kann auch im Mixer zerkleinert und dann mit Mayonnaise verrührt werden. Mit feingeriebenem Sellerie oder Meerrettich abschmecken.

Rindfleischaufstrich

50 g Butter, 1 Magerkäse, 250 g gekochtes Rindfleisch, Salz, 1 Zwiebel, 1 Teelöffel Senf oder Tomatenketchup, Zitronensaft.

Für diesen Aufstrich kann gekochtes Suppenfleisch verwendet werden. Die Butter, den zerdrückten Käse und das von den Knochen gelöste, durch den Fleischwolf gedrehte Fleisch verrühren. Salzen, feingehackte Zwiebel, Senf oder Tomatenketchup und einige Tropfen Zitronensaft zugeben.

Pastetenaufstrich

200 g Leberpastete oder 1 kleine Dose Pastete, 50 g Schmalz oder Butter, 1 kleine Zwiebel, 1 Gewürzgurke, 1 hartgekochtes Ei, Salz.

Die Pastete mit Schmalz verrühren, Zwiebel, Gurke und Ei feingewiegt zufügen. Nach Geschmack salzen, evtl. auch mit ein wenig Anchovispaste abschmecken. – Statt Schmalz können 2 Eßlöffel Mayonnaise oder weiße Béchamelsoße verwendet werden. Der Aufstrich läßt sich dann besser auf Weißbrotscheiben streichen.

Aufstrich von Kochsalami

100 g Butter, 3 hartgekochte Eigelb,
100 g Kochsalami, Salz, Petersilie.

Die Butter mit den Eigelben schaumig rühren. Die durch den Wolf gedrehte oder feingehackte Wurst zufügen und nach Geschmack salzen. Zum Schluß feingewiegte Petersilie untermischen und die Masse auf Weißbrotscheiben streichen.

Tatar-Aufstrich

200 g gehacktes Rindfleisch, Salz,
je 1 Prise Pfeffer und edelsüßer Paprika,
½ Zwiebel, 1 Teelöffel Kapern, 1 Eigelb,
etwas Anchovispaste, Zitrone.

Das Fleisch würzen, feingewiegte Zwiebel, gehackte Kapern, Eigelb und Anchovispaste unterrühren und zum Schluß evtl. mit ein paar Tropfen Zitronensaft abschmecken. Getoastete Weißbrotscheiben mit der Masse bestreichen und mit 1 Zitronenscheibe garnieren.

Anchovisaufstrich (Aufstrich von mariniertem Fisch)

2 eingelegte Anchovis oder etwas
marinierter Fisch, 100 g Butter, ½ Zwiebel,
Salz, 1 Prise weißer Pfeffer, Zitrone.

Die Fische entgräten und feinwiegen. Die Butter schaumig rühren, mit dem Fisch und gehackter Zwiebel verrühren. Nach Geschmack mit Salz, Pfeffer und Zitronensaft würzen. Auf Weißbrotscheiben streichen und mit Zitrone garnieren.

Dorschleberaufstrich

¼ l Milch, 30 g Mehl, 1 Dose Dorschleber,
50 g Butter, ½ Zwiebel, Zitronensaft,
Petersilie.

Milch und Mehl zu einem dicken Brei kochen. Die Dorschleber mit Butter und feingehackter Zwiebel verrühren, nach und nach den abgekühlten Mehlbrei zufügen. Evtl. mit etwas Zitronensaft abschmecken. Die Masse auf Weißbrotscheiben streichen und mit gewiegter Petersilie bestreuen.

Bücklingsaufstrich

2 Bücklinge, 100 g Butter, 1 Zwiebel,
Zitronensaft, Salz, Petersilie.

Die Bücklinge häuten, entgräten und durch den Wolf drehen. Die Butter schaumig rühren, Fisch und etwas feingehackte Zwiebel zufügen und mit einigen Tropfen Zitronensaft abschmecken. Ist der Fisch nicht salzig genug, den Aufstrich nach Geschmack zusätzlich salzen. Weißbrotscheiben damit bestreichen und mit dünnen Zwiebelringen und Petersilie garnieren.

Belegte Brötchen

Belegte Brötchen sind eine tschechoslowakische Spezialität. Sie werden im Haushalt als einfache Vorspeise, als Beilage zu einer Tasse Tee oder als Bewirtung für Gäste zubereitet. Hierfür sind dünne Weißbrotscheiben leicht mit Butter oder einem entsprechenden Aufstrich zu bestreichen und verschiedenartig zu garnieren. Anstelle von Weißbrotscheiben lassen sich auch Brötchen verwenden.

Frischrahmbrötchen

8 Weißbrotscheiben, 2 Frischrahmkäse,
1 Bund Radieschen.

Die Weißbrotscheiben dick mit Frischrahmkäse bestreichen, obenauf geraspelte Radieschen verteilen. Mit einer roten Radieschenscheibe garnieren.

Mayonnaisebrötchen

50 g geriebener Käse, 1 Stück roher Sellerie, 100 g Mayonnaise, Salz, 1 Prise Zucker, Zitronensaft, 8 Weißbrotscheiben, Petersilie.

Den Käse mit dem ebenfalls geriebenen Sellerie und der Mayonnaise verrühren, mit Salz, Zucker und Zitronensaft abschmecken. Die Weißbrotscheiben damit bestreichen und mit gehackter Petersilie oder kleinen Petersiliestengeln garnieren.

Roastbeefbrote

8 Weißbrotscheiben, 30 g Butter, 8 dünne Roastbeefscheiben, 8 Eßlöffel Schlagsahne, Salz, 2 Teelöffel geriebener Meerrettich.

Die Weißbrotscheiben mit Butter bestreichen. Auf jede Scheibe eine zur Tüte gedrehte Roastbeefscheibe legen. Die Schlagsahne leicht salzen und mit dem Meerrettich verrühren. Damit die Roastbeeftüten füllen.

Bunte Brötchen

8 Weißbrotscheiben, 30 g Butter, 8 kleine Scheiben Schinken oder geräucherte Zunge, 2 hartgekochte Eier, 1 Gurke, 2 Scheiben Schnittkäse, Petersilie.

Die Weißbrotscheiben mit Butter bestreichen und auf jede 1 Scheibe Schinken oder Zunge, darauf 1 Scheibe Ei, 1 Gurkenscheibe und 1 Käsestreifen legen. Die Brötchen mit Petersilie garnieren.

Schinkenbrötchen mit Meerrettich

200 g dünn geschnittener Schinken, 1 kleines Weißbrot, 1/8 l Schlagsahne, 1 Prise Salz, 20 g feingeriebener Meerrettich.

Den Schinken zu kleinen Tüten drehen und auf Weißbrotscheiben legen. Die steifgeschlagene Sahne leicht salzen, mit Meerrettich mischen und hineinspritzen.

Gefülltes Brot

1 kleines Weißbrot, 120 g Butter, Salz, 1 Prise edelsüßer Paprika, 2 Rahmkäse, 2 hartgekochte Eier, 6 g Gelatine, 1 Gewürzgurke, 3 rote Paprikafrüchte (Konserve), 150 g gekochtes Rauchfleisch oder Pökelzunge, 100 g Wurst, 100 g geriebener Käse, Petersilie.

Das Brot quer halbieren und beide Stangen aushöhlen. Die Butter mit Salz, Paprika, Rahmkäse und hartgekochten Eigelben verrühren. Die in wenig kaltem Wasser vorgeweichte Gelatine in etwas heißem Wasser auflösen und abgekühlt der Masse zufügen. Die übrigen Zutaten in kleine Würfel schneiden oder hacken, unter die Masse rühren und damit beide Brothälften füllen. Bis zum nächsten Tag kalt stellen. Das Brot mit einem scharfen Messer vorsichtig in dicke Scheiben schneiden.

Wurstbrötchen

80 g Butter, 1 Eßlöffel Senf, 1 kleines Weißbrot, 4 Würste, 1 Prise edelsüßer Paprika.

Die Butter mit Senf verrühren und damit die Weißbrotscheiben bestreichen. Jede mit drei dünnen Wurstscheiben belegen und mit Paprika bestäuben oder nach Belieben mit gehackten Zwiebeln bestreuen.

Falsche Kaviarbrötchen

2 Heringe, 2 hartgekochte Eier, 1 kleine Zwiebel, 1 Teelöffel Öl, 1 Prise Pfeffer, Zitronensaft, 1 kleines Weißbrot.

Die Heringe in kaltem Wasser abspülen, vorbereiten, entgräten und feinhacken. Die ebenfalls gehackten Eier, die geraspelte Zwiebel und das Öl zufügen, mit Pfeffer und Zitronensaft abschmecken. Alle Zutaten gut verrühren und die Weißbrotscheiben damit bestreichen. Die

Scheiben können auch geröstet und warm serviert werden.

Sardinenbrötchen

60 g Butter, 1 Dose Sardinen, 1 Zwiebel, 1 kleines Weißbrot, 2 hartgekochte Eier, Zitrone.

Die Butter mit ein wenig Öl von den Sardinen und mit gehackter Zwiebel verrühren. Damit die Weißbrotscheiben bestreichen. Auf jede Scheibe 1 ganze oder nur 1 Stück Sardine legen, mit gehacktem Ei dick bestreuen und mit 1 Zitronenscheibe garnieren.

Appetitshäppchen (Kanapees)

Jedes Häppchen auf einen Zahnstocher oder einen kleinen Plastspieß aufspießen. Als Unterlage dienen Weißbrotscheibchen, aber auch dickere Wurstscheiben, Käsewürfel oder Apfelscheiben. Die Häppchen sind so zuzubereiten, daß man sie auf einmal in den Mund stecken kann. Sie werden auf einer Platte angerichtet und meist zu Wein gereicht.
Auf Käsewürfeln: 1 angeschnittenes Radieschen, 1 Weinkirsche oder 1 Mandarinenschnitte, 1 Anchovisring oder 1 Walnußkern aufspießen.
Auf Gurkenscheiben: 1 mit Senf oder Tomatenketchup bestrichene Bratwurstscheibe, 1 mit Paprika bestäubte Käsescheibe, 1 mit 1 Kaper garnierte Eischeibe aufspießen.
Auf Weißbrotstücken: mit Butter bestreichen, 1 kleines Stück mit Meerrettich bestreuten Schinken oder 1 Käsescheibe mit 1 Weinbeere oder 1 Tomatenscheibe mit Mayonnaise aufspießen.

Salate

Kartoffelsalat mit Champignons

500 g Kartoffeln, 200 g Champignons, Salz, Essig, 2 hartgekochte Eier, 1 Zwiebel, 150 g Mayonnaise, je 1 Prise Zucker und Pfeffer, Zitronensaft.

Die Kartoffeln kochen, schälen und nach dem Abkühlen in Würfel schneiden. Die geputzten, in etwas Salzwasser mit wenig Essig gegarten Champignons und die Eier ebenfalls in Würfel schneiden. Feingehackte Zwiebel und Mayonnaise unterrühren. Mit Salz, Zucker, Pfeffer und Zitronensaft oder Essig abschmecken. – In den Sommermonaten können anstelle von Champignons frische Steinpilze verwendet werden.

Kartoffelsalat mit Fleisch

250 g Kartoffeln, 100 g Wurzelgemüse, 1 Zwiebel, 1 saure Gurke, 200 g gares Fleisch (gekochtes Rindfleisch, Reste von Schweinebraten, Schinken, Fleischsalat usw.), 150 g Mayonnaise, Salz, 1 Prise Zucker, Zitronensaft oder Essig, Petersilie.

Die Kartoffeln kochen, schälen und nach dem Abkühlen in Scheiben oder Würfel schneiden. Gegartes Gemüse, Zwiebel, Gurke und Fleisch, alles feingeschnitten, zugeben. Mayonnaise unterrühren, mit Salz, Zucker, Zitronensaft oder Essig abschmecken. Den Salat mit feingehackter Petersilie garnieren. Mit Weißbrot oder Brötchen reichen.

Garnierter Gemüsesalat

200 g Kartoffeln, Salz, Essig, 100 g Möhren, 100 g Sellerie, 100 g grüne Erbsen, 2 kleine Gewürzgurken, 1 Apfel, 1 Zwiebel, 150 g Mayonnaise, 1 Prise Zucker, Pfeffer, Worcestersauce.

Zum Garnieren: 2 hartgekochte Eier,
4 Scheiben Schinkenwurst, 1 Tomate,
Schnittlauch oder Petersilie.

Die gekochten Kartoffeln schälen und kalt in Würfel schneiden. Ebenso die in Salzwasser mit etwas Essigzugabe gargekochten Möhren und den Sellerie. Grüne Erbsen, Gurken- und Apfelwürfel sowie feingehackte Zwiebel zugeben. Alles mit Mayonnaise verrühren, mit Salz, Zucker, Pfeffer und Worcestersauce abschmekken. Den Salat auf einer flachen Platte oder auf kleinen Tellern anrichten. Im Halbkreis mit Scheiben hartgekochter Eier, Wurströllchen, Tomatenscheiben und feingehacktem Schnittlauch oder Petersilie garnieren.

Gemüsesalat mit Schinken oder Wurst

·100 g Kartoffeln, 50 g Möhren, 100 g Sellerie,
50 g Gewürzgurke, 1 Zwiebel, 1 Apfel,
200 g Schinkenwurst, 200 g Mayonnaise,
Salz, 1 Prise Zucker, Pfeffer, Worcestersauce,
Zitronensaft.

Gekochte, ausgekühlte Kartoffeln in dünne Streifen schneiden, ebenso das gare Gemüse, die Äpfel und die Schinkenwurst. Alles mit Mayonnaise verrühren, die mit Salz, Zucker, Pfeffer und Worcestersauce gewürzt und mit etwas Zitronensaft beträufelt wurde. Den Salat in Schüsseln anrichten und mit Weißbrot reichen.

Eiersalat

4 hartgekochte Eier, 150 g Kartoffeln,
100 g Gewürzgurken, 1 Zwiebel,
150 g Mayonnaise, 1 Teelöffel Senf,
Schnittlauch, Salz, Zitronensaft.

Die Eier schälen, in kaltem Wasser abkühlen und in dünne Scheiben schneiden. Ebenso die gekochten und geschälten

Kartoffeln und die Gurken in Scheiben schneiden. Die feingehackte Zwiebel, die Mayonnaise, Senf und gehackten Schnittlauch zugeben. Alles vermischen, salzen und säuern.

Käsesalat

100 g Sellerie, 100 g Möhren, 150 g Äpfel,
200 g Schnittkäse, 1 hartgekochtes Ei,
150 g Mayonnaise, Salz, Pfeffer,
Zitronensaft.

Den Sellerie und die Möhren putzen, dünsten und dann in feine Streifen oder Würfel schneiden. Die Äpfel schälen und in kleine Stücke, den Käse in Streifen schneiden. Das Ei feinhacken. Alles mit der Mayonnaise verrühren, mit Salz, Pfeffer und Zitronensaft abschmecken.

Geflügelsalat

250 g Geflügelfleisch (gebratene
oder gedünstete Geflügelreste von Huhn,
Ente, Pute), 100 g Sellerie, 100 g Äpfel,
1 Zwiebel, 50 g marinierte Pilze,
150 g Mayonnaise, Salz, 1 Prise Zucker,
Zitronensaft, Petersilie.

Das Geflügelfleisch von den Knochen lösen und in feine Streifen schneiden. Den Sellerie in Essigwasser kochen, dann ebenso wie die Äpfel in Streifen schneiden. Die feingehackte Zwiebel und die Pilze zufügen. Die Mayonnaise untermischen, mit Salz, Zucker und Zitronensaft würzen. Den Salat mir Petersilie garnieren. – Würfelchen von 1 Scheibe Ananas oder geröstete gesalzene Erdnüsse verfeinern den Geflügelsalat.

Fischfiletsalat

400 g Fischfilet, Salz, Zitronensaft,
30 g Margarine, 100 g Sellerie, 1 Zwiebel,
1 hartgekochtes Ei, 300 g Mayonnaise,
1 Prise Zucker, Worcestersauce, Petersilie.

Das Fischfilet in Portionen schneiden, salzen, mit Zitrone beträufeln und in Margarine dünsten. Nicht mit Wasser begießen, sondern in eigenem Saft garen. Abgekühlt in Scheiben zerlegen. Den feingeriebenen Sellerie, die gehackte Zwiebel sowie das in Scheiben geschnittene Ei zugeben. Alles mit Mayonnaise verrühren, mit Salz, Zucker, Worcestersauce und Zitronensaft abschmecken. Den Salat mindestens 4 Stunden kühl stellen. Mit gehackter Petersilie anrichten.

Gemüsesalat mit Ei garniert

250 g Gemüsesalat, 2 hartgekochte Eier, 100 g Margarine, 4 Scheiben Schinken (mager), 2 Gewürzgurken, 1 Tomate, 4 kleine Ölsardinen, Petersilie, 100 g Mayonnaise.

Auf die Tellerchen jeweils 1 bis 2 Eßlöffel Gemüsesalat und darauf ½ Ei (mit dem Eigelb nach unten) legen. Darüber kräftig abgeschmeckte, mit lauwarmem Wasser oder angewärmtem Aspik verdünnte Mayonnaise gießen. Mit 1 Scheibe Schinken, fächerförmig aufgeschnittener Gurke, 1 Tomatenscheibe, 1 Ölsardine und Petersilie garnieren. Kalt stellen.

Gefüllte Eier

Eier mit Anchovisfülle

6 hartgekochte Eier, 3 Anchovis, 50 g Butter, 1 Eßlöffel Mayonnaise, 1 Prise Pfeffer, 1 Eßlöffel Kapern, Kopf- oder anderer Blattsalat.

Die Eier in kaltem Wasser abkühlen und schälen. Der Länge nach aufschneiden und die Eigelbe vorsichtig herausheben. Die entgräteten Anchovis hacken, mit Butter und Eigelben schaumig rühren, etwas Mayonnaise und Pfeffer zugeben. Aus der Masse Kügelchen formen, die in die ausgehöhlten Eiweißhälften gelegt werden. Obenauf mit Kapern verzieren. In einer Schüssel auf Kofpsalatblättern anrichten.

Eier mit Gemüsefülle

6 hartgekochte Eier, 2 Eßlöffel Mayonnaise, Zitronensaft, Petersilie, Schnittlauch, 4 Radieschen, 1 Prise Curry, Pfeffer, Salz, 1 kleine Salatgurke.

Die Eier in kaltem Wasser abkühlen und schälen. Der Länge nach aufschneiden und die Eigelbe herausheben. Mit der Mayonnaise verrühren, Zitronensaft, je 1 Teelöffel feingehackte Petersilie und Schnittlauch und 2 geriebene Radieschen zufügen. Mit Curry, Pfeffer und Salz abschmecken. Die Masse in die Eihälften füllen, mit geriebenen Radieschen und der Gurke hübsch garnieren.

Aspikspeisen

Karpfen in Aspik

4 Portionen Karpfen, ¾ l Wasser, ⅛ l Essig, 1 Zwiebel, 30 g Möhren, 20 g Sellerie, 10 g Petersilie, Salz, 3 Pfefferkörner, 2 Gewürzkörner, ¼ Lorbeerblatt, 1 hartgekochtes Ei, 1 Stück Gewürzgurke. Für den Aspik: ¾ l Brühe, Salz, Essig, 5 g Zucker, 1 bis 2 Eiweiß, 30 g Gelatine.

Den Karpfen schuppen und in Portionen schneiden. In Essigwasser das in Scheiben geschnittene Gemüse, die Petersilie und die Gewürze 30 Minuten kochen. Den Fisch hineinlegen und langsam auf kleiner Flamme etwa 15 Minuten ziehen lassen. Die garen Portionen mit einem Schaumlöffel herausnehmen und nach dem Abkühlen vorsichtig mit warmem Wasser abspülen, damit der Aspik klar bleibt. Die Fischportionen entgräten und in eine tiefe

Schüssel schichten. Jede Portion mit ½ Eischeibe, 1 Gurkenscheibe oder 1 Streifen mariniertem Paprika garnieren. Etwa ¾ Liter Fischbrühe mit Salz, Essig und etwas Zucker kräftig süßsauer abschmecken. Dann durchseihen, erwärmen, das Eiweiß zu Schnee schlagen, in der Brühe verrühren und den Topf zudecken. Die Fischbrühe bei mäßiger Hitze bis an den Siedepunkt bringen, dabei nicht umrühren. Den Topf sofort vom Feuer nehmen und zugedeckt etwa 1 Stunde stehen lassen. Die Brühe dann durch ein sauberes Leinentuch seihen. Durch die Zugabe des Eiweißes wird sie völlig klar und durchsichtig. In wenig kaltem Wasser die Gelatine aufquellen. Unter langsamem Rühren auf kleiner Flamme zur Fischbrühe geben und auflösen lassen. Mit dem abgekühlten Aspik die Fischportionen zunächst mit einem Pinsel bestreichen. Wenn die Masse erstarrt ist, mit einem Löffel vorsichtig Schicht um Schicht nachgießen. Den gut ausgekühlten Fisch mit einem in heißes Wasser getauchten Messer in Portionen schneiden.

Schinkenrouladen in Aspik

4 größere dicke Schinkenscheiben,
200 g Gemüsesalat mit Mayonnaise,
2 saure Gurken, 1 hartgekochtes Ei, Petersilie.
Für den Aspik: etwa ¾ l Suppenwürfel-
brühe, Essig oder Zitronensaft,
5 g Zucker, Salz, 60 g Gelatine.

Die Schinkenscheiben auf ein Brettchen legen, mit dem Gemüsesalat füllen und zusammenrollen. Dicht nebeneinander in eine Porzellan- oder Glasschüssel schichten. Jede Roulade mit 1 Gurkenfächer, 1 Eischeibe und Petersilie garnieren. Für den Aspik die Brühe mit Essig, Zucker und gegebenenfalls etwas Salz abschmecken, auf kleiner Flamme erwärmen. Inzwischen die Gelatine in ½ Tasse Wasser aufquellen lassen. Dann zur Brühe geben und unter ständigem Rühren auflösen.

Vom Feuer nehmen und abkühlen lassen. Zunächst die Garnierung der Schinkenrollen vorsichtig mit Aspik bepinseln. Erst nach dem Erstarren mit der gesamten Aspikflüssigkeit begießen. Gut kühlen und die Schinkenrouladen mit einem in heißes Wasser getauchten Messer portionieren. Schinkenrouladen in Aspik sind auch für eine Gästebewirtung am Abend geeignet, weil sie sich gut vorbereiten lassen. Dann getoastetes Weißbrot dazu reichen.

Warme Vorspeisen
Toasts

Toasts mit Schinken und Ananas

8 Weißbrotscheiben, 3 Teelöffel Mayonnaise,
8 Scheiben Schinken, 4 Scheiben Ananas
oder 8 Pfirsichhälften, 8 Scheiben Käse,
Petersilie.

Die Weißbrotscheiben mit Mayonnaise bestreichen, auf jede 1 Schinkenscheibe und ½ Scheibe Ananas, bzw. eine Pfirsichhälfte, legen. Alles mit 1 Käsescheibe bedecken. Die Toasts auf ein Kuchenblech oder den Grillrost legen und rasch erwärmen, bis der Käse schmilzt. Die Toasts mit Petersilie garnieren und noch warm reichen. Sie dürfen nicht auskühlen, weil der Käse sonst gummiartig schmeckt. Statt der angegebenen Ananasscheiben oder Pfirsichhälften eignen sich auch geschälte, vom Kernhaus befreite und halbierte saftige Birnen oder Bananenstücke ausgezeichnet für überbackene Toasts mit Schinken und Käse.

Toasts mit Rührei und Schinkenspeck

8 Weißbrotscheiben, 50 g Butter, 4 Eier,
Salz, Pfeffer, 100 g geriebener Käse,
2 Tomaten, 100 g Schinkenspeck.

Die Brotscheiben rasch in Butter schwenken, Rührei darauf verteilen, salzen und pfeffern. Obenauf mit geriebenem Käse bestreuen und mit Tomatenscheiben garnieren. Die Toasts in der Backröhre oder im Grill überbacken. Mit angebratenen Schinkenspeckscheiben anrichten.

Geröstete Käsetoasts

½ Weißbrot, 3 Eier, 200 g geriebener Käse, Salz, Pfeffer, Fett.

Das Weißbrot in Scheiben schneiden. Die Eier mit dem geriebenen Käse verquirlen, auf die Weißbrotscheiben verteilen, salzen und pfeffern. Die Toasts mit der bestrichenen Seite in erhitztem Fett goldgelb backen. Zu Tee oder als Vorspeise mit Tatarensoße reichen. – Sie lassen sich auch in der Röhre überbacken. Der Käse darf aber keinesfalls anbrennen, sonst bekommt er einen bitteren Geschmack.

Eier

Röstbrot mit Rührei

4 Semmeln, 50 g Butter, etwas Anchovispaste, 4 Eier, Salz, 1 Prise Pfeffer, Petersilie.

Die Semmeln aufschneiden, jede Hälfte mit etwas Anchovisbutter bestreichen und in der Backröhre überbacken. Die Eier aufschlagen und in der restlichen Butter zu Rührei verrühren, nur wenig salzen. Das Rührei dick auf die Semmeln auftragen, pfeffern und mit Petersilie garnieren. Sehr warm reichen.

Rührerei mit Wurst

40 g Butter, 8 Eier, Salz, 100 g Wurst, Petersilie.

In der zerlassenen Butter die zerquirlten Eier verrühren und salzen. Dann die in Streifen geschnittene Wurst zugeben. Die

Rührerei dürfen nicht trocken sein. Mit gehackter Petersilie bestreuen.

Schnelle Eierschnitzel

20 g Semmelbrösel, 4 Eier, Salz, 50 g Öl, 4 Scheiben Brot, etwas Senf oder Tomatenketchup, 1 saure Gurke, ½ Zwiebel, 1 marinierte rote Paprikafrucht.

Für jede Portion ein Spiegelei gesondert braten. Auf einen kleinen Teller Semmelbrösel schütten, 1 Ei aufschlagen, salzen und alles mit der Gabel schaumig rühren. Die Spiegeleier in Semmelbröseln wälzen und in der Pfanne in erhitztem Öl auf beiden Seiten goldbraun braten. Die Brotscheiben inzwischen mit Senf bestreichen, auf jede das Eierschnitzel legen und mit Senf oder Tomatenketchup würzen. Außerdem mit kleinen Furkenfächern, Zwiebelringen und schmalen Paprikastreifen garnieren.

Eingebackene Eier mit Spinat und Schinken

1 Zwiebel, 40 g Margarine, 30 g Mehl, 300 g gefrorener Spinat, Salz, Semmelbrösel, 4 Eier, 100 g Schinken.

Die feingehackte Zwiebel in der Margarine rösten, das Mehl zugeben und eine helle Mehlschwitze bereiten. Mit etwas Wasser oder Milch verdünnen und zu einer dicken Soße aufkochen lassen. Den Spinat hineinlegen, nach Anwärmen mit dem Messer in kleinere Stücke zerteilen, die sich rascher verrühren lassen. Salzen, etwas dünsten und evtl. mit Semmelbröseln andicken. In eine feuerfeste Schüssel schütten und mit einem in kaltes Wasser getauchten Schöpflöffel vier Vertiefungen in den Spinat drücken. Die Eier so hineinschlagen, daß das Eigelb in der Mitte bleibt. Dazu lassen sich runde Ausstechformen benutzen. Die Eier in der Backröhre überbacken, die Formen herausnehmen und um jedes Eigelb einen kleinen Kranz aus feingehacktem Schinken oder geriebenem Käse streuen.

Verlorene Eier mit Kartoffelbrei

*Kartoffelbrei aus 500 g Kartoffeln, Essig,
Salz, 4 Eier, 40 g Butter,
3 Eßlöffel geriebener Meerrettich.*

Den Kartoffelbrei zubereiten und in ein Gefäß mit heißem Wasser stellen. Dann in einer Kasserolle Wasser mit Essig und Salz aufkochen. Je Liter Wasser ⅛ Liter 8 %igen Essig und 5 Gramm Salz zugeben. In das siedende Wasser ein Ei nach dem anderen schlagen und mit der Gabel das Eiweiß um das Eigelb wickeln, damit die Eier nicht ausgefranst aussehen. 3 Minuten kochen lassen, bis die Eier schneeweiß sind. Mit einem Schaumlöffel vorsichtig herausnehmen und abtropfen lassen. Auf jeden Teller Kartoffelbrei geben, mit Butter beträufeln, darauf die verlorenen Eier legen und mit geriebenem Meerrettich bestreuen. – Sie können auch mit Tomatenketchup oder einer anderen Soße, z. B. Käse-, Meerrettich- oder Dillsoße, serviert werden.

Gefüllte Omeletts

*6 Eier, 1 Prise Salz, 6 Eßlöffel Sahne
oder Wasser, Öl oder Fett zum Braten.*

Die Eier mit Salz und Sahne schaumig schlagen und davon in einer erhitzten Pfanne 4 bis 5 Omeletts backen. Die fertigen Omeletts zusammenklappen und mit den nachfolgenden Füllen garnieren oder erst bestreichen und dann zusammenklappen.
Füllen:
100 g feingehackter Schinken oder Wurst;
100 g gedünsteter Spinat oder anderes Gemüse;
4 in dünne Streifen geschnittene Tomaten;

50 g geriebener Käse, mit dem auch die Oberfläche bestreut werden kann;
150 g Geflügel- oder Leberpastete, mit 1 Eßlöffel Wasser oder Brühe verrührt, damit sie sich besser streichen läßt.

Palatschinken mit Pastete gefüllt

*1 Ei, ¼ l Milch, 100 g Mehl, 1 Prise Salz,
50 g Öl oder Margarine, 1 Dose
Geflügelpastete (100 g), 1 Eßlöffel Brühe
oder Wasser, 30 g geriebener Käse, Petersilie.*

Ei, Milch, Mehl und Salz mit einem Schneebesen zu einem dünnflüssigen Teig verarbeiten. In einer gefetteten Pfanne (am besten mit Antihaftbeschichtung) dünne Palatschinken auf beiden Seiten goldbraun backen. Mit einem Omelettenwender umdrehen und auf eine warm gestellte Platte schichten. Die Geflügelpastete mit etwas Brühe oder Wasser verrühren, damit sie streichfähiger wird. Jede Palatschinke mit Pastete bestreichen, zusammenrollen, mit geriebenem Käse bestreuen und mit Petersilie garnieren. Zusammen mit Kopfsalat, gedünstetem Gemüse, z. B. Spinat, Möhren, grüne Erbsen, grüne Bohnen, anrichten.

Puddings

Kartoffelpudding

*60 g Butter, Salz, 3 Eier,
2 größere Würstchen, 500 g gekochte
kalte Kartoffeln, 1 Prise Pfeffer, Petersilie,
20 g Fett, Semmelbrösel, etwas Butter.*

Die Butter mit Salz und den Eigelben schaumig rühren, die in Scheiben geschnittenen Würstchen, die feingeriebenen Kartoffeln, Pfeffer und gehackte Petersilie zugeben. Zum Schluß die steif geschlagenen Eiweiße unterziehen. Den Teig in eine gefettete und mit Semmelbröseln ausgestreute Puddingform gießen. Die Form schließen und den Pudding etwa 1 Stunde im Wasserbad kochen. Dann stürzen, in Portionen schneiden, mit in Fett gerösteten Semmelbröseln bestreuen und mit zerlassener Butter beträufeln. – Ist keine verschließbare Puddingform vorhanden, kann die Masse auch in einem großen Einkochglas, mit Ring, Deckel und Klammer versehen, gekocht werden.

Gemüsepudding

500 g Gemüse (z. B. Blumenkohl, Möhren, grüne Erbsen, Spargel, Kohlrabi), Salz, 4 Semmeln, 1 Tasse Milch, 100 g frische Pilze, 50 g Speck, 100 g Schinken, Petersilie, 3 Eier, Semmelbrösel, Fett, geriebener Käse, Butter.

Der Pudding kann aus einer oder mehreren Gemüsesorten zubereitet werden. Das geputzte Gemüse in Salzwasser dünsten. Abgetropft in kleine Würfel schneiden. Die Semmeln in Würfel schneiden und in der Milch einweichen. Das Gemüse zufügen, ebenso die feingehackten gedünsteten Pilze, die ausgelassenen Speckwürfelchen, den gehackten Schinken, Petersilie und die Eigelbe. Zum Schluß steif geschlagenes Eiweiß unterziehen und mit Semmelbröseln verrühren. Den Teig in eine gefettete, ausgebröselte Puddingform füllen. Im Wasserbad 1 Stunde kochen. Den fertigen Pudding stürzen und mit einem Zwirnsfaden in Portionen schneiden. Mit gerösteten Semmelbröseln oder geriebenem Käse bestreuen und mit zerlassener Butter beträufeln. – Ist keine Puddingform vorhanden, kann der Pudding auch in einer Serviette im Wasserbad gekocht werden. Die Serviette darf allerdings nicht allzufest geknotet sein, damit der Pudding während des Kochens aufquellen kann. Die Serviette auf einen quer über den Topf gelegten Kochlöffel hängen und den Pudding ebenfalls 1 Stunde im Wasserbad kochen.

Schweinsleberpastete

500 g Schweinsleber, 1 Zwiebel, 50 g Schmalz, 100 g Speck, 2 Eier, Salz, ½ Teelöffel Pastetengewürz, einige Champignons oder andere Pilze, Margarine, Semmelbrösel.

Die Leber in kleine Stücke schneiden und zusammen mit der Zwiebel in Schmalz dünsten. Dann mit der Hälfte des Specks zweimal durch den Fleischwolf drehen. Die Eier, Salz, Pastetengewürz und in Scheiben geschnittene Pilze zugeben. Mit der Masse eine gefettete und mit Semmelbröseln ausgestreute Auflaufform füllen, obenauf die restlichen Speckscheiben legen. Die Form mit Pergamentpapier zubinden und in einen Topf mit Wasser stellen, das nur bis zur Hälfte der Form reichen darf. Die Pastete 45 Minuten kochen.

Gebackene Leberpastete

50 g Zwiebel, 50 g Schmalz, 500 g Schweinsleber, 2 Anchovis, 2 Eier, Salz, ½ Teelöffel Pastetengewürz, Semmelbrösel, Fett.

Feingehackte Zwiebel in Schmalz rösten. Die Leber durch den Fleischwolf drehen, mit den gehackten Anchovis, den Eiern, Salz und Pastetengewürz verrühren, nach Bedarf 2 Teelöffel Semmelbrösel zugeben. Eine gut gefettete und mit Semmelbröseln ausgestreute Kuchenform oder feuerfeste Schüssel mit der Masse füllen und in der Backröhre etwa 40 Minuten backen. Die Pastete warm oder kalt servieren.

Gänseleberpastete

500 g Gänseleber, etwas Milch, 2 Eigelb, 1 Eßlöffel Süßwein, Pfeffer, Salz, 1 Messerspitze Pastetengewürz, 200 g Speck.

Die Leber 2 Stunden in Milch legen, damit

sie hell wird, dann enthäuten, die Ränder ringsherum abschneiden und etwa die Hälfte der Leber durchpassieren. Mit Eigelben, Wein, Pfeffer und Salz verrühren. Die übrigen Leberstücke in dünne Scheiben schneiden, salzen und mit Pastetengewürz bestreuen. Eine Pastetenform mit dünnen Speckscheiben auslegen, den Boden mit dem Leberbrei füllen, darauf die Leberscheiben schichten, was wiederholt wird, bis die Form zu zwei Dritteln gefüllt ist. Fest verschließen und die Pastete im Wasserbad 45 Minuten kochen. Die kalte Pastete in Scheiben schneiden und nach Belieben mit Aspik und Zitronenscheiben garnieren. – Ist keine Pastetenform vorhanden, kann ein Einkochglas verwendet werden.

Wildpastete

500 g Rehfleisch oder Hirschschulter, 100 g Speck, 1 Zwiebel, 1 Reh- oder Schweinsleber, 1 Semmel, 1 Messerspitze Pastetengewürz, 2 Eßlöffel Rotwein, 2 Eigelb, Semmelbrösel, 200 g Speck.

Das Fleisch von den Knochen lösen, in kleine Stücke schneiden und auf etwas kleingeschnittenem Speck und gehackter Zwiebel dünsten. Wenn das Fleisch gar ist, zweimal durch den Fleischwolf drehen. Die passierte Leber, die eingeweichte Semmel, Gewürz, Wein, die Eigelbe und nach Bedarf einige Semmelbrösel zugeben. Alles verrühren, eine Pastetenform mit dünnen Speckscheiben auslegen und die Masse einfüllen. Die Form schließen und die Pastete im Wasserbad 1½ Stunden kochen. Kalt oder warm reichen. – Die Pastete wird pikanter, wenn unter die Masse noch 2 feingehackte Anchovis und einige gehackte Kapern gemischt werden.

Soßen

Die entsprechende Soße auszuwählen, sie richtig zuzubereiten, zu würzen und abzuschmecken, gehört zu den Spitzenleistungen der Kochkunst. Deshalb läßt sich im Rezept nur schwer eine genaue Gewürz- und Zutatenmenge anführen. Es ist notwendig, sehr langsam und bedächtig vorzugehen, abzuschmecken, zu probieren und vor allem Erfahrungen zu sammeln. Eine gut zubereitete Soße muß von glatter Konsistenz und glänzender Oberfläche sein und natürlich auch den richtigen Geschmack haben. Einmal wird es eine mild schmeckende Soße sein, ein anderes Mal wird man lieber eine schärfere, würzigere Soße bevorzugen. Mit einer guten Soße lassen sich viele Gerichte verfeinern, besonders auch solche, die wenig Eigengeschmack haben.

Man unterscheidet warme und kalte Soßen. Von den warmen Soßen werden in der tschechischen Küche meistens gebundene verwendet, also solche mit heller Mehlschwitze, vielfach mit Milch aufgefüllt oder mit Sahne und Ei legiert. Zu den warmen Soßen gehören Fleisch-, Gemüse-, Pilz-, aber auch Obstsoßen. Von den kalten Soßen werden heute vorwiegend Mayonnaisen, Gemüse- und Obstsoßen zubereitet.

Warme Soßen

Lebersoße

1 Zwiebel, 50 g Schmalz, 50 g Mehl, Salz, 1 Prise Pfeffer, ¾ l Knochen- oder Suppenwürfelbrühe, 100 g Leber.

Die feingehackte Zwiebel in Schmalz glasig dünsten, mit Mehl bestäuben, Brühe zugießen, gut verrühren und aufkochen lassen. Mit Salz und Pfeffer abschmecken, dann durchseihen. Feingehackte oder im Mixer pürierte rohe Leber zugeben und die Soße noch etwa 5 Minuten kochen lassen. Kleine Leberreste lassen sich so gut verwenden. Lebersoße reicht man beispielsweise zu Kartoffelklößen.

Gulaschsoße

1 Zwiebel, 30 g Schmalz, 250 g Rindfleisch (Haxe), Salz, etwa ½ l Wasser, 1 Teelöffel edelsüßer Paprika, 50 g Mehl, einige Tropfen Suppenwürze.

Die feingehackte Zwiebel in Schmalz rösten, das in kleinere Stücke geschnittene Fleisch zugeben, salzen, leicht bräunen lassen, etwas Wasser zugießen und zugedeckt dünsten. Dann das Fleisch herausnehmen, die Soße bis auf das Fett verdunsten lassen, Paprika zugeben, das Mehl darüberstäuben, das restliche Wasser zufügen und alles etwa 20 Minuten kochen lassen. Das Fleisch in kleine Stücke schneiden, in die Soße geben und mit Suppenwürze abschmecken. Gulaschsoße kann mit Kartoffeln oder Semmelknödeln serviert werden.

Pilz-Sahne-Soße

200 g frische Pilze, 1 kleinere Zwiebel, 50 g Butter, Zitronensaft, 40 g Mehl, ⅜ l Wasser, Salz, ⅛ l saure Sahne, Petersilie.

Die geputzten Pilze in dünne Scheiben, die Zwiebel in Würfel schneiden und alles in der Hälfte der Butter rösten. Dann mit etwas Zitronensaft beträufeln und die Pilze garen. Aus der restlichen Butter und dem Mehl eine helle Mehlschwitze zubereiten, mit Wasser aufgießen, salzen und gut durchkochen. Die Pilze zugeben, dann die Sahne und zuletzt gehackte Petersilie unterrühren. Diese Soße eignet sich

zu gekochtem Fleisch und Semmelknödeln oder Kartoffelklößen.

Legierte Pilzsoße

20 g getrocknete Pilze, ½ l Wasser, ½ kleinere Zwiebel, 40 g Butter, 40 g Mehl, Salz, Essig.

Die getrockneten Pilze mehrere Stunden (am besten über Nacht) in Wasser einweichen. Das Wasser abgießen und die Pilze kleinhacken. Das Wasser für die Soße mit verwenden. Die zerkleinerte Zwiebel in Butter glasig dünsten, mit Mehl bestäuben und eine goldgelbe Mehlschwitze zubereiten. Das Wasser aufgießen, salzen und alles gut aufkochen. Zum Schluß mit einigen Tropfen Essig abschmecken. Pilzsoße kann zu gekochtem Rindfleisch mit Kartoffelklößen gereicht werden.

Zwiebelsoße

1 größere Zwiebel, 40 g Butter, 40 g Mehl, ½ l Knochen- oder Fleischbrühe, Salz, 1 Eigelb, Petersilie.

Die Zwiebel in dünne Scheiben schneiden, in Butter dünsten, mit Mehl bestäuben und rösten. Die Brühe zugießen, salzen, mit einem Schneebesen gut verrühren und kochen lassen. Die Soße durch ein Sieb streichen. Das Eigelb in 1 Eßlöffel Wasser verquirlen und zufügen. Nur noch erwärmen, nicht mehr kochen. In die fertige Soße feingehackte Petersilie rühren. Zu gekochtem Fleisch servieren.

Meerrettichsoße

40 g Butter, 40 g Mehl, ½ l Brühe oder Wasser, Salz, 1 Prise Zucker, 30 g geriebener Meerrettich.

Aus Butter und Mehl eine helle Mehlschwitze bereiten, die Brühe zugießen, gut verrühren und aufkochen lassen. Mit Salz

Porreesuppe, Sauerkrautsuppe

Knoblauchsuppe

Schweinebraten mit Semmelknödeln und Kraut

Schinkenrouladen in Aspik

Schweineschnitzel mit gefüllten Palatschinken

Rumsteaks mit Pilzen und Nocken

Pikante Rehrippchen

Gebratene Leber auf Tomaten

und Zucker abschmecken. Zuletzt den feingeriebenen Meerrettich zufügen. Nach Belieben noch 1 Eigelb unterrühren. Zu gekochtem Rindfleisch, gekochtem Rauchfleisch, Wellfleisch u. ä. reichen.

Dillcremesoße

1 Bund Dill, etwas Essigwasser, ¼ l Sahne,
¼ l Milch, 40 g Mehl, Salz,
1 Teelöffel Zucker, 1 Eigelb, 10 g Butter.

Den Dill gut waschen, feinhacken, mit etwas Essigwasser ansetzen und kochen lassen. In etwas kaltem Sahne-Milch-Gemisch das Mehl verquirlen. In einem anderen Topf das übrige Gemisch kochen, das angerührte Mehl zugießen und unter ständigem Rühren zu Cremesoße kochen. Salz, Zucker, den feingehackten Dill mit etwas Kochwasser und zuletzt das Eigelb und die Butter zufügen. So lange aufwärmen, bis die Butter schmilzt. Die Soße eignet sich zu gekochtem Rindfleisch, zu hartgekochten Eiern, zu Blumenkohl usw.

Tomatensoße (aus Tomatenmark)

1 Zwiebel, 40 g Butter, 40 g Mehl,
½ l Wasser, 1 kleine Flasche Tomatenmark,
Salz, ½ Teelöffel Zucker, Zitronensaft.

Die feingehackte Zwiebel in Butter leicht rösten, das Mehl zugeben, bräunen lassen, kaltes Wasser auffüllen, gut verrühren und kochen lassen. Das Tomatenmark zugeben und die Soße mit Salz, Zucker und Zitronensaft abschmecken. Nochmals kurz aufkochen.

Tomatensoße (aus frischen Tomaten)

40 g Butter, 40 g Mehl, ½ l Brühe
oder Wasser, 250 g reife Tomaten,
2 Pfefferkörner, 3 Gewürzkörner,
½ Lorbeerblatt, ½ Zwiebel, Salz,
1 Prise Zucker, Zitronensaft.

Aus Butter und Mehl eine helle Mehlschwitze bereiten. Die Brühe zugießen und alles 10 Minuten kochen lassen. Die zerschnittenen Tomaten, die Gewürze und die feingehackte Zwiebel zugeben. Nochmals 5 Minuten kochen. Die Soße durch ein Sieb streichen, salzen und nach Geschmack mit 1 Prise Zucker und etwas Zitronensaft würzen. Nach Belieben läßt sich auch 1 Glas Rotwein verwenden. Die Soße soll leicht süßsauer schmecken.

Gurkensoße

40 g Butter, 40 g Mehl, ½ l Knochen- oder
Suppenwürfelbrühe, Salz, je 1 Prise Pfeffer
und Zucker, 3 Gewürzgurken, Zitronensaft
oder Essig, 1 Eßlöffel feingehackter Dill.

Aus Butter und Mehl eine helle Mehlschwitze bereiten, mit Brühe auffüllen, gut verrühren und kochen lassen. Mit Salz, Pfeffer und Zucker abschmecken, die in kleine Würfel geschnittenen Gurken sowie etwas Zitronensaft oder Essig zufügen. Zuletzt den Dill unterrühren.

Kalte Soßen

Mayonnaise

2 Eigelb, Salz, 250 bis 300 g Öl, Saft von
½ Zitrone oder 2 Teelöffel Essig,
1 Prise Zucker.

Die Eigelbe sorgfältig von den Eiweißen trennen, in eine Porzellanschüssel geben, etwas Salz zufügen und mit einem kleinen Schneebesen schaumig rühren. Das Öl in ein Kännchen gießen und zu Beginn nur tropfenweise zufügen. Wird die Mayonnaise zu dickflüssig, können einige Tropfen Zitronensaft oder Essig, mit Wasser verdünnt, zugegeben werden. Erst wenn sich die Eigelbe gut mit dem Öl verbinden, das Öl schneller, etwa löffelweise, zufügen. Sobald die Mayonnaise am Schneebesen kleben bleibt, ist sie fertig. Nach Geschmack noch mit Salz, Zucker oder Zitrone abschmecken.

Um zu vermeiden, daß die Mayonnaise gerinnt, müssen Eigelbe und Öl etwa die gleiche Temperatur haben. Das Öl darf anfangs wirklich nur tropfenweise zugegeben werden. Gerinnt die Mayonnaise trotzdem, dann 1 bis 2 Eigelbe neu schaumig schlagen und die geronnene Mayonnaise tropfenweise vorsichtig zugeben.

Die fertige Mayonnaise kann kürzere Zeit im Kühlen oder im Kühlschrank aufbewahrt werden. Nach einiger Zeit beginnt sie jedoch, sich zu zersetzen, vor allem wenn sie sehr kalt steht (z. B. im Gefrierfach). Anstelle von selbstbereiteter Mayonnaise wird für kalte Soßen oder zur Salatzubereitung vielfach gleich fertig käufliche verwendet.

Mayonnaise mit Sahne

300 g Mayonnaise, ½ Teelöffel Senf,
1 Prise Zucker, Zitronensaft, 3 Eßlöffel
Schlagsahne, Salz, Pfeffer, Worcestersauce.

Mayonnaise, Senf, Zucker, einige Tropfen Zitronensaft und Schlagsahne leicht verrühren, mit Salz, Pfeffer und Worcestersauce, abschmecken. Diese Mayonnaise wird zu Fisch, gekochtem Schinken oder zur Zubereitung feiner Salate verwendet.

Mayonnaise mit Joghurt und Meerrettich

1 großer Apfel, 1 Teelöffel Zucker,
⅛ l Joghurt, 300 g Mayonnaise, Salz,
2 Eßlöffel geriebener Meerrettich.

Den Apfel schälen, in kleine Stücke schneiden, dünsten und durch ein Sieb passieren. Mit Zucker, Joghurt und Mayonnaise verrühren, mit Salz und Meerrettich abschmecken. Zu Fischge-

richten, zu Geflügel oder zu Schinken reichen.

Mayonnaise mit Aspik

10 g Gelatine, ¼ l klare, Fleisch-
oder Geflügelbrühe, 300 g Mayonnaise.

Die Gelatine in 1 Eßlöffel kaltem Wasser verrühren und aufquellen lassen. Dann in die Brühe rühren und bis zum Siedepunkt erwärmen, nicht kochen lassen. Den abkühlenden Aspik löffelweise in die Mayonnaise rühren. Damit gekochte Fische, Eier, kaltes Fleisch, feine Salate usw. übergießen. Nach dem Erstarren bildet sich ein glatter Überzug. Die Aspikmayonnaise kann auch feingehackt und anstelle von Aspik zum Garnieren von Platten verwendet werden.

Quarkmayonnaise

200 g Quark, 2 Eigelb, 4 bis 6 Eßlöffel Öl,
Salz, 1 Prise Zucker, Zitronensaft.

Den Quark und die Eigelbe schaumig rühren, tropfenweise das Öl zugeben. Nach Geschmack mit Salz, Zucker und Zitronensaft würzen. Diese fettarme Mayonnaise eignet sich für Fischgerichte, für gekochtes Gemüse und für Gemüsesalate.

Gekochte Buttermayonnaise

Salz, 4 Eigelb, 1 Teelöffel halbgriffiges Mehl,
1 Teelöffel Essig, 1 Prise Zucker, Pfeffer,
80 g Butter, ¼ l Milch, ½ Teelöffel
Senf, Petersilie.

Salz, Eigelbe, Mehl, Essig, Zucker, Pfeffer und in kleine Stücke geschnittene Butter mit der Milch verrühren. Den Topf ins Wasserbad stellen und unter ständigem Schlagen erwärmen, bis die Mayonnaise dick wird. Dann Senf zufügen, den Topf vom Herd nehmen und die Mayonnaise während des Abkühlens ständig rühren.

Sie eignet sich für gekochtes Fleisch, Gemüse oder Salate. Vor dem Auftragen mit gehackter Petersilie bestreuen.

Béchamelmayonnaise

20 g Butter, 20 g Mehl, ¼ l Milch, Salz, Pfeffer, ½ kleine Zwiebel, 200 g Mayonnaise.

Aus Butter und Mehl eine helle Mehlschwitze bereiten, mit Milch auffüllen, Salz, Pfeffer und feingehackte Zwiebel zufügen und gut durchkochen. Die Soße unter ständigem Rühren auskühlen lassen und dann löffelweise mit der Mayonnaise verrühren.

Tatarensoße

200 g Mayonnaise, 1 Eßlöffel Zitronensaft oder Estragonessig, 1 Teelöffel Senf, 1 Prise Zucker, Salz, Pfeffer, 1 Gewürzgurke, ½ Teelöffel Kapern, ½ kleine Zwiebel, 1 Anchovis, etwas Zitronenschale, ½ Teelöffel gehackte Petersilie.

Die Mayonnaise mit Zitronensaft, Senf, Zucker, Salz und Pfeffer vermischen. Auf einem Brettchen Gurke, Kapern, Zwiebel, Anchovis und Zitronenschale ganz feinhacken. Zusammen mit der Petersilie in die Mayonnaise rühren. Ist die Soße zu dickflüssig, mit etwas lauwarmem Wasser verrühren. Tatarensoße eignet sich zu Bratenfleisch, Kurzgebratenem, gekochtem und gebackenem Fisch, Geflügel, Gemüse usw.

Remouladensoße

200 g Mayonnaise, Zitronensaft, 1 große Gewürzgurke, ½ Teelöffel Kapern, 1 Teelöffel Senf, Salz, 1 Prise Zucker, ½ Teelöffel Kaviar oder 1 bis 2 Anchovis.

Die Mayonnaise mit Zitronensaft beträufeln, Gurke, Kapern, beides feingehackt, Senf, Salz und Zucker zugeben. Mit Ka-

viar oder feingehackten Anchovis abschmecken. Die Remouladensoße zu Fleisch und Fisch reichen.

Apfel-Meerrettich-Soße

⅛ l Fleischbrühe, 3 Eßlöffel geriebener Meerrettich, 300 g Äpfel, ½ Teelöffel Zucker, Salz, Zitronensaft oder 1 Eßlöffel Essig.

Von der abgekühlten Fleischbrühe das Fett abschöpfen. Die Brühe über den Meerrettich gießen. Die feingeriebenen Äpfel, Zucker, Salz und Zitronensaft oder Essig zufügen. Die Soße schmeckt leicht süßsauer. Anstelle von Zitronensaft kann Apfelsinensaft verwendet und auch noch ein Stück feingeriebene Möhre zugegeben werden.

Preiselbeer-Meerrettich-Soße

100 g Johannisbeerkonfitüre, ⅛ l Rotwein, ½ Zitrone, ½ Apfelsine, 2 Eßlöffel geriebener Meerrettich, 150 g Preiselbeerkompott, Salz, Pfeffer, ½ Teelöffel Senf, einige Tropfen Worcestersauce.

Die Johannisbeerkonfitüre mit Rotwein, Zitronen- und Apfelsinensaft sowie Meerrettich verrühren. Das Preiselbeerkompott zugeben, mit Salz, Pfeffer, Senf und Worcestersauce abschmecken. Diese Soße zu Wildbret reichen.

Schnittlauchsoße

3 hartgekochte Eier, Salz, Pfeffer, 1 Eßlöffel Senf, 200 g Öl, Essig, 20 g Zucker, ½ Tasse Weißwein, 3 Eßlöffel gehackter Schnittlauch.

Die Eigelbe passieren, salzen, pfeffern und etwas Senf zufügen. Unter ständigem Rühren tropfenweise das Öl untermischen. Sobald die Mayonnaise dickflüssig wird, etwas Essig, Zucker und Wein, anschließend das restliche Öl unterrühren. Zuletzt den feingehackten Schnittlauch zugeben. Die Soße zu Wildbret, Rinderbraten und Kurzgebratenem reichen.

Saure Eiersoße

2 hartgekochte Eier, 4 Eßlöffel Öl, Salz, 1 Prise Pfeffer, ½ Zwiebel, Petersilie, etwas Zucker, Essig.

Die Eier halbieren, die Eigelbe herausnehmen und mit Öl, Salz und Pfeffer verrühren. Gehackte Zwiebel, gewiegte Petersilie und die feingehackten Eiweiße zugeben, mit Zucker und Essig abschmecken. Wenn die Soße zu dickflüssig ist, mit etwas Brühe verdünnen. Zu gekochtem Rindfleisch und Fischgerichten servieren.

Knoblauchsoße

4 Knoblauchzehen, Salz, 1 Semmel, ½ Tasse Milch, 2 Eigelb, 120 g Öl, Pfeffer, Zitronensaft.

Die geschälten Knoblauchzehen fein mit Salz verreiben. Die Semmel in Milch aufweichen, ausdrücken und durch ein Sieb passieren. Mit Knoblauch und Eigelben verrühren und unter ständigem Rühren tropfenweise Öl zugeben. Die Soße mit Salz, Pfeffer und Zitronensaft abschmecken und zu Fleisch reichen.

Kräutersoße (Vinaigrette)

2 hartgekochte Eier, 1 Teelöffel Senf, 2 Teelöffel gehackte Kräuter (Petersilie, Schnittlauch, Dill, Estragon), 1 Gurke, ½ kleine Zwiebel, ½ Teelöffel Kapern, ⅛ l Öl, 2 Eßlöffel Weißwein, 2 Eßlöffel Essig, etwas Zucker, Salz.

Von den halbierten Eiern die Eigelbe herausnehmen und in eine Schüssel passieren. Senf, Kräuter, feingehackte Gurke, Zwiebel, Kapern und Eiweiße zugeben.

Öl, Wein und Essig in einem Glas verrühren, gut durchschütteln und daraufgießen. Die Soße mit Zucker und Salz abschmecken. Sie eignet sich zu gekochtem und gebratenem Fleisch, Sülzen, Fleisch in Aspik, Wellfleisch usw.

Tomatensoße

½ Tasse Tomatenketchup, 4 Eßlöffel Apfelmus oder Apfelmost, 1 Teelöffel Senf, 2 Eßlöffel Rotwein, Salz, Pfeffer, 1 Prise edelsüßer Paprika, Zucker, Zitronensaft.

Tomatenketchup, Apfelmus oder Apfelmost, Senf und Rotwein gut verrühren. Die Soße mit Salz, Pfeffer, Paprika, Zucker und Zitronensaft würzen. Sie muß einen süßsauren Geschmack erhalten. Schärfere Würze wird durch Zugabe von 1 Eßlöffel geriebenem Meerrettich erreicht. Die Soße paßt zu allen gekochten und gebackenen Fleischgerichten.

Fleischgerichte

Fleisch ist ein wichtiger Bestandteil jedes Speisezettels, besonders wegen des Gehaltes an hochwertigen tierischen Eiweißstoffen. Zu den beliebtesten Fleischsorten in der tschechischen Küche gehören Schweine- und Rindfleisch. Weniger wird Kalb- und Hammelfleisch verwendet. Besonders begehrt sind auch Innereien, hauptsächlich Leber und Nierchen. Doch auch aus preiswerteren Sorten wie Hackfleisch läßt sich Schmackhaftes bereiten. Die folgenden Gerichte sind nach der Art ihrer Zubereitung aufgeteilt: zuerst Speisen aus gekochtem, geschmortem und gebratenem Fleisch, gesondert Pfannengerichte und Gerichte aus Innereien. In den Rezepten sind die Fleischportionen (Schnitzel, Rouladen usw.) für 4 Personen angegeben. Bei Braten ist jeweils 1 kg vorgesehen; das reicht für 6 bis 8 Personen. Für die meisten Fleischgerichte wurde die geeignete Beilage angeführt, vor allem, wenn sie für das Gericht typisch ist.

Gekochtes Fleisch

Rindfleisch mit Eigelbsoße

750 g Rindfleisch, Salz, 1 kleine Zwiebel, 50 g Margarine, 30 g Mehl, 1 Eßlöffel Zitronensaft oder Weißwein, 2 Eigelb, 1 Teelöffel gehackte Petersilie.

Das Fleisch in siedendem Salzwasser ansetzen und garen. Dann in dünne Scheiben schneiden, auf in Margarine gedünstete Zwiebel legen und auf beiden Seiten anbraten lassen. Das Fleisch herausneh-

men, die restliche Margarine mit Mehl andicken, mit Zitrone oder Wein beträufeln und einige Eßlöffel Brühe aufgießen. Zuletzt die Eigelbe unterrühren. Die Soße nicht mehr aufkochen, nur erwärmen und mit Petersilie würzen. Das Fleisch auf eine Platte legen, mit Soße übergießen und mit Kartoffeln reichen. Die restliche Brühe kann für Suppe verwendet werden.

Rindfleisch in Kraut

750 g Rindfleisch, Salz, 1 kleiner Kopf Weißkraut, 30 g Speck, 30 g Schmalz, 1 kleine Zwiebel, 20 g Mehl, 1 Tasse Fleischbrühe, Pfeffer.

Das Fleisch in siedendes Salzwasser legen und garkochen. Das geputzte Kraut in kleine Streifen schneiden, mit etwas siedendem Salzwasser übergießen und kurz kochen. Den Speck in Würfel schneiden, Schmalz zugeben und feingehackte Zwiebel darin bräunen. Das abgetropfte Kraut zugeben und gardünsten. Dann mit Mehl bestäuben, Fleischbrühe zugießen, etwas pfeffern und zuletzt das in Scheiben geschnittene Rindfleisch zugeben. Mit Kartoffeln oder Brot reichen. – Ähnlich kann Rindfleisch mit gedünsteten Karotten, mit Kürbis oder mit gemischtem Wurzelgemüse bereitet werden.

Rindfleisch mit Sahne überbacken

750 g Rindfleisch (Blume, Bug), Salz, 80 g Margarine, 1 Zwiebel, 3 Anchovis, Petersilie, 1 Tassa saure Sahne, 1 Zitrone.

Das Fleisch in siedendem Salzwasser ansetzen und garen. Abgetropft in Scheiben schneiden. In Margarine die feingehackte Zwiebel glasig dünsten, entgrätete und feingehackte Anchovis und gehackte Petersilie zugeben. Das Fleisch in eine mit Margarine ausgestrichene feuerfeste Schüssel schichten, mit dem Gemisch aus Zwiebel, Anchovis und Petersilie bedekken, mit Sahne beträufeln und in der Röhre backen. Die Fleischscheiben mit dünnen Zitronenscheiben garnieren und mit Kartoffeln oder Reis auf den Tisch bringen.

Kalbsbrust mit Eigelbsoße

1 kg Kalbsbrust, Salz, 50 g Sellerie,
50 g Möhren, 1 Zwiebel,
Für die Soße: 50 g Margarine, 40 g Mehl,
½ l Brühe, Muskat, Pfeffer, 2 Eigelb,
½ Zitrone, Petersilie.

Aus dem Fleisch die Knochen herauslösen, das Fleisch salzen, zu einer Roulade wickeln und mit Faden zusammenbinden. In siedendes Salzwasser legen, das in Scheiben geschnittene Gemüse und die Zwiebel zufügen und garkochen lassen. Das Fleisch herausnehmen und in Scheiben schneiden. Zuvor den Faden lösen. Aus Margarine und Mehl eine helle Mehlschwitze bereiten, mit ½ Liter Brühe auffüllen, gut verrühren, die Gewürze zugeben und eine dicke, glatte Soße zubereiten. Als Brühe wird das Kochwasser verwendet. In einer Schüssel Eigelbe mit Zitronensaft und etwas kalter Brühe gut verrühren und unter ständigem Schlagen in die heiße Soße gießen. Sobald sie dick wird, gehackte Petersilie zugeben und nicht mehr kochen. Die Soße über das Fleisch gießen, das noch mit dem gekochten Gemüse garniert werden kann. Reis oder Teigwaren dazu reichen.

Hammelfleisch mit Zwiebeln und Kartoffeln

750 g Hammelfleisch (Schulter, Keule),
Salz, 2 Zwiebeln, 80 g Schmalz,
300 g Kartoffeln, 1 Prise Pfeffer,
etwas Fleischbrühe, Petersilie.

Das Fleisch auslösen, in siedenem Salzwasser ansetzen und garen. Dann in Würfel schneiden. Die geputzten Zwiebeln in Scheiben schneiden und in Schmalz bräunen. In Scheiben geschnittene rohe Kartoffeln, das Fleisch, Salz und Pfeffer zugeben, mit Fleischbrühe übergießen und so lange schmoren, bis die Kartoffeln gar sind. Das Gericht in einer vorgewärmten Schüssel, mit feingehackter Petersilie bestreut. servieren.

Schweinefleisch in Kraut

750 g Schweinefleisch (Bauch, Schulter), Salz,
1 Zwiebel, 500 g Weißkraut, 80 g Schmalz,
je 1 Prise Kümmel und edelsüßer Paprika,
30 g Mehl, ½ l Fleischbrühe.

Das Fleisch mit siedendem Salzwasser übergießen, ein Stück Zwiebel zugeben und kochen. Das gare Fleisch in Würfel oder dünne Scheiben schneiden. Das Kraut hobeln, mit siedendem Salzwasser übergießen und kurz dünsten. Im Schmalz feingehackte Zwiebel glasig dünsten, das abgetropfte Kraut, Salz, Kümmel sowie Paprika zugeben und alles weich dünsten. Dann mit Mehl bestäuben, etwas Brühe aufgießen und das Fleisch hineinlegen. Das Gericht wird mit Brot, Kartoffeln oder Kartoffelklößen gereicht. – Anstelle von Kraut kann in Streifen geschnittener junger Kürbis verwendet werden.

Schweinshaxe in Sauerkraut

1 größere Schweinshaxe, Salz, 2 Zwiebeln,
80 g Schmalz, Kümmel, ½ Teelöffel
edelsüßer Paprika, 1 Knoblauchzehe,
300 g Sauerkraut, 30 g Mehl,
¼ l saure Sahne.

Die Schweinshaxe in Salzwasser garkochen und dann in Portionen teilen. Feingehackte Zwiebeln in Schmalz rösten, Kümmel, Paprika, mit Salz zerriebenen Knoblauch und feingeschnittenes Sauerkraut zugeben. Alles mit dem Kochwasser aufgießen und gardünsten. Das Kraut mit Mehl bestäuben, anschwitzen, Sahne auffüllen und gut durchkochen. Fleischportionen einlegen. Mit Semmelknödeln oder Kartoffelklößen reichen.

Schweinefleisch mit Meerrettich (Wellfleisch)

750 g Schweinefleisch (Kopf, Kamm, Schulter, Haxe u. ä.), Salz, 3 Pfefferkörner, 1 Zwiebel, 100 g geriebener Meerrettich.

Das gewaschene Fleisch in siedendem Salzwasser mit Pfefferkörnern und der Zwiebel ansetzen und garkochen. Dann das Fleisch herausnehmen, in größere Stücke schneiden und mit geriebenem Meerrettich oder mit Senf reichen.

Geschmortes Fleisch

Rinderbraten mit Speck und Zwiebeln

500 g Rinderbraten, 30 g Speck, 2 Zwiebeln, Salz, Pfeffer, 80 g Schmalz, 20 g Mehl.

Das Fleisch klopfen, mit Speckstreifen durchziehen. Eine größere Fleischscheibe zusammenrollen und mit Faden umwickeln. Den Speck vor dem Durchziehen in einem Teil der feingehackten Zwiebeln, in Salz und Pfeffer wenden. In Schmalz Zwiebel glasig dünsten, das Fleisch darauflegen, auf beiden Seiten anbraten, heißes Wasser zugießen und schmoren lassen. Während des Schmorens das Fleisch wenden und die Oberfläche jeweils mit Saft übergießen. Wenn der Bratsaft verdunstet ist, Fleisch-, Knochenbrühe oder heißes Wasser zufügen. Das fast gare Fleisch nicht mehr übergießen, sondern den Saft bis auf das Fett eindampfen lassen. Das Fleisch herausnehmen. Das Fett mit Mehl goldgelb anschwitzen, mit kaltem Wasser gut verrühren, kurz aufkochen lassen und dann die Soße durch ein Sieb streichen. Das Fleisch zugeben und erwärmen. Bevor das Fleisch serviert wird, alles einen Augenblick stehen lassen, damit das Fett an die Oberfläche tritt, das der Soße ein glänzendes Aussehen gibt. Mit Kartoffeln anrichten. – Anstelle von Pfeffer können auch einige Wacholderbeeren, etwas gemahlener Ingwer oder ½ Teelöffel Curry zugegeben werden.

Rinderbraten mit Gemüse

500 g Rinderbraten, 30 g Speck, Salz, Pfeffer, 80 g Schmalz, 150 g Wurzelwerk, 1 Zwiebel, 30 g Mehl, ½ Fleischbrühwürfel.

Das Fleisch mit Speckstreifen durchziehen, salzen und pfeffern. Auf beiden Seiten in Schmalz anbraten, herausnehmen, in dem Fett das in Scheiben geschnittene Wurzelwerk und die Zwiebel bräunen. Das Fleisch wieder hineinlegen, etwas Wasser zugießen und schmoren lassen. Während des Schmorens das Fleisch mit Bratsaft übergießen und nach Bedarf heiße Würfelbrühe nachfüllen. Das Fleisch garschmoren, herausnehmen und den Saft bis auf das Fett eindampfen. Dann mit Mehl anschwitzen, etwas Wasser zufügen und kochen lassen. Die Soße auf das Fleisch seihen und nur erwärmen, nicht mehr kochen. Mit Kartoffeln oder Reis anrichten. – Soll die Soße mehr Farbe erhalten, dann beim Schmoren 1 bis 2 Tomaten zugeben.

Rinderbraten mit Gurke (Znaimer)

500 g Rinderbraten, 30 g Speck, Salz, Pfeffer, 80 g Schmalz, 3 Zwiebeln, Knochen- oder Suppenwürfelbrühe, 30 g Mehl, 200 g saure Gurken, 20 g Butter.

Das Fleisch mit Speckstreifen durchziehen, salzen und mit Pfeffer bestreuen. In Schmalz die in Scheiben geschnittenen Zwiebeln rösten, das Fleisch darauflegen, auf beiden Seiten anbraten, etwas Brühe zugeben und schmoren. Zwischendurch immer wieder beschöpfen. Wenn das Fleisch fast gar ist, den Saft bis auf das Fett eindampfen lassen. Das Fleisch herausnehmen, den Saft mit Mehl anschwitzen, Brühe auffüllen, alles aufkochen und dann die Soße durchseihen. Die Gurken in feine Streifen schneiden, in Butter leicht dünsten, auf das Fleisch legen, mit Soße übergießen und Semmelknödel dazu reichen.

Rindslende in Weinsoße

500 g Rindslende, 30 g Speck, Salz,
80 g Butter, 2 Zwiebeln, 15 g Mehl,
1 Tasse Weißwein.

Das Fleisch von Talg und Häutchen befreien, mit Speckstreifen durchziehen und salzen. In einer Kasserolle mit der Hälfte der zerlassenen Butter übergießen und bis zum nächsten Tag stehen lassen. Die in Scheiben geschnittenen Zwiebeln und die restliche Butter zugeben. Das Fleisch anbraten, etwas Wasser oder Brühe zugießen und schmoren. Wenn der Saft eingedampft ist, das Fleisch herausnehmen, den Bratsaft mit Mehl bestäuben, bräunen, etwas Brühe und den Wein zugießen, gut verrühren und aufkochen lassen. Die Soße durch ein Sieb streichen. Den Braten mit Kartoffeln anrichten. – Nach Belieben kann die Soße noch mit einigen Tropfen Zitronensaft abgeschmeckt werden.

Pikanter Rinderbraten

500 g Rinderbraten, 30 g Speck, Salz,
Pfeffer, 80 g Margarine, 100 g Wurzelwerk,
1 Zwiebel, 3 Pfefferkörner, 3 Gewürzkörner,
½ Lorbeerblatt, 20 g Mehl, 30 g Pfefferkuchen, 1 Eßlöffel Preiselbeerkompott,
1 Eßlöffel Tomatenmark, ½ Zitrone, Essig,
etwas Zucker, ⅛ l Rotwein.

Das Fleisch mit Speckstreifen durchziehen, mit Salz und Pfeffer bestreuen, auf beiden Seiten in der Hälfte der Margarine anbraten. Das Fleisch herausnehmen, die restliche Margarine zugeben, Wurzelwerk und Zwiebel in Scheiben schneiden und im Fett bräunen, das Fleisch darauflegen, Gewürze sowie Wasser zufügen, schmoren lassen. Das Fleisch herausnehmen, den Saft bis auf das Fett eindampfen lassen, mit Mehl anschwitzen und mit Brühe oder Wasser aufkochen. In die durchgeseihte Soße geriebenen Pfefferkuchen, Preiselbeerkompott und Tomatenmark geben, mit Zitronensaft, Essig und Zucker abschmecken. Die Soße 30 Minuten leicht kochen lassen, dabei ein kleines Stück Zitronenschale hineinlegen. Zuletzt Wein und Fleisch zugeben. Die Soße soll braunrote Farbe und einen pikanten süßsauren Geschmack haben. Das Fleisch wird mit Semmelknödeln oder Reis serviert.

Rinderbraten in Sahnesoße

500 g Rinderbraten, 30 g Speck, Salz,
80 g Margarine, 150 g Wurzelwerk,
1 Zwiebel, 3 Pfefferkörner, 2 Gewürzkörner,
2 Wacholderbeeren, 1 Lorbeerblatt,
¼ l Knochenbrühe, 40 g Mehl,
¼ l saure Sahne, 1 bis 2 Würfel Zucker,
Essig oder Zitronensaft.

Das Fleisch häuten, mit Speckstreifen durchziehen, salzen und auf beiden Seiten in Margarine anbraten. Dann herausnehmen und in dem Bratfett das geputzte und in Scheiben geschnittene Wurzelwerk und die Zwiebel rösten. Die Gewürze zugeben, das Fleisch hineinlegen, etwas Knochenbrühe aufgießen und zugedeckt schmoren. Während des Schmorens Brühe nachfüllen. Wenn das Fleisch gar ist, herausnehmen, den Saft bis auf das Fett eindampfen, mit Mehl anschwitzen und dann langsam mit Brühe und Sahne auffüllen. Die Soße gut durchkochen, nach Geschmack mit Zucker, Essig oder Zitronensaft würzen und durch ein Sieb streichen. Mit Semmelknödeln und Kompott (am besten Preiselbeerkompott) reichen. – Die Soße wird noch pikanter durch Hinzufügen von je ½ Teelöffel Senf und Worcestersauce.

Roastbeef mit Speck und Gemüse

500 g Roastbeef, 30 g Speck, ½ Zwiebel, ½ eingelegte Paprikafrucht, 1 kleine Gewürzgurke, Petersilie, Salz, Pfeffer, 100 g Margarine, Knochen- oder Suppen- würfelbrühe, 15 g Mehl.

Das Fleisch von Häutchen und Fett be- freien, leicht klopfen und mit dem in Strei- fen geschnittenen Speck, der in einem Gemisch von feingehackter Zwiebel, Pa- prikafrucht, Gurke und Petersilie gewen- det wurde, durchziehen. Das Fleisch mit Salz und Pfeffer bestreuen und auf beiden Seiten rasch in Margarine anbraten, dann Knochenbrühe auffüllen und zugedeckt unter zeitweiligem Nachgießen schmoren. Das gare Fleisch herausnehmen, den Saft eindampfen lassen, mit Mehl anschwitzen, bräunen, Brühe auffüllen und die Soße gut durchkochen. Den Braten mit Reis oder Kartoffeln anrichten.

Schweinskeule in Sahne geschmort

500 g Schweinskeule, Salz, 30 g Speck, 100 g Rauchfleisch, 100 g Gewürzgurken, 100 g Wurzelwerk, 1 Zwiebel, 60 g Schmalz, 3 Pfefferkörner, 2 Gewürzkörner, 1 Lorbeerblatt, 30 g Mehl, ¼ l Sahne, 1 Zitrone, etwas Zucker.

Das Fleisch salzen, mit Speck-, Rauch- fleisch- und Gurkenscheiben durchzie- hen. Feingeschnittenes Wurzelwerk und Zwiebel in Schmalz rösten, das Fleisch einlegen und auf allen Seiten anbraten. Dann die Gewürze zugeben, Wasser auf- gießen und das Fleisch gar schmoren. Nach Bedarf noch etwas Wasser zugeben. Das Fleisch herausnehmen, den Saft ein- dampfen lassen, mit Mehl anschwitzen,

bräunen und mit Wasser und der Sahne auffüllen. Etwas abgeriebene Zitronen- schale, Zitronensaft und Zucker zufügen, die Soße aufkochen und durchseihen. Das in Scheiben geschnittene Fleisch mit Gur- kenstreifen garnieren. Dazu passen am besten Semmelknödel.

Hammelkeule mit Tomaten

500 g Hammelkeule, Salz, Pfeffer, 30 g Öl, 2 Zwiebeln, 50 g Margarine, ¼ l Knochen- oder Suppenwürfelbrühe, 30 g Mehl, 4 Eßlöffel Tomatenmark, Zucker, Zitronensaft.

Das gehäutete Fleisch leicht klopfen, mit Salz und Pfeffer bestreuen, dünn mit Öl bestreichen und mit Papier zugedeckt etwa 1 Stunde ziehen lassen. Die gehack- ten Zwiebeln in Margarine glasig dünsten, das Fleisch hineinlegen, auf beiden Seiten anbraten, dann Brühe zugießen und schmoren lassen. Das gare Fleisch her- ausnehmen, den Saft mit Mehl an- schwitzen, bräunen, mit Brühe auffüllen und das Tomatenmark zugeben. Mit Zuk- ker, Salz und Zitronensaft abschmecken. Den Hammelbraten mit Reis oder Teig- waren reichen.

Geschmortes Fleisch in Portionen

Lendenschnitten mit Paprikasoße

4 Lendenschnitten (zusammen etwa 500 g), Salz, 80 g Schmalz, 2 Zwiebeln, 1 Prise gemahlener Kümmel, 1 Tasse Fleischbrühe, 30 g Mehl, 10 g Butter, ½ Teelöffel edelsüßer Paprika.

Die Fleischscheiben auf beiden Seiten leicht klopfen, am Rand einschneiden, damit sie sich nicht einrollen, salzen und auf beiden Seiten in Schmalz anbraten.

Dann feingehackte Zwiebeln, Kümmel und etwas Brühe zugeben und schmoren lassen. Das gare Fleisch herausnehmen, den Saft mit Mehl bräunen, Brühe auffüllen und gut durchkochen. Die Soße durchseihen, in Butter gerösteten Paprika zugeben, der der Soße Farbe und Glanz gibt. Das Fleisch in der Soße gut erwärmen. Die Lendenschnitten mit Makkaroni, Reis oder Semmelknödeln anrichten.

Rumpsteaks naturell

4 Scheiben Roastbeef (zusammen
etwa 500 g) ,
Salz, Pfeffer, 15 g Mehl,
80 g Schmalz, 2 Zwiebeln, ¼ l Knochen-
oder Suppenwürfelbrühe, edelsüßer Paprika.

Das Fett abschneiden, die Scheiben leicht klopfen, am Rand einschneiden, salzen, pfeffern, leicht mit Mehl bestäuben und auf beiden Seiten in Schmalz anbraten. Dann feingehackte Zwiebeln und etwas Brühe zugeben und schmoren lassen. Während des Schmorens Brühe zugießen. Das gare Fleisch herausnehmen, den Saft eindampfen lassen, Mehl darüberstäuben, bräunen, Brühe auffüllen und gut durchkochen lassen. Zuletzt 1 Prise edelsüßen Paprika zugeben, damit die Soße mehr Farbe erhält. Die Rumpsteaks mit Reis oder Teigwaren anrichten. – Der Geschmack wird noch pikanter, wenn die garen Rumpsteaks mit Senf bestrichen, dick mit Meerrettich bestreut und dann erst mit der Soße übergossen werden.

Rumpsteaks mit Paprika und Tomaten

4 Scheiben Roastbeef (zusammen
etwa 500 g), Salz, Pfeffer, edelsüßer Paprika,
80 g Schmalz oder Öl, 2 Zwiebeln, 30 g Mehl,
150 g grüne Paprikafrüchte, 20 g Butter,
150 g kleine feste Tomaten.

Die Fleischscheiben klopfen, am Rand einschneiden, salzen, würzen und in der Hälfte des Fettes auf beiden Seiten anbraten. Das Fleisch herausnehmen, das übrige Fett zugeben und darin die feingehackten Zwiebeln langsam rösten lassen. Das Fleisch hineinlegen, etwas Wasser zufügen und schmoren lassen, bis die Scheiben fast gar sind. Dann herausnehmen, den Bratsaft mit Mehl bestäuben, bräunen, etwas Wasser zugießen, gut verrühren und aufkochen. Die Soße auf das Fleisch seihen. Die Paprikafrüchte putzen, in Streifen schneiden und in Butter dünsten. Wenn sie gar sind, die geviertelten, kurz gedünsteten Tomaten zufügen. Das Gemüse erst kurz vor dem Anrichten auf die Fleischscheiben legen und mit der Soße übergießen. Teigwaren, Semmelknödel oder Reis dazu reichen.

Rumpsteaks mit Gemüse und Sahne

4 Scheiben Roastbeef (zusammen
etwa 500 g), Salz, 80 g Schmalz, 2 Zwiebeln,
50 g Möhre, 50 g Sellerie, 30 g grüne Erbsen
(aus der Konserve), 30 g Gurke, 1 Eßlöffel
Tomatenmark, 30 g Mehl, ⅛ l Sahne,
⅛ l Milch, Petersilie.

Die Fleischscheiben leicht klopfen, am Rand einschneiden, salzen und auf beiden Seiten in Schmalz anbraten. Herausnehmen, Zwiebelscheiben im Fett rösten, das Fleisch wieder einlegen, etwas Wasser zu gießen und schmoren lassen. Inzwischen in etwas Salzwasser in Streifen geschnittene Möhre und Sellerie dünsten, abtropfen lassen, grüne Erbsen, in Streifen geschnittene Gurke und Tomatenmark zufügen. Das Fleisch herausnehmen, den Saft mit Mehl verrühren, bräunen, etwas Wasser und das Sahne-Milch-Gemisch zugießen und zu einer dicken Soße verkochen. Die Soße durch ein Sieb streichen, das Gemüse mit dem Tomatenmark zugeben. Alles über die Rumpsteaks gießen und erwärmen. Mit Reis oder Kartoffeln anrichten.

Rumpsteaks mit Pilzen

*4 Scheiben Roastbeef (zusammen
etwa 500 g), Salz, 50 g Schmalz,
150 g Champignons oder andere Pilze,
Zitronensaft, 30 g Butter, 30 g Mehl,
¼ l saure Sahne, Petersilie.*

Die Fleischscheiben klopfen, salzen, am
Rand einschneiden und auf beiden Seiten
in Schmalz anbraten, etwas Wasser zugießen und schmoren lassen. Die geputzten
Pilze in Scheiben schneiden, mit Zitrone
beträufeln (damit sie Farbe behalten) und
in Butter dünsten. Die garen Fleischscheiben herausnehmen, den eingedampften Saft mit Mehl anschwitzen, etwas Wasser und Sahne zugießen, gut verrühren und kochen. Zuletzt die Pilze zufügen, kurz in der Soße aufkochen lassen
und dann gehackte Petersilie zugeben.
Mit Semmelknödeln oder Nocken reichen.

Rinderrouladen mit Hackfleisch

*4 Rinderrouladen (zusammen etwa 500 g),
Salz, 150 g Hackfleisch, 1 Semmel,
30 g Speck, 50 g Champignons, Pfeffer,
1 Ei, Petersilie, 80 g Schmalz, 1 Zwiebel,
3 Pfefferkörner, 2 Gewürzkörner,
1 Lorbeerblatt, ¼ l Fleisch- oder Suppenwürfelbrühe, 30 g Mehl.*

Die Fleischscheiben klopfen, salzen, am
Rand einschneiden und mit Fülle bestreichen. Dafür Hackfleisch mit eingeweichter, ausgedrückter Semmel, in Würfel geschnittenem Speck, in Scheiben geschnittenen und gedünsteten Champignons,
Salz, Pfeffer, Ei und gehackter Petersilie
verrühren. Die Fleischscheiben zusammenrollen, mit Faden umwickeln, auf
feingeröstete Zwiebel legen, die Gewürze
zugeben, Brühe aufgießen und schmoren.
Während des Schmorens Brühe nachgießen. Das Fleisch herausnehmen, den Saft
eindampfen, mit Mehl anschwitzen, bräunen lassen, Brühe auffüllen und zu einer

dicken Soße verkochen. Die Soße durchseihen und das Fleisch darin erwärmen.
Mit Semmelknödel oder Kartoffeln anrichten.

Pikante Rinderrouladen

*4 Rinderrouladen (zusammen etwa 500 g),
Salz, Pfeffer, 1 Eßlöffel Senf, 30 g Speck,
2 Würstchen, 1 Ei, 1 Gurke, 3 Zwiebeln,
80 g Schmalz, Knochen- oder Suppenwürfelbrühe.*

Die Fleischscheiben klopfen, salzen, pfef-
fern und mit Senf bestreichen. Auf jede
Scheibe ein bis zwei Streifen Speck,
Würstchen, hartgekochtes Ei und
je eine Scheibe Gurke und Zwiebel legen.
Die Scheiben zusammenrollen und mit
Faden umwickeln. Gehackte Zwiebeln in
Schmalz rösten, das Fleisch darauflegen,
von allen Seiten anbraten, etwas Brühe
zugießen und garschmoren lassen. Die
Rouladen herausnehmen, den Saft ein-
dampfen, mit Mehl anschwitzen, mit
Brühe verrühren und aufkochen. Die
Soße durchseihen und über das Fleisch
gießen. Semmelknödel oder Kartoffeln
dazu auftragen.

Lendenschnitten mit Porree

*4 Lendenschnitten (zusammen etwa 500 g),
Salz, 1 Prise Pfeffer, 20 g Mehl, 80 g Schmalz
oder Öl, 2 große Porreestangen, ⅛ l Fleisch-
oder Suppenwürfelbrühe.*

Das Fleisch leicht klopfen, mit Salz und
Pfeffer bestreuen und mit Mehl überstäuben. Auf beiden Seiten in heißem Fett anbraten, geputzten, in Scheiben geschnittenen Porree zugeben, mit Brühe übergießen und schmoren. Wenn das Fleisch
gar ist, herausnehmen, den Saft mit Mehl
anschwitzen, bräunen, Brühe auffüllen,
gut verrühren und kochen. Kartoffeln
oder Semmelknödel dazu reichen. – Die
Lendenschnitten können auch mit in Salz

geriebenem Knoblauch bestrichen und auf feingehackter Zwiebel geschmort werden.

Rindergulasch

500 g Rindergulasch, Salz, 1 Prise Pfeffer, 3 Zwiebeln, 50 g Speck, 30 g Schmalz, ¼ l Knochen- oder Suppenwürfelbrühe, 2 Scheiben Schwarzbrot, ½ Teelöffel Essig.

Das Fleisch in Würfel schneiden, salzen und pfeffern. Die kleingehackten Zwiebeln in Speckwürfeln und Schmalz rösten. Das Fleisch darauflegen, von allen Seiten anbraten, dann Brühe zugießen und alles schmoren lassen. Gegebenenfalls heiße Brühe nachgießen. Das Fleisch herausnehmen, den Saft eindampfen lassen, geriebenes Brot zugeben und bräunen. Dann Essig zutropfen, noch etwas Brühe zufügen und so lange kochen, bis das Brot zerkocht ist. Die Soße durch ein Sieb streichen und über das Fleisch gießen. Mit Kartoffeln oder Semmelknödeln reichen.

Rindergulasch in Wein

500 g Rindergulasch, Salz, Pfeffer, 50 g Speck, 30 g Schmalz, 2 Zwiebeln, ½ l Knochen- oder Suppenwürfelbrühe, 30 g Mehl, 3 Eßlöffel Tomatenmark, 1 rohe Kartoffel, ½ Teelöffel edelsüßer Paprika, 5 Eßlöffel Rotwein.

Das Fleisch in Würfel schneiden, salzen, pfeffern. Den Speck in kleine Würfel schneiden, zerlassen, Schmalz zugeben und darin die feingehackten Zwiebeln rösten. Das Fleisch zufügen, von allen Seiten anbraten, mit Brühe übergießen und garschmoren. Während des Schmorens Brühe nachgießen. Das Fleisch herausnehmen, den Saft eindampfen lassen, mit Mehl verrühren, bräunen und mit Brühe auffüllen. Tomatenmark, rohe geriebene Kartoffel und Paprika zufügen. Die Soße aufkochen, durchseihen und das Fleisch

wieder einlegen. Erst dann den Wein zugeben und die Soße nochmals kurz kochen lassen. Mit Semmelknödeln, Reis oder Teigwaren anrichten.

Kalbfleisch mit Paprika

500 g Kalbfleisch, Salz, 80 g Butter, 2 Zwiebeln, 50 g Mehl, ⅛ l Sahne, 1 Teelöffel edelsüßer Paprika.

Das Fleisch in Würfel schneiden, salzen, auf feingehackte, in Butter geröstete Zwiebeln legen und von allen Seiten anbraten. Dann Wasser zufügen und schmoren lassen. Wenn das Fleisch gar ist, Mehl darüberstäuben, bräunen, mit etwas Wasser und der Sahne verrühren und gut durchkochen. Zuletzt in wenig Butter gerösteten Paprika zugeben und die Soße durchseihen. Mit Semmelknödeln oder Reis reichen.

Kalbsfrikassee mit Gemüse

500 g Kalbfleisch, Salz, 100 g Wurzelwerk, 1 Zwiebel, 80 g Butter, 1 Prise Muskat, 40 g Mehl, ½ Zitrone, 1 Eigelb, 1 Eßlöffel Milch, Petersilie.

Das Fleisch in Würfel schneiden und salzen. Feingehackte Zwiebel und Wurzelgemüse in Butter rösten, das Fleisch zufügen, Wasser aufgießen, mit Muskat würzen und alles garschmoren. Das Fleisch herausnehmen, den Saft eindampfen lassen, mit Mehl bestäuben, bräunen, mit Wasser oder Suppenwürfelbrühe zu einer glatten Soße verrühren und kochen lassen. Dann mit Zitronensaft abschmecken und zuletzt in Milch verquirltes Eigelb zugeben. Die Soße nicht mehr kochen. Vor dem Auftragen mit gehackter Petersilie bestreuen. Mit Kartoffeln oder Reis servieren. – Statt mit Wurzelgemüse kann das Fleisch auch nur mit Zwiebel geschmort und in die fertige Soße garer Blumenkohl eingelegt werden.

44

Kalbskoteletts mit Tomate

4 Kalbskoteletts (zusammen etwa 500 g),
Salz, 30 g Butter, 30 g Speck, 1 Zwiebel,
1 Knoblauchzehe, 50 g Tomatenmark,
20 g Mehl, 1 Prise Pfeffer, 1 Würfel Zucker,
Fleisch- oder Knochenbrühe, ⅛ l Weißwein.

Die Koteletts klopfen, am Knochen anschneiden, salzen und in Butter anbraten.
Herausnehmen, den in Würfel geschnittenen Speck sowie die feingehackte Zwiebel zugeben und leicht rösten. Die mit einer Knoblauchzehe eingeriebenen Koteletts einlegen, Tomatenmark zugeben,
etwas Wasser aufgießen und schmoren.
Wenn das Fleisch gar ist, herausnehmen,
den Saft mit Mehl eindicken, bräunen,
1 Prise Pfeffer und Zucker zugeben, die
Soße mit Brühe und Wein verrühren, aufkochen und durchseihen. Teigwaren, Semmelknödel oder Kartoffeln dazu reichen.

Kalbsschnitzel naturell

4 Kalbsschnitzel (zusammen etwa 500 g),
Salz, 20 g Mehl, 80 g Butter,
⅛ l Knochen- oder Suppenwürfelbrühe,
Zitronensaft, Petersilie.

Die Schnitzel leicht klopfen, am Rand
mehrfach einschneiden, damit sie sich
nicht einrollen, salzen und mit Mehl bestäuben. In Butter auf beiden Seiten anbraten, etwas Brühe zugießen und schmoren. Dann das Fleisch herausnehmen, den
Saft bis auf das Fett eindampfen, mit Mehl
anschwitzen, bräunen, mit Brühe auffüllen und gut verkochen. Die Soße mit Zitronensaft abschmecken und feingehackte
Petersilie zugeben. Mit Reis oder Kartoffeln anrichten.

Kalbsschnitzel mit Eigelbsoße

4 Kalbsschnitzel (zusammen etwa 500 g),
Salz, 1 Prise Muskat, 20 g Mehl, 80 g Butter,
⅛ l Knochen- oder Suppenwürfelbrühe,
Zitronensaft, 2 Eigelb, Petersilie.

Die Schnitzel leicht klopfen, am Rand einschneiden, salzen, mit Muskat würzen und
auf einer Seite mit Mehl bestäuben. In der
erhitzten Butter auf beiden Seiten anbraten, Brühe zugießen und das Fleisch garschmoren. Dann herausnehmen, den restlichen Saft mit Mehl bestäuben, bräunen,
mit Brühe gut verrühren und aufkochen.
Die Soße mit Zitronensaft abschmecken
und die in etwas kaltem Wasser verquirlten Eigelbe unterziehen. Nicht mehr kochen und mit feingehackter Petersilie bestreuen. Das Gericht mit Kartoffeln reichen.

Kalbsrouladen mit Anchovisfülle

4 Kalbsschnitzel (zusammen etwa 500 g),
Salz, 80 g Butter, 2 Anchovis, 2 Semmeln,
½ Zwiebel, 2 Eigelb, einige Semmelbrösel,
2 Scheiben Speck, 30 g Mehl, ⅛ l Knochen-
oder Geflügelbrühe.

Das Fleisch dünnklopfen und salzen. Für
die Fülle die Hälfte der Butter und die
entgräteten Anchovis verrühren, in etwas kaltem Wasser oder Milch eingeweichte, ausgedrückte Semmeln, feingehackte Zwiebel, die Eigelbe und nach Bedarf Semmelbrösel daruntermischen. Die
Schnitzel mit der Fülle bestreichen, zusammenrollen und mit Faden umwickeln.
Den Speck in Würfel schneiden, die restliche Butter zufügen, die Rouladen darauflegen, etwas Wasser zugeben. Das Fleisch
garschmoren, herausnehmen, den Saft mit
Mehl verrühren, bräunen, mit Brühe auffüllen und aufkochen. Fleisch mit Soße
und Kartoffeln anrichten.

Schweinskoteletts mit Senf

4 Schweinskoteletts (zusammen etwa 500 g),
Salz, 80 g Schmalz, 2 Zwiebeln, 1 Eßlöffel
Senf, ½ Zitrone, 30 g Mehl.

Das Fleisch klopfen, am Rand einschneiden, salzen und auf beiden Seiten in

Schmalz anbraten. Die Koteletts herausnehmen, in das Fett in Streifen geschnittene Zwiebeln legen und rösten, etwas Senf und abgeriebene Zitronenschale zufügen. Darin die Koteletts schmoren. Wenn sie gar sind, mit Mehl bestäuben, bräunen, etwas Wasser zugießen und das Fleisch herausnehmen. Die Soße gut verrühren, aufkochen, durchseihen und Zitronensaft oder feingehackte Kapern oder Gewürzgurke zugeben. Mit Kartoffeln reichen.

Schweinskoteletts mit Paprika

4 Schweinskoteletts (zusammen etwa 500 g), Salz, 80 g Schmalz, 2 Zwiebeln, 1 Teelöffel edelsüßer Paprika, 30 g Mehl, ¼ l Sahne.

Die Koteletts klopfen, am Knochen und am Rand einschneiden, salzen und auf beiden Seiten in Schmalz anbraten. Dazu feingehackte Zwiebeln, etwas vom Paprika zugeben, Wasser aufgießen und die Koteletts garschmoren. Das Fleisch herausnehmen, den Saft mit Mehl bestäuben, goldbraun rösten, etwas Wasser und die Sahne zugießen und zu einer dicken glatten Soße kochen. Die Soße durchseihen und den restlichen, in Fett leicht gerösteten Paprika zugeben. Die Soße erhält so Farbe und Aroma. Mit Knödeln oder Nocken servieren.

Schweinskoteletts mit Pilzen

4 Schweinskoteletts (zusammen etwa 500 g), Salz, 60 g Schmalz, 1 Zwiebel, 30 g Mehl, ¼ l Knochen- oder Suppenwürfelbrühe, 150 g frische Pilze, 100 g Butter, Kümmel.

Die Koteletts klopfen, am Knochen einschneiden, salzen und auf beiden Seiten in Schmalz anbraten. Die feingeschnittene Zwiebel und etwas Brühe zufügen und die Koteletts garschmoren. Dann herausnehmen, den Saft mit Mehl anschwitzen, Brühe zugießen, aufkochen und durchsei-

hen. Die geputzten, in Scheiben geschnittenen Pilze in Butter zusammen mit Kümmel und Salz dünsten, zur Soße geben und nur noch kurz erwärmen. Mit Kartoffeln oder Semmelknödeln reichen.

Schweinsschnitzel mit Majoran

4 Schweinsschnitzel (zusammen etwa 500 g), Salz, 2 Zwiebeln, 30 g Speck, 50 g Schmalz, ½ Teelöffel Majoran, 30 g Mehl, 2 Eßlöffel Tomatenmark, Petersilie.

Die Schnitzel klopfen, am Rand einschneiden und salzen. Feingeschnittene Zwiebeln in zerlassenem Speck und Schmalz glasig dünsten, die Schnitzel einlegen und auf beiden Seiten anbraten. Dann mit Majoran bestreuen, Wasser aufgießen und das Fleisch garschmoren. Herausnehmen, den Saft eindampfen lassen, mit Mehl anschwitzen, bräunen, etwas Wasser und Tomatenmark zugeben und zu einer glatten Soße verrühren. Gut aufkochen und durch ein Sieb auf das Fleisch seihen. Mit feingehackter Petersilie bestreuen. Semmelknödel, Teigwaren oder Reis dazu reichen.

Gefüllte Schweinsrouladen mit Pilzen

4 Schweinsschnitzel (zusammen etwa 500 g), Salz, 150 g Champignons oder andere Pilze, 30 g Butter, ¼ Zitrone, Pfeffer, Kümmel, ½ Glas Weißwein, 2 Eier, einige Semmelbrösel, 50 g Margarine, 30 g Mehl, etwa ¼ l Knochen- oder Suppenwürfelbrühe.

Die Schnitzel dünnklopfen und salzen. Die geputzten und in Scheiben geschnittenen Pilze in Butter dünsten, mit Zitronensaft beträufeln, mit Pfeffer und Kümmel würzen und den Wein zugießen. Dann die verquirlten Eier unterziehen, einige Semmelbrösel zufügen und eindicken lassen. Mit dieser Fülle die Schnitzel bestreichen, zusammenrollen und mit Faden

46

umwickeln. Die Rouladen in Margarine kurz anbraten, Brühe zugießen und das Fleisch garschmoren. Dann herausnehmen, den Saft mit Mehl anschwitzen, Brühe auffüllen und gut verkochen. Die Soße auf die Rouladen seihen und erwärmen. Mit Reis oder Kartoffeln reichen.

Schweinskeule in Bier geschmort

500 g Schweinskeule, Salz, 80 g Schmalz, 1 Zwiebel, ¼ l Bier, 20 g Mehl, 1 Scheibe Schwarzbrot, abgeriebene Zitronenschale, 1 Knoblauchzehe, ½ Teelöffel Kümmel.

Das Fleisch in Würfel schneiden, salzen und in Schmalz auf allen Seiten anbraten. Die feingeschnittene Zwiebel zugeben, etwas Wasser aufgießen und das Fleisch garschmoren. Während des Schmorens etwas Bier zufügen. Das Fleisch herausnehmen, den Saft mit Mehl bestäuben, bräunen und mit Bier auffüllen. Nach Bedarf etwas Wasser zugeben und gut verrühren. Geriebenes Schwarzbrot, abgeriebene Zitronenschale sowie restliches Bier zugeben und langsam zu einer dicken glatten Soße kochen lassen. Dann geriebenen Knoblauch und Kümmel zugeben. Die Soße durch ein Sieb streichen und das Gericht mit Semmelknödel oder Kartoffeln anrichten.

Schweinskeule in Kümmel geschmort

500 g Schweinskeule, Salz, 80 g Schmalz, 2 Zwiebeln, ½ Teelöffel Kümmel, ¼ l Knochen- oder Suppenwürfelbrühe, 40 g Mehl.

Das Fleisch in Würfel schneiden, salzen und auf in Schmalz geröstete gehackte Zwiebeln legen. Auf allen Seiten anbraten, dann Kümmel zugeben, Brühe zugießen und das Fleisch garschmoren. Mehl darüberstäuben, bräunen, mit Brühe auffüllen, gut verrühren und aufkochen las-

sen. Mit Kartoffeln oder Semmelknödel reichen. – Statt mit Kümmel kann auch mit Pfeffer oder Curry gewürzt werden. Die Soße läßt sich mit gedünsteten Pilzen verfeinern.

Schweinefleisch mit Rauchfleisch und Kraut

400 g Schweinefleisch, 150 g Rauchfleisch, 30 g Speck, 60 g Schmalz, 2 Zwiebeln, Salz, 250 g Sauerkraut, ⅛ l Sahne, 30 g Mehl, 1 Prise edelsüßer Paprika.

Schweine- und Rauchfleisch in Würfel schneiden. Feingeschnittenen Speck zerlassen, Schmalz und gehackte Zwiebeln zugeben und leicht rösten. Das Fleisch darauflegen, salzen, mit Wasser übergießen und garschmoren lassen. Dann das kleingeschnittene, abgetropfte Sauerkraut zugeben und alles schmoren, bis das Fleisch gar ist. Die Sahne zugießen, Mehl darüberstäuben und aufkochen. Zuletzt den Paprika in wenig Fett leicht rösten und zugeben. Das Fleisch mit Kartoffelklößen oder Semmelknödeln reichen.

Hammelrippchen in Wein

8 kleinere Hammelrippchen (zusammen 600 bis 700 g Hammelrücken), Salz, 30 g Mehl, 80 g Margarine, ⅛ l Weißwein, 1 Teelöffel Senf, ⅛ l Sahne, 1 Eigelb.

Den Hammelrücken in 4 Portionen zerhacken und jede davon in 2 Rippchen aufteilen. Je Person werden 2 Rippchen gerechnet. Die Rippchen leicht klopfen, am Knochen und am Rand etwas einschneiden, salzen und mit Mehl bestäuben. Auf beiden Seiten in Margarine anbraten und unter ständigem Nachgießen von Wein garschmoren. Die Rippchen herausnehmen, den Saft mit Mehl verrühren, leicht rösten und die Sahne zugeben. 3 Eßlöffel Sahne übriglassen, das Eigelb darin verquirlen und in die aufgekochte Soße geben. Nur leicht erwärmen, nicht mehr kochen lassen. Das Gericht mit Reis oder Röstkartoffeln reichen.

Hammelfleisch mit Majoran

500 g Hammelfleisch, Salz, je 1 Prise Pfeffer und Majoran, 80 g Schmalz, 3 Zwiebeln, ¼ l Fleisch- oder Suppenwürfelbrühe, 30 g Mehl.

Das Fleisch in kleine Stücke schneiden, salzen, würzen und mit Schmalz und gerösteten Zwiebeln anbraten, mit Brühe übergießen und garschmoren lassen. Dann mit Mehl bestäuben, gut bräunen lassen, Brühe auffüllen, verrühren und alles aufkochen. Dazu Kartoffeln oder Reis, der mit geriebenem Käse bestreut wurde, reichen.

Gebratenes Fleisch

Rinderbraten naturell

1 kg Roastbeef, Salz, 1 Prise Pfeffer, 100 g Schmalz oder Öl, Knochenbrühe, ½ Zwiebel, 30 g Butter.

Das Fleisch enthäuten, leicht klopfen, salzen und pfeffern. In einer tiefen Kasserolle Fett zerlassen und das Fleisch auf allen Seiten anbraten. Dann in der gut vorgewärmten Röhre unter Zugabe von Knochenbrühe etwa 10 Minuten braten, etwas Zwiebel zufügen und das Fleisch von Zeit zu Zeit mit Bratsaft übergießen. Wenn der Braten fast gar ist, die Oberfläche mit zerlassener Butter bestreichen, damit sie Farbe und Glanz erhält. Das Braten dauert etwa 25 bis 30 Minuten. Das Fleisch noch 10 Minuten auf der warmen Platte stehen lassen und erst dann schneiden, damit möglichst wenig Saft ausläuft. Wurde das Roastbeef richtig zubereitet, ist die Schnittfläche graurosa. Kaltes Roastbeef mit Tatarensoße, warmes mit Kartoffeln und Gemüse reichen.

Rinderbraten nach Debreziner Art

1 kg Rinderbraten (Roastbeef, Blume), 2 längere Würstchen, 30 g Speck, Salz, Pfeffer, 4 Zwiebeln, 100 g Schmalz, ¼ l Knochenbrühe, 20 g Mehl, 20 g Butter, 1 Teelöffel edelsüßer Paprika.

Das Fleisch mit in Stücke geschnittenen Würstchen und Speck durchziehen, salzen und pfeffern. Die Zwiebeln in Schmalz rösten, das Fleisch darauflegen, von allen Seiten anbraten, dann etwas Brühe zugießen und in der vorgewärmten Röhre braten. Dabei öfters mit Bratsaft übergießen. Von Zeit zu Zeit den verdunsteten Bratsaft mit Brühe ergänzen. Das gare Fleisch herausnehmen, den Saft eindampfen, leicht mit Mehl bestäuben, bräunen und Brühe auffüllen. Die Soße aufkochen, durchseihen und den in Butter gerösteten Paprika zugeben, damit sie Farbe und Glanz erhält. Mit Kartoffeln oder Semmelknödeln reichen.

Rinderbraten in Gemüse

1 kg Rinderbraten (Querrippe), Salz, Pfeffer, 30 g Speck, 120 g Margarine, 150 g Wurzelwerk, je 1 Prise Pfeffer und Thymian, 1 Lorbeerblatt, 1 Zwiebel, ½ Zitrone, ⅛ l Weißwein, ¼ l Knochenbrühe, 20 g Mehl.

Das Fleisch klopfen, salzen, pfeffern, mit Speckstreifen durchziehen und in der Hälfte der Margarine von allen Seiten anbraten. In der restlichen Margarine das in Scheiben geschnittene Wurzelwerk rösten, Gewürze, Zwiebel und abgeriebene Zitronenschale zugeben. Das Fleisch darauflegen, in die heiße Röhre schieben und unter Zugabe von Wein und Knochenbrühe braten. Den garen Braten herausnehmen, den Saft eindampfen lassen, leicht mit Mehl bestäuben, bräunen, mit Brühe und dem restlichen Wein verrühren und aufkochen. Dann erst mit Zitronesaft abschmecken. Den Rinderbraten mit Knödeln oder Kartoffeln reichen.

Rinderbraten mit Fülle

1 kg Rinderbraten (Lende, Blume), Salz,
½ Tasse Milch, 2 Eier, 1 Semmel,
100 g Rauchfleisch, 50 g grüne Erbsen
(aus der Konserve), 2 Zwiebeln,
100 g Schmalz, 30 g Mehl, Pfeffer.

Das Fleisch leicht klopfen, salzen, mit einem scharfen Messer eine Tasche einschneiden. In der Milch die Eigelbe verquirlen und die in Würfel geschnittene Semmel damit beträufeln. Das feingehackte Rauchfleisch und die abgetropften Erbsen zugeben. Zuletzt das steif geschlagene Eiweiß unterziehen. Die Fülle in die Tasche streichen und die Öffnung mit Rouladennadeln zustecken oder mit Faden vernähen. Gehackte Zwiebeln in Schmalz rösten, das Fleisch darauflegen und von allen Seiten anbraten. Dann etwas Wasser zufügen, in die heiße Röhre schieben und braten. Das gare Fleisch herausnehmen. Den eingedampften Bratensaft leicht mit Mehl bräunen, Wasser auffüllen, gut durchkochen und mit Salz und Pfeffer abschmecken. Die Soße durchseihen und das Gericht mit Kartoffeln oder auch mit Reis auf den Tisch bringen.

Gefüllter Rinderbraten mit Ei, Rauchfleisch und Gurke

1 kg Rinderbraten, Salz, Pfeffer, 30 g Speck,
150 g mageres Rauchfleisch, 100 g Gurken,
2 Eier, 80 g Schmalz, 4 Zwiebeln,
¼ l Knochen- oder Suppenwürfelbrühe,
30 bis 40 g Mehl.

Das Fleisch leicht klopfen, mit Salz und Pfeffer bestreuen, mit Streifen von Speck, Rauchfleisch und Gurken spicken. Das Fleisch auf der längeren Seite einschneiden, die hartgekochten Eier einlegen und die Öffnung zunähen. In Schmalz ringsum anbraten, geschnittene Zwiebeln zugeben, Brühe aufgießen und das Fleisch in der Röhre braten. Hin und wieder mit Bratsaft übergießen, gegebenenfalls etwas Brühe auffüllen. Den garen Braten herausnehmen, den Saft eindampfen, mit Mehl bestäuben, bräunen, Brühe aufgießen, verrühren und kochen lassen. Die Soße durchseihen und die restlichen Gurken- und Rauchfleischstreifen zugeben. Mit Kartoffeln anrichten.

Rinderroulade

1 kg Rinderbraten, Salz, 1 Eßlöffel Senf,
1 Knoblauchzehe, etwas Majoran,
100 g Schinkenwurst, 50 g Räucherspeck,
3 Eier, 2 Gurken, 150 g Wurzelwerk,
2 Zwiebeln, 120 g Schmalz, 2 Tomaten,
30 g Mehl, 1 Knochenbrühe

Das Fleisch (eine große Scheibe) gut klopfen, salzen, mit Senf bestreichen, mit Knoblauch einreiben und mit Majoran würzen. Schinkenwurst und Räucherspeck in Scheiben schneiden und darauflegen. Aus 3 Eiern gebackene Omeletts aufschichten und mit Gurkenstreifen bestreuen. Das Fleisch fest zu einer Roulade aufrollen und mit Faden umwickeln. In der Pfanne feingeschnittenes Wurzelwerk und Zwiebeln in Schmalz rösten, in Scheiben geschnittene Tomaten zugeben, das Fleisch einlegen, Knochenbrühe aufgießen und in der Röhre braten. Während des Bratens das Fleisch mit Bratsaft übergießen. Das gare Fleisch herausnehmen, den Saft verdunsten lassen, mit Mehl anschwitzen, bräunen, Brühe auffüllen, verrühren und kochen. Dann die Soße durch ein Sieb streichen, erwärmen und über das Fleisch gießen. Mit Kartoffeln oder Reis servieren.

Kalbsbraten

1 kg Kalbsbraten (Nierenbraten, Schlegel),
Salz, 120 g Butter, ¼ l Knochenbrühe,
½ Zwiebel, Petersilie, 20 g Mehl.

Bei Nierenbraten einen Teil der Kamm-
knochen abhacken, damit sich das Fleisch
besser in Portionen aufschneiden läßt.
Das Fleisch salzen, mit flüssiger Butter
bestreichen, etwas Knochenbrühe zugießen und in der vorgewärmten Röhre braten. Dabei öfter mit Bratsaft übergießen.
Wenn er verdampft ist, etwas Knochenbrühe aufgießen. Zuletzt gehackte Zwiebel und etwas Petersilie zugeben. Das gare
Fleisch herausnehmen, den Saft eindampfen, mit Mehl bestäuben, mit Brühe auffüllen, verrühren und gut durchkochen.
Den Kalbsbraten mit Kartoffeln reichen.
– Soll der Braten noch pikanter sein, kann
die Soße mit etwas Ketchup oder Weißwein abgeschmeckt oder mit in Scheiben
geschnittenen und in Butter gedünsteten
Champignons verfeinert werden. Wird
Schlegel oder Keule für den Braten verwendet, sollte das Fleisch zuvor mit
Speckstreifen durchzogen werden, weil es
sonst etwas trocken wird.

Kalbsroulade

1 kg Kalbsbraten (Nierenbraten, Schlegel),
Salz, 120 g Butter, ¼ l Knochenbrühe,
20 g Mehl.
Für die Fülle: 150 g Hackfleisch, 1 Semmel,
30 g Speck, ½ Zwiebel, 2 Eier, abgeriebene
Zitronenschale, einige Semmelbrösel.

Das Fleisch enthäuten, zu einer Scheibe
aufschneiden, leicht klopfen und salzen.
Das Hackfleisch mit eingeweichter und
ausgedrückter Semmel, Speckwürfeln,
feingehackter Zwiebel, Eiern, abgeriebener Zitronenschale und bei Bedarf einigen
Semmelbröseln vermischen. Ist die
Kalbsniere beim Fleisch, kann sie in Würfel geschnitten zugefügt werden. Mit dieser Fülle das Fleisch bestreichen, zusam-

menrollen und mit einem Faden umwik-
keln. Dann in zerlassene Butter legen, etwas Wasser zugießen und in der Röhre
braten. Während des Garens mit Bratsaft
beschöpfen und heiße Brune nachfüllen.
Das gare Fleisch herausnehmen, den eingedampften Saft mit Mehl anschwitzen,
Brühe auffüllen und kochen. Die Kalbs-
roulade mit Kartoffelbrei servieren.

Gespickter Kalbsbraten

1 kg Kalbskeule, Salz, 2 lange Würstchen,
30 g Speck, 1 Möhre, 2 saure Gurken,
120 g Butter, ¼ l Knochenbrühe, 20 g Mehl.

Das Fleisch enthäuten, salzen, mit ge-
schnittenen Würstchen und Streifen von
Speck, Möhre und Gurken durchziehen.
In Butter von allen Seiten anbraten, etwas
Brühe zugießen und in der Röhre braten.
Dabei das Fleisch mit Bratsaft bestreichen
und mit heißer Brühe übergießen. Das
gare Fleisch herausnehmen, den Saft ein-
dampfen, mit Mehl anschwitzen, mit
Brühe auffüllen und durchkochen. Den
Kalbsbraten mit Kartoffeln oder Reis rei-
chen.

Gefüllte Kalbskeule

1 kg Kalbskeule, Salz, 120 g Butter,
20 g Mehl, Knochenbrühe.
Für die Fülle: 30 g Butter, 150 g Rauch-
fleisch, 100 g rote Paprikafrüchte, 100 g saure
Gurken, Salz, Pfeffer, 4 Eier.

Das Fleisch enthäuten, leicht klopfen und
salzen. Mit scharfem Messer an der längeren Seite eine Tasche einschneiden. Für
die Fülle die Butter zerlassen, in Streifen
geschnittenes Rauchfleisch, Paprikafrüchte und Gurken rösten, Salz, Pfeffer
und die verquirlten Eier zugeben. So
lange rühren, bis die Eier erstarren. Diese
Fülle in die Tasche streichen und die Öffnung zunähen. Den Braten in zerlassener
Butter von allen Seiten anbraten, etwas

Wasser zugeben und goldbraun braten, bis er gar ist. Das Fleisch herausnehmen, den Saft mit Mehl verrühren, Brühe zufügen, aufkochen und die Soße durchseihen. Den Braten mit Kartoffeln oder Kartoffelbrei reichen.

Kalbsroulade mit Omeletts

1 kg Kalbsbrust, 30 g Räucherspeck, 2 Eier, 100 g Schinkenwurst, Salz, 1 Prise edelsüßer Paprika, Petersilie, 120 g Butter, ¼ l Knochenbrühe, 20 g Mehl.

Die Rippenknochen auslösen, das Fleisch leicht klopfen und mit dünnen Räucherspeckscheiben bedecken. Darauf 2 aus den Eiern gebackene Omeletts legen und darüber Schinkenwurstscheiben schichten. Alles salzen, mit Paprika und gehackter Petersilie bestreuen. Das Fleisch zusammenrollen, mit dünnem Faden umwickeln, in flüssige Butter legen, etwas Knochenbrühe aufgießen und in der Röhre braten. Das gare Fleisch herausnehmen, den eingedampften Saft mit Mehl anschwitzen, bräunen, Knochenbrühe auffüllen und aufkochen. Mit Kartoffeln oder Kartoffelbrei servieren.

Kalbskeule mit Sahnesoße

1 kg Kalbskeule, 100 g Rauchfleisch, 30 g Speck, Salz, 100 g Butter, 2 Pfefferkörner, 2 Gewürzkörner, 1 Lorbeerblatt, ½ Teelöffel Essig, ¼ l Knochenbrühe, 40 g Mehl, ¼ l saure Sahne, 1 Würfel Zucker, ½ Zitrone.

Das Fleisch klopfen, mit Streifen von Rauchfleisch und Speck durchziehen, salzen und in zerlassener Butter braten. Die Gewürze und den Essig zugeben und in der Röhre unter Zugießen von Knochenbrühe braten. Das gare Fleisch herausnehmen, den eingedampften Saft mit Mehl bestäuben, bräunen, Sahne zugießen und alles zu einer dicken Soße verko-

chen, mit Zucker und Zitronensaft abschmecken. Das Gericht mit Kartoffeln oder feinen Semmelknödeln reichen.

Gefüllte Kalbsbrust

1 kg Kalbsbrust, Salz, 120 g Butter, 20 g Mehl.
Für die Fülle: 3 Eier, etwa ¼ l Milch, 250 g Semmel, 1 Teelöffel Butter oder 20 g Speck, Salz, je 1 Prise Pfeffer und Muskat, Petersilie, abgeriebene Zitronenschale.

Die Rippenknochen anschneiden, brechen und herausdrücken. In das Fleisch eine Tasche schneiden und alles salzen. Für die Fülle die Eigelbe in der Milch verquirlen, damit die Semmelwürfel beträufeln, zerlassene Butter oder in Würfel geschnittenen Speck, Salz, Gewürze, gehackte Petersilie und abgeriebene Zitronenschale zugeben. Zuletzt steifen Eischnee unterziehen. Die Tasche füllen und mit Rouladennadeln zustecken oder mit Faden vernähen. Die Kalbsbrust mit der oberen Seite nach unten in die Bratpfanne legen, mit zerlassener Butter bestreichen, etwas Wasser zugeben und in der Röhre braten. Während des Garens den Braten mit dem Bratsaft bestreichen und gegebenenfalls etwas Wasser zugießen. Das gare Fleisch herausnehmen, den Saft leicht mit Mehl bestäuben, bräunen, Wasser aufgießen, gut verrühren und kochen. Die gefüllte Kalbsbrust mit Kartoffeln oder Kartoffelbrei reichen. – Zu der Fülle kann auch 1 Eßlöffel grüne Erbsen, 1 Stück rote Paprikafrucht oder in Würfel geschnittener Schinken gegeben werden.

Schweinebraten

1 kg Schweinebraten (Rücken, Kamm), Salz, Kümmel, ¼ l Knochenbrühe, 15 g Mehl.

Das Fleisch salzen, mit Kümmel bestreuen und mit der oberen fetten Seite in die Pfanne legen. Etwas Wasser zugießen und in der Röhre braten. Dabei mit Bratsaft übergießen und, wenn dieser eingedampft ist, heiße Knochenbrühe oder Wasser nachfüllen. Während des Bratens das Fleisch wenden, damit es von allen Seiten gut durchgebraten wird und eine knusprige Kruste erhält. Das gare Fleisch herausnehmen, den Bratsaft mit Mehl bestäuben, Brühe zugießen, gut verrühren und aufkochen. Nur wenn das Fleisch mager ist, 50 Gramm Schmalz zugeben. Bei fetterem Fleisch während des Bratens Fett abschöpfen. Den Schweinebraten mit Semmelknödeln und Kraut auf den Tisch bringen.

Schweinskeule nach Jägerart

1 kg Schweinefleisch (Keule), Salz,
½ l Wasser mit Essig, 3 Pfefferkörner,
2 Gewürzkörner, 1 Lorbeerblatt, 200 g
Wurzelwerk, 2 Zwiebeln, 120 g Margarine,
40 g Mehl, ⅛ l Weißwein, 1 Zitrone,
6 Eßlöffel Hagebutten- oder Johannisbeer-
marmelade.

Das Fleisch enthäuten und salzen. Für die Marinade Essig mit Wasser aufkochen, Salz und Gewürze sowie in Scheiben geschnittenes Wurzelgemüse und Zwiebeln zugeben und kurz aufkochen lassen. Das Fleisch in ein Gefäß legen und mit der abgekühlten Marinade übergießen. Fest zugedeckt 1 bis 2 Tage kühl stellen. Das Fleisch mehrmals in der Marinade wenden, es muß völlig davon bedeckt sein. In einer Kasserolle das abgetropfte Gemüse in Margarine rösten, das Fleisch aus der Marinade herausnehmen und zunächst in Margarine auf beiden Seiten anbraten, dann in die vorgewärmte Röhre zum Braten stellen. Während des Bratens mit der restlichen Marinade übergießen. Das gare Fleisch herausnehmen, den eingedampften Saft mit Mehl bestäuben, bräunen, mit Marinade, Wein und Zitronensaft verrühren. Zuletzt die Marmelade zugeben. Die Soße gut kochen lassen, dann durch ein

Sieb streichen. Den Braten mit Semmelknödeln reichen.

Gefüllter Schweinebauch

1 kg Schweinebauch, Salz, Kümmel,
40 g Butter oder Schmalz, 20 g Mehl.
Für die Fülle: 4 Semmeln, ⅛ l Milch, 3 Eier,
40 g Butter, Salz, 1 Prise Muskat, Petersilie.

Das von den Knochen befreite Fleisch mit Salz und Kümmel bestreuen. An der Seite eine Tasche einschneiden. Für die Fülle die Semmeln in Würfel schneiden, mit in Milch verquirlten Eigelben beträufeln, zerlassene Butter, Salz, Muskat, feingehackte Petersilie und zuletzt steifen Eischnee untermischen. Die Tasche damit füllen, zunähen und das Fleisch mit der Schwarte nach unten in zerlassenes Schmalz legen. Während des Bratens das Fleisch mit Bratsaft übergießen. Wenn es an der Oberfläche gebräunt ist, wenden, die Schwarte würfelig einschneiden und weiterbraten, dabei mit Saft übergießen, bis die Schwarte knusprig und weich ist. Das gare Fleisch herausnehmen, den eingedampften Saft mit Mehl anschwitzen, bräunen, Wasser zugeben, aufkochen und die Soße durchseihen. Den Braten abkühlen lassen und erst dann aufschneiden. Mit Kartoffeln, Kopfsalat oder Kompott servieren.

Schweinebraten nach Bauernart

1 kg Schweinebraten (Kamm, Rücken), Salz,
5 bis 6 Knoblauchzehen, 50 g Schmalz,
1 kleine Zwiebel, 15 g Mehl, ¼ l Knochen-
brühe.

Das Fleisch mit in Salz zerriebenem Knoblauch bestreichen, in eine Pfanne legen, etwas Wasser zugießen und in der Röhre braten. Nur wenn das Fleisch mager ist, etwa 50 Gramm Schmalz zugeben. Das Fleisch während des Bratens wenden, Brühe aufgießen und die Zwiebel zugeben, die später wieder entfernt wird. Das gare Fleisch herausnehmen, den Bratsaft mit Mehl anschwitzen, mit Brühe verrühren und aufkochen. Dieser Braten wird stets mit Kartoffelklößen und gedünstetem Kraut gereicht. Mitunter gibt es jedoch auch noch Apfelkompott oder Kopfsalat dazu.

Rauchfleischbraten auf Sellerie

1 kg Rauchfleisch (Kamm), 50 g Schmalz,
150 g Sellerie, 1 Zwiebel, 2 Nelken,
2 Knoblauchzehen, ⅛ l Fleischbrühe,
1 bis 2 Teelöffel Essig.

Das Fleisch am Knochen anhacken, damit es sich besser in Portionen schneiden läßt. Die Pfanne mit Schmalz ausstreichen und Sellerie- und Zwiebelscheiben einlegen. In die Zwiebelscheiben Gewürznelken und Knoblauchzehen stecken. Das Fleisch daraufplegen, mit Brühe und dem Essig übergießen und in der Röhre garbraten. Mit Semmelknödeln reichen. – Wenn das Rauchfleisch sehr gesalzen ist, dann vorher in siedendem Wasser etwas ankochen und erst dann braten.

Hammelbraten mit Knoblauch

1¼ kg Fleisch (Rücken oder 1 kg reines Fleisch von der Keule), Salz, 4 Knoblauchzehen, 120 g Margarine oder Öl, ¼ l Fleischbrühe, 20 g Mehl, 1 Prise Pfeffer, Petersilie.

Das Fleisch auf allen Seiten mit in Salz zerriebenem Knoblauch bestreichen. Dann in erhitztes Fett legen, ringsum anbraten, Brühe zugießen und in der Röhre braten. Dabei mit Bratsaft übergießen, nach dem Eindampfen heiße Brühe zufügen. Das Fleisch herausnehmen, den Saft eindampfen lassen, mit Mehl verrühren, bräunen und mit Brühe gut verkochen. Die Soße durchseihen, mit gehackter Petersilie bestreuen und in einer vorgewärmten Schüssel auftragen, damit sie nicht auskühlt. Als Beilage eignen sich am besten Kartoffelklöße oder Kartoffelkroketten.

Hammelfleischroulade

1¼ kg Hammelkeule, Salz, 120 g Margarine,
150 g Wurzelwerk, 50 g Zwiebel,
⅛ l Fleischbrühe, 30 g Mehl, 4 Eßlöffel Tomatenmark, ⅛ l Rotwein.
Für die Fülle: 50 g Speck,
100 g Champignons,
150 g gekochtes Rauchfleisch, 2 Semmeln,
1 Knoblauchzehe, 2 Eier.

Die Knochen entfernen, das Fleisch zu einer großen Scheibe aufschneiden und salzen. Für die Fülle den Speck in Würfel schneiden und damit in Scheiben geschnittene Champignons dünsten. In Würfel geschnittenes Rauchfleisch, in Milch eingeweichte und ausgedrückte Semmeln, mit Salz zerriebenen Knoblauch und Eier zugeben. Alles vermischen und damit das Fleisch bestreichen. Dann zusammenrollen und mit Faden umwickeln. In einer Pfanne geputztes, in Scheiben geschnittenes Wurzelwerk und Zwiebel in Margarine rösten. Das Fleisch darauflegen, von allen Seiten anbraten, Brühe aufgießen und in der Röhre braten. Dabei mit Bratsaft übergießen, und nach dem Eindampfen etwas Brühe auffüllen. Das gare Fleisch herausnehmen. Den Saft mit Mehl bestäuben, rösten, Tomatenmark, Wein und nach Bedarf etwas Brühe zufügen, zu einer dicken Soße verkochen und durch ein Sieb streichen. Mit Kartoffeln, Reis oder Knödeln anrichten. Hammelfleisch muß sehr heiß aufgetragen werden.

Gebratenes Hackfleisch

250 g Hackfleisch (Schwein), 250 g Schweinefleisch, je 1 Prise Pfeffer und Muskat, abgeriebene Zitronenschale, Salz, 400 g Weißbrot, ⅛ l Wein, ¼ l Bier, 100 g Butter, ¼ l Milch, 4 Eier.

Das Hackfleisch würzen. Das Schweinefleisch in Würfel schneiden und in Salzwasser kochen. Weißbrotwürfel mit Wein und Bier begießen und aufquellen lassen. In eine gefettete Bratpfanne eine Schicht Hackfleisch geben, darauf Weißbrot- und gekochte Fleischwürfel schichten. Die Pfanne abwechselnd füllen, zuletzt die mit Milch verquirlten Eier darübergießen und die restliche Butter daraufträufeln. In der heißen Röhre goldbraun braten. Das Fleisch in Scheiben oder Würfel schneiden. Mit Kartoffeln und Kraut oder Spinat, auch mit rohem Gemüsesalat anrichten.

Wiegebraten

1 kg Hackfleisch (Rind- und Schweinefleisch), 1 Tasse Wasser oder Milch, 30 g Speck, 2 Semmeln, 1 Tasse Milch, 1 Zwiebel, Salz, 1 Knoblauchzehe, 2 Eier, 1 Prise Pfeffer, edelsüßer Paprika, etwa 50 g Semmelbrösel, 80 g Schmalz, 1 Eiweiß, 20 g Mehl.

Das Hackfleisch mit kaltem Wasser oder Milch gut verrühren, ½ Stunde stehen lassen, bis das Fleisch die Flüssigkeit aufgesaugt hat. Dann in Würfel geschnittenen Speck, in Milch eingeweichte und ausgedrückte Semmeln, feingehackte Zwiebel, mit Salz zerriebenen Knoblauch, Eier, Gewürze und nach Bedarf einige Semmelbrösel zugeben. Alles gut verrühren und mit nasser Hand eine größere oder zwei kleinere Rollen formen und in eine mit Schmalz ausgestrichene Pfanne legen. Den Wiegebraten mit Eiweiß bestreichen, etwas Wasser zufügen und in der vorgewärmten Röhre braten. Während des Bratens mit Saft begießen und nach dem Eindampfen etwas heißes Wasser zufügen. Das gare Fleisch herausnehmen, den eingedampften Saft mit Mehl anschwitzen, rösten, Wasser zugießen und kochen lassen. Die Soße durchseihen und den Wiegebraten mit Kartoffelbrei oder Röstkartoffeln servieren.

Gefüllter Wiegebraten

1 kg Hackfleisch (Rind- und Schweinefleisch), 2 Semmeln, ⅛ l Milch, 2 Eier, 30 g Speck, ½ Zwiebel, Salz, Pfeffer, etwa 50 g Semmelbrösel, 80 g Margarine, 1 Eiweiß, 20 g Mehl.
Für die Fülle: 50 g Räucherspeck, 3 Eier, 2 lange Würstchen.

Das Hackfleisch mit den in Milch eingeweichten und ausgedrückten Semmeln, den Eiern, in Würfel geschnittenem Speck und Zwiebel, Salz, Pfeffer und einigen Semmelbröseln verrühren. Die Masse fingerdick auf ein ausgewrungenes Wischtuch streichen. Darauf 1 Scheibe Räucherspeck, aus 3 Eiern gebackenes Omelett und in die Mitte hintereinander die Würstchen legen. Durch Anheben des Tuches das Fleisch an den längeren Seiten zusammendrücken und mit der Naht in die eingefettete Pfanne legen. Die Oberfläche mit Eiweiß bestreichen und den Wiegebraten in der vorgewärmten Röhre braten. Während des Bratens mit Bratsaft und heißem Wasser begießen. Das Fleisch herausnehmen, den Saft eindampfen lassen, mit Mehl verrühren, bräunen, Wasser auffüllen und gut durchkochen. Die Soße durch ein Sieb streichen. Den Braten mit einem scharfen Messer in dicke Scheiben schneiden, damit die Würstchen nicht herausfallen. Dazu Kartoffelbrei oder zerstampfte Kartoffeln reichen.

Paniertes Fleisch

Kalbs- oder Schweinsschnitzel

4 Kalbs- oder Schweinsschnitzel (zusammen etwa 500 g), Salz, 120 g Öl oder Margarine.
Für die Panade: 50 g Mehl, 1 Ei, 2 Eßlöffel Milch oder Wasser, etwa 100 g Semmelbrösel.

Die Fleischscheiben auf beiden Seiten klopfen, am Rand etwas einschneiden, damit sie sich beim Braten nicht einrollen, und salzen. Dann in Mehl, in mit Milch oder Wasser geschlagenem Ei und zuletzt in gesiebten Semmelbröseln wenden. Die Schnitzel in erhitztem Fett zuerst rasch braten, dann auf kleinerer Flamme fertiggaren. Damit die Semmelbrösel nicht abfallen, können die bereits panierten Schnitzel noch in Eiweiß geschwenkt werden. Um zarte Schnitzel zu erhalten, wird das Fleisch erst kurz vor dem Braten paniert, sonst saugen Mehl und Semmelbrösel zuviel Fleischsaft auf, werden feucht und bröckeln ab. Die Panade nicht fest an das Fleisch drücken. Sie muß locker sein und sich beim Braten etwas aufblasen. Die Fettsorte wird nach der Zeit, wann die Schnitzel gereicht werden sollen, gewählt. Öl wird genommen, wenn die Schnitzel sofort auf den Tisch kommen oder kalt gereicht werden sollen. In Margarine brät man sie, wenn sie später heiß serviert werden sollen, weil Margarine nicht so leicht ranzig wird. In Öl oder Fett gebratene Schnitzel sollten vor dem Auftragen mit zerlassener frischer Butter bestrichen werden, die den Geschmack und das Aroma verbessert. Die Schnitzel mit Kartoffelbrei oder Kartoffeln anrichten.

Kalbsschnitzel mit Käse

4 Kalbsschnitzel, Salz, 120 g Öl, Schmalz oder Margarine.
Für die Panade: 50 g Mehl, 2 Eßlöffel Milch, Salz, 2 Eier, 50 g geriebener Käse, etwa 100 g Semmelbrösel.

Die Schnitzel klopfen, salzen und am Rand einschneiden. Erst in Mehl, dann in einem Gemisch aus Milch, 1 Prise Salz, verquirlten Eiern und geriebenem Käse, zuletzt leicht in Semmelbröseln wenden. Auf beiden Seiten in Fett auf nicht zu großer Flamme braten, damit der Käse nicht anbrennt und dadurch einen bitteren Geschmack erhält. Die Schnitzel mit Kartoffeln oder Kartoffelbrei servieren.

Kalbsschnitzel in Weinteig

4 Kalbsschnitzel, Salz, 120 g Öl oder Margarine.
Für die Panade: 2 Eier, etwas Salz, ¼ l Weißwein, etwa 80 g halbgriffiges Mehl.

Die Schnitzel dünnklopfen, salzen und am Rand einschneiden. Die Eier mit Salz und Wein verschlagen und unter ständigem Rühren so viel Mehl zufügen, daß ein dicklicher Tropfteig entsteht. Darin die Schnitzel auf beiden Seiten wenden und dann in erhitztem Fett braten. Auf kleinerer Flamme langsam fertigbraten, damit das Fleisch gut durchbrät. Die Schnitzel erst kurz vor dem Servieren braten, weil sonst die Teighülle feucht wird. Mit Zitronenscheiben, Kartoffeln oder Kartoffelbrei reichen.

Gebratene Kalbsrippchen

4 dickere Kalbsrippchen (zusammen etwa 500 g), Salz, 120 g Öl oder Margarine, 4 Scheiben Räucherspeck.
Für die Panade: 2 Eier, 30 g Butter, Salz, Petersilie, etwa 100 g Semmelbrösel.

Die Rippchen klopfen, am Knochen einschneiden, damit sie gut durchbraten, dann salzen. Die Eier mit zerlassener Butter, Salz und feingehackter Petersilie verrühren. Darin die Rippchen wenden, danach mit Semmelbröseln panieren. In erhitztem Fett auf beiden Seiten braten und mit ausgelassenen Räucherspeckwürfeln garnieren. Kartoffeln oder Kartoffelbrei dazu anrichten.

Gefüllte Schweinsschnitzel

4 kleine dickere Schweinsschnitzel, 20 g Butter, 80 g Schinken, 50 g grüne Erbsen (aus der Konserve), 1 Prise Salz, 1 Ei, 120 g Schmalz oder Margarine.
Für die Panade: 50 g Mehl, 1 Ei, 2 Eßlöffel Milch, etwa 100 g Semmelbrösel.

Das Fleisch nur sehr leicht klopfen und in jedes Schnitzel eine Längstasche schneiden. Den in kleine Würfel geschnittenen Schinken, abgetropfte Erbsen, vermischt mit Salz und Ei, in Butter rösten, bis das Ei erstarrt. Mit der Fülle die Tasche in den Schnitzeln füllen, zunähen oder mit einer Rouladennadel zusammenstecken. Dann die Schnitzel in Mehl, Eiermilch und zuletzt in Semmelbröseln wenden. In heißem Fett auf beiden Seiten braten. Mit Kartoffeln oder Kartoffelbrei servieren.

Schweinsschnitzel mit Schinken in Teig

4 Schweinsschnitzel, 100 g Schinken,
120 g Fett oder Öl.
Für die Panade: 2 Eier, 3 Eßlöffel Milch,
Salz, etwa 50 g halbgriffiges Mehl.

Die Schnitzel leicht klopfen, auf jedes 1 Scheibe Schinken legen, zur Hälfte zusammenklappen und mit einem Zahnstocher feststecken. Eier mit Milch und Salz und so viel Mehl verrühren, daß ein dicklicher Tropfteig entsteht. Darin die Schnitzel auf beiden Seiten wenden und dann in erhitztem Fett braten. Sofort mit Kartoffelbrei oder Kartoffeln anrichten.

Panierte Buletten

500 g Hackfleisch (Rind- und Schweinefleisch), 1 Semmel, 1 Ei, Salz, 1 Knoblauchzehe, je 1 Prise Pfeffer und Majoran, 120 g Öl, Fett oder Margarine.
Für die Panade: 50 g Mehl, 1 Ei, 2 Eßlöffel Milch oder Wasser, etwa 100 g Semmelbrösel.

Das Hackfleisch mit eingeweichter, ausgedrückter Semmel, Ei, mit in Salz zerriebenem Knoblauch, Pfeffer, Majoran und nach Bedarf auch einigen Semmelbröseln verrühren. Kleine flache Buletten formen, in Mehl, mit Milch verquirltem Ei und Semmelbröseln wenden. Auf beiden Seiten in Fett braten. Mit Kartoffelbrei oder

Kartoffeln reichen. – Die Buletten sind saftiger, wenn dem Hackfleisch 2 bis 3 Eßlöffel Milch oder kaltes Wasser zugefügt werden und die Masse so lange stehen bleibt, bis das Fleisch die Flüssigkeit aufgesaugt hat. Um den Geschmack zu verbessern, empfiehlt sich, ein Stück Rauchfleisch durch den Wolf zu drehen und unterzumischen.

Gebratene Schweinskoteletts

4 Schweinskoteletts, Salz, 120 g Fett oder Öl.
Für die Panade: 50 g Mehl, 2 Eier, etwa 100g Semmelbrösel.

Die Koteletts klopfen, am Knochen einschneiden und salzen. In Mehl, verquirlten Eiern und Semmelbröseln schwenken und in erhitztem Fett auf beiden Seiten braten. Mit Kartoffeln oder Kartoffelbrei reichen.

Schweinskoteletts mit Käse gefüllt

4 dicke magere Koteletts, 80 g Schnittkäse, Salz, Pfeffer, 120 g Fett oder Öl.
Für die Panade: 50 g Mehl, 2 Eier, 1 bis 2 Eßlöffel Milch, etwa 100 g Semmelbrösel.

Die Koteletts leicht klopfen, eine Tasche einschneiden und mit einer Scheibe Käse füllen. Die Koteletts salzen, pfeffern, in Mehl, mit Milch verquirlten Eiern und Semmelbröseln wenden. Auf beiden Seiten rasch in erhitztem Fett braten. Mit Kartoffelbrei oder Kartoffeln reichen.

Pfannengerichte aus Fleisch

Beefsteaks mit Champignons

4 Beefsteaks (insgesamt 600 g), Salz, Pfeffer, 60 g Öl, ½ Zwiebel, 20 g Butter, 100 g Champignons, 2 Eßlöffel Süßwein.

Die 3 cm dicken Scheiben, aus der dickeren Mitte des Lendenbratens geschnitten, leicht klopfen, salzen und pfeffern. In erhitztem Fett das Fleisch in 5 bis 8 Minuten auf beiden Seiten braten. Wenn es fast fertig ist, in Scheiben geschnittene Zwiebel zugeben. In Scheiben geschnittene und gesalzene Champignons in Butter dünsten. Die gebratenen Beefsteaks herausnehmen, auf eine Platte legen und mit den Zwiebelringen garnieren. In den Bratsaft die Champignons geben, Wein aufgießen, anwärmen und über die Beefsteaks gießen. Mit Reis oder Röstkartoffeln reichen.

Beefsteaks vom Rost

4 Beefsteaks, Salz, Pfeffer, 20 g Öl,
4 Scheiben Speck oder 4 Eier,
100 g Tatarensoße.

Die aus der Mitte des Lendenbratens geschnittenen Fleischscheiben leicht klopfen, wie runde Küchlein formen, mit Salz und Pfeffer bestreuen, mit Öl bestreichen und auf einen vorgewärmten, mit Öl bestrichenen Rost legen. Auf jeder Seite 5 Minuten braten. Sollen die Beefsteaks innen noch blutig sein, dann die Bratzeit verkürzen. Die Beefsteaks mit gebratenen Speckstreifen oder je 1 Spiegelei garnieren. Mit Röstkartoffeln reichen und etwas Tatarensoße zum Begießen auftragen.

Pikante Beefsteaks

4 dickere Beefsteaks, Salz, Pfeffer,
60 g Schmalz, 15 g Mehl, ⅛ l Fleisch- oder
Suppenwürfelbrühe, 1 Teelöffel Worcestersauce, Petersilie, 20 g Butter.

Die Fleischscheiben leicht klopfen, salzen und pfeffern. In erhitztem Schmalz auf beiden Seiten etwa 8 bis 10 Minuten braten. Dann herausnehmen und auf eine vorgewärmte Platte legen. Den eingedampften Saft leicht mit Mehl bestäuben, bräunen, mit Brühe aufkochen, mit Worcestersauce abschmecken und durchseihen. Die Beefsteaks mit Petersilie und je 1 Butterflöckchen garnieren. Mit Kartoffeln oder Reis auf den Tisch bringen.

Rinderfilet mit Meerrettich und Tomaten

4 Scheiben Rinderfilet, Salz, Pfeffer,
50 g Butter, 4 Scheiben Räucherspeck,
2 Tomaten, 30 g geriebener Meerrettich,
15 g Mehl, ⅛ l Fleisch- oder Suppenwürfelbrühe.

Das Fleisch leicht klopfen, am Rand einschneiden, salzen und pfeffern. In zerlassener, erhitzter Butter auf beiden Seiten braten. Dann auf eine vorgewärmte Platte legen. Jede Fleischscheibe mit 1 Stück gebratenem Räucherspeck, 1 Tomatenscheibe und 1 Meerrettichflocke garnieren. Den Bratensaft leicht mit Mehl bestäuben, rösten, mit Brühe aufkochen und auf das Fleisch seihen.

Rinderfilet vom Rost mit Paprika und Tomaten

4 Scheiben Rinderfilet, Salz, Pfeffer,
½ Zitrone, 1 kleine Zwiebel,
30 g Butter, 2 grüne Paprikafrüchte, 1 Apfel,
2 Tomaten.

Die Fleischscheiben klopfen, am Rand einschneiden, salzen, pfeffern und mit Zitronensaft beträufeln. Den Grillrost und die Scheiben mit Öl bestreichen. Das Fleisch auf jeder Seite etwa 5 Minuten grillen. Inzwischen Zwiebelringe in Butter rösten, Paprikascheiben zufügen und dünsten, dann geschälte Apfelscheiben und Tomatenviertel dazugeben. Alles kurz dünsten. Die Filetscheiben auf vorgewärmten Tellern anrichten, mit der Gemüsemischung bestreuen und mit dem restlichen Fett beträufeln. Dazu Kartoffeln oder Reis reichen.

Kalbsschnitzel mit Schinken und Käse

*4 Kalbsschnitzel, Salz, Pfeffer, 80 g Butter,
15 g Mehl, ⅛ l Knochen- oder Suppenwürfelbrühe, 50 g Schinken, 50 g Reibkäse, 2 Eier.*

Das Fleisch enthäuten, leicht klopfen, am
Rand einschneiden, salzen und pfeffern.
Die Schnitzel auf beiden Seiten in 60 g
Butter braten, bis sie goldbraun sind.
Dann herausnehmen und auf eine vorge-
wärmte Platte legen. Den Saft eindamp-
fen, mit Mehl verrühren und mit Brühe
aufkochen. In der restlichen Butter den in
Streifen geschnittenen Schinken rösten.
Die Schnitzel mit Schinken, geriebenem
Käse und feingehackten hartgekochten
Eiern garnieren. Den Bratsaft durchsei-
hen und über das Fleisch gießen. Mit Kar-
toffeln oder Reis servieren.

Kalbsrippchen mit Zitrone

*4 Kalbsrippchen (zusammen etwa 600 g),
Salz, 30 g Speck, 50 g Margarine, 15 g Mehl,
⅛ l saure Sahne, abgeriebene Zitronenschale,
Petersilie.*

Die Rippchen leicht klopfen, am Knochen
einschneiden, salzen und mit je 2 Speckstreifen durchziehen. Auf beiden Seiten in
Margarine braten, herausnehmen und auf
eine vorgewärmte Platte legen. Den Saft
eindampfen lassen, leicht mit Mehl bestäuben, rösten und mit Sahne verkochen,
dabei etwas abgeriebene Zitronenschale
zugeben. Die Soße über die Rippchen
gießen. Mit feingehackter Petersilie garnieren. Teigwaren, Nocken oder feine
Semmelknödel dazu reichen.

Schweinskoteletts naturell

*4 Schweinskoteletts, Salz, je 1 Prise Pfeffer
und edelsüßer Paprika, 80 g Schmalz oder Öl,
4 Scheiben Zitrone, etwas Anchovispaste
oder 4 Anchovis, 15 g Mehl, ⅛ l Knochen-
oder Suppenwürfelbrühe.*

Die Schweinskoteletts leicht klopfen, am
Rand einschneiden, am Knochen aufloc-
kern oder die Knochen herausnehmen.
Die Koteletts salzen, würzen und auf beiden Seiten in Schmalz oder Öl goldbraun
braten. Herausnehmen, auf jedes Kotelett
1 Zitronenscheibe, etwas Anchovispaste
oder 1 gerollte Anchovis legen. Den eingedampften Saft mit Mehl anschwitzen,
rösten, mit Brühe verrühren, aufkochen
und auf die Koteletts seihen. Mit Reis
oder Kartoffeln reichen. – Statt Pfeffer
und Paprika läßt sich Curry verwenden.

Schweinskoteletts mit Käse vom Rost

*4 Schweinskoteletts, Salz, 1 Prise Pfeffer,
20 g Öl, 1 kleine Zwiebel, 4 dünne Scheiben
Schnittkäse, Petersilie.*

Die Koteletts klopfen, am Rand einschneiden, salzen und pfeffern. Das Grillgerät vorwärmen, den Rost mit Öl bestreichen. Die Koteletts ebenfalls mit Öl
bepinseln und 3 bis 5 Minuten auf jeder
Seite grillen. Jedes Kotelett mit 1 gerösteten Zwiebelring belegen und 1 Scheibe
Käse daraufdecken. Im Grillgerät überbacken, bis der Käse schmilzt. Mit gehackter Petersilie garnieren. Reis oder
Röstkartoffeln dazu reichen.

Hammelkoteletts vom Rost

*4 große oder 8 kleine Hammelkoteletts,
3 Knoblauchzehen, Salz, Pfeffer, 30 g Öl,
20 g Butter.*

Die Koteletts klopfen, am Rand und am
Knochen einschneiden, mit in Salz zerriebenem Knoblauch einreiben, salzen, pfeffern und mit Öl bestreichen. Auf gefettetem Rost von beiden Seiten grillen. Jedes
Hammelkotelett mit 1 Butterflöckchen
besetzen. Kartoffelbrei dazu anrichten.

Gerichte aus Innereien

Schweinsbeuschel nach Jägerart

1 Schweinsbeuschel (Lunge, Herz und Zunge),
Salz, 2 Zwiebeln, 3 Pfefferkörner,
1 Lorbeerblatt, 80 g Margarine, 50 g Mehl,
50 g saure Gurke, 30 g Kapern, Anchovis-
paste, 1 Teelöffel Senf, ½ Würfel Zucker,
Zitronensaft, ⅛ l saure Sahne.

Die Innereien gut waschen, in heißem Salzwasser ansetzen, Zwiebeln und Lorbeerblatt zugeben und das Fleisch garkochen.
Dann in kaltem Wasser abkühlen und in
Streifen schneiden. Aus Margarine und
Mehl eine helle Mehlschwitze zubereiten,
mit dem Kochwasser auffüllen und durchseihen. Die in kleine Streifen geschnittene
Gurke, feingehackte Kapern, Anchovispaste sowie Senf zugeben und alles aufkochen lassen. Die Soße mit Zucker und
Zitronensaft abschmecken und Sahne zufügen. Darin das Beuschel erwärmen. Mit
Semmelknödeln auf den Tisch bringen.

Kuttelflecke mit Schinken

500 g Kuttelflecke, Salz, 80 g Margarine,
50 g Mehl, 1 Stück Zitronenschale, ⅛ l Weiß-
wein, Pfeffer, 100 g Schinken, Petersilie.

Die sorgfältig gewaschenen Kuttelflecke
salzen, garkochen und in Streifen schneiden. Aus Margarine und Mehl eine helle
Mehlschwitze zubereiten, mit Kochwasser
auffüllen, ein kleines Stück Zitronenschale, Wein und Pfeffer zugeben und alles gut
aufkochen lassen. In der dicken Soße die
Kuttelflecke, den in Streifen geschnittenen Schinken und gehackte Petersilie verrühren.

Schweinsleber mit Champignons

500 g Schweinsleber, 40 g Mehl, 2 Zwiebeln,
80 g Butter, ⅛ l Weißwein, Salz, Pfeffer,
Zitronensaft, 150 g Champignons.

Die Leber häuten, in Scheiben schneiden,
leicht klopfen, am Rand einschneiden und
in Mehl wenden. Die Zwiebeln in zwei
Drittel der Butter rösten, die Leber darauflegen, auf beiden Seiten anbraten,
Wein und etwas Wasser zugießen und garschmoren. Die Leber erst dann salzen,
pfeffern und mit Zitronensaft abschmekken. Mit der restlichen Butter die vorbereiteten, in Scheiben geschnittenen
Champignons dünsten und zugeben. Das
Gericht mit Reis auftragen.

Schweinsnieren auf Zwiebeln

4 Schweinsnieren, 80 g Schmalz, 2 Zwiebeln,
1 Prise Pfeffer, Kümmel, 40 g Mehl,
½ Teelöffel edelsüßer Paprika, Salz.

Die Nieren gut waschen, längs aufschneiden, die Röhren entfernen und die Nieren
in Scheiben schneiden. In Schmalz Zwiebelringe rösten, die Nierenscheiben darauflegen, würzen und rasch anbraten. Etwas Wasser zugeben und schmoren. Den
eingedampften Saft mit Mehl anschwitzen, Wasser zufügen, mit Paprika verrühren und gut aufkochen lassen. Die Nieren
erst vor dem Servieren salzen und mit Reis
oder Kartoffeln reichen. – Es können
auch gedünstete Champignons zugegeben
werden.

Gebratene Leber auf Tomaten

500 g Leber, Salz, Pfeffer, 60 g Öl,
150 g Tomaten, 2 Zwiebeln, 2 Eßlöffel
Tomatenketchup.

Die Leber häuten, in Scheiben schneiden,
leicht klopfen, am Rand einschneiden,
salzen und pfeffern. Rasch in Öl anbraten,
die in Viertel geschnittenen Tomaten zugeben und fertigbraten. Alles auf einer
Platte anrichten. Den Saft eindampfen,
feingehackte Zwiebeln darin rösten, Tomatenketchup zugeben, etwas heißes
Wasser aufgießen und kochen. Den Saft

über Leber und Tomaten gießen. Mit Reis oder Weißbrot reichen.

Gebratene Leber in Wein

500 g Kalbsleber, 30 g Speck, Salz, Pfeffer, ⅛ l Weißwein, 2 Zwiebeln, 100 g Wurzelwerk, 50 g Butter, ½ Tasse Sahne, 20 g Mehl.

Die Leber häuten, mit Speckstreifen durchziehen, die in Salz und Pfeffer gewendet wurden. Den Wein mit Zwiebeln und Wurzelwerk aufkochen. Die Leber in zerlassener Butter in der Röhre braten und mit dem gekochten Wein übergießen. Dann herausnehmen, den Bratsaft mit Sahne, in der Mehl verquirlt wurde, andicken. Die Soße gut aufkochen lassen und durchseihen. Die Leber sofort mit Reis oder Nocken reichen. Durch langes Stehen wird die Leber hart.

Leberhaschee

500 g Schweinsleber, 100 g Speck, 1 Zwiebel, 2 Anchovis, 2 Eier, Salz, 1 Prise Pfeffer, Petersilie, 60 g Schmalz, 2 bis 3 Eßlöffel Semmelbrösel.

Die enthäutete Leber durch den Fleischwolf drehen, in Würfel geschnittenen Speck, gehackte Zwiebel, gewiegte Anchovis, Eier, Salz, Pfeffer, feingehackte Petersilie und die Hälfte des Schmalzes zugeben. Alles gut verrühren und mit einigen Semmelbröseln vermischen. Mit dem restlichen Schmalz eine kleine feuerfeste Form ausstreichen, Lebermasse hineinfüllen und in der Röhre goldbraun überbacken. Mit Kartoffeln und Gemüse oder Salat servieren.

Paniertes Bries oder Hirn

500 g Kalbsbries oder Hirn, Salz, 50 g Mehl, 2 Eier, 2 Eßlöffel Milch, etwa 120 g Semmelbrösel, 120 g Öl oder Margarine, Zitrone, Petersilie.

Bries oder Hirn überbrühen, kurz in Salzwasser kochen. Dann enthäuten, in Scheiben schneiden, salzen, in Mehl, Ei mit Milch und zuletzt in Semmelbröseln wenden. Die panierten Scheiben in Öl oder Margarine auf beiden Seiten braten. Mit Zitrone und feingehackter Petersilie garnieren und mit Tatarensoße und Kartoffeln auf den Tisch bringen.

Kalte Fleischgerichte

Lendenschnitten mit Joghurtmayonnaise

400 g Lende, Salz, Pfeffer, 50 g Schmalz oder Öl, ½ Tasse Fleischbrühe, 10 g Gelatine. Für die Soße: 200 g Mayonnaise, 1 kleiner Apfel, Salz, 1 Prise Zucker, 100 g Joghurt, Petersilie, Zitronensaft.

Das gehäutete Fleisch in 4 Portionen schneiden, leicht klopfen, salzen, pfeffern, zu gleichmäßigen Schnitten formen und jeweils mit einem Faden oder einem Streifen Alufolie umbinden. In einer Pfanne Fett erhitzen und die Schnitten darin von beiden Seiten je 4 Minuten rasch braten. Das Fleisch herausnehmen und abkühlen lassen. Vom abgekühlten Bratsaft das Fett abheben. Den Saft mit der Fleischbrühe aufkochen lassen und die vorgeweichte Gelatine darin auflösen. Sobald der Saft zu erstarren beginnt, die Schnitten damit bestreichen. Sie erhalten so einen glänzenden Überzug. Für die Soße die Mayonnaise in eine Schüssel geben, den geschälten, gedünsteten und durch ein Sieb gestrichenen Apfel zufügen. Nach Geschmack mit Salz und Zucker abrunden, Joghurt unterrühren und mit gehackter Petersilie würzen. Soll die Soße besonders pikant sein, dann mit Zitronensaft abschmecken. Die Lendenschnitten portionsweise mit der Soße übergießen und mit gerösteten Weißbrotscheiben servieren.

Lendenbraten auf englische Art mit Tatarensoße

750 g Lende, Salz, Pfeffer, 80 g Schmalz,
30 g Butter.
Für die Tatarensoße: 150 g Mayonnaise,
Salz, Pfeffer, 1 Teelöffel Senf, Worcester-
sauce, ½ Teelöffel gehackte Kapern,
½ Teelöffel gehackte Zwiebel, 1 kleine
Gewürzgurke, Zitronenschale, Petersilie,
Anchovispaste.

Das gehäutete Fleisch salzen, pfeffern und in einer Pfanne in erhitztem Schmalz von allen Seiten anbraten. Mit dem Saft in eine Bratpfanne geben, obenauf mit flüssiger Butter bepinseln, in die heiße Röhre schieben und unter zeitweiligem Begießen mit Bratsaft und Butter etwa 30 Minuten braten. Das erkaltete Fleisch mit einem scharfen Messer in dünne Scheiben schneiden. Für die Tatarensoße die Mayonnaise mit Salz, Pfeffer, Senf und einigen Tropfen Worcestersauce abschmecken, Kapern, Zwiebel, feingeschnittene Gurke, etwas abgeriebene Zitronenschale, gehackte Petersilie und etwas Anchovispaste zufügen. Mit Brot oder gerösteten Toastscheiben servieren.

Schweinebauch mit Meerrettichsoße

750 g Schweinebauch, Salz, 200 g Wurzel-
werk, 1 Zwiebel, 3 Pfefferkörner,
1 Gewürzkorn, 1 Lorbeerblatt, 2 l Wasser.
Für die Fülle: 300 g Schweinefleisch,
100 g Leber, 1 Semmel, Salz, je 1 Prise
Muskat und Pfeffer, 1 rote Paprikafrucht,
1 Gewürzgurke, 50 g Speck, 2 hartgekochte
Eier.
Für die Soße: 1 gekochte rote Rübe, 1 großer
Apfel, 80 g geriebener Meerrettich, etwa
⅛ l Essig, Salz, 1 Prise Zucker, 2 bis
3 Fenchelkörner.

Den Schweinebauch abspülen, mit Tüchern trocknen, die Knochen auslösen und mit einem scharfen Messer eine Tasche in das Fleisch schneiden. Die Öffnung lockern und mit Salz einreiben. Das geputzte, würfelig geschnittene Wurzelgemüse, die Zwiebel und die Gewürze in dem Wasser aufkochen. Für die Fülle das Schweinefleisch zusammen mit der Leber durch den Wolf drehen, die eingeweichte und ausgedrückte Semmel, Salz und Gewürze zugeben. Die würfelig geschnittenen Zutaten – Paprikafrucht, Gurke, Speck und Eier – untermischen. Die Fülle in die Tasche streichen und das Fleisch zunähen. Den gefüllten Schweinebauch fest in ein Tuch schlagen, in die Gemüsebrühe legen und auf kleiner Flamme 2 Stunden kochen lassen. Dann das Fleisch herausnehmen, aus dem Tuch wickeln, dafür in Pergamentpapier einschlagen und zwischen zwei Brettern beschweren. Für die Soße die geschälte und geriebene rote Rübe, den geschälten und geraspelten Apfel und den Meerrettich miteinander mischen. Mit Essigwasser, mit Salz, Zucker und gestoßenem Fenchel gewürzt, übergießen. Das erkaltete Fleisch in Scheiben schneiden und mit der Meerrettichsoße auftragen. Dazu Brot reichen.

Hackbraten mit Roquefort-Fülle

400 g gehacktes Rindfleisch, 350 g gehack-
tes Schweinefleisch, 1 kleine Zwiebel, Salz,
Pfeffer, Petersilie, 2 Eßlöffel Tomaten-
ketchup, 2 Eier, 100 g Semmelbrösel, ½ Tasse
Milch, 120 g Butter zum Braten.
Für die Fülle: 200 g Semmelbrösel,
¼ l Milch, 100 g Roquefortkäse, 2 Eier.

Dem Hackfleisch feingewiegte Zwiebel, Salz, Pfeffer, Tomatenketchup und gehackte Petersilie zufügen. Mit den Eiern binden und nach Bedarf auch die in Milch eingeweichten Semmelbrösel untermischen. Den Fleischteig gut verarbeiten und auf einer feuchten Alufolie oder auf einem feuchten Tuch etwa einen Finger dick breitstreichen. Für die Fülle die Semmelbrösel in Milch einweichen, den geriebenen Roquefortkäse und die Eier zufügen. Die Hackfleischplatte damit bestreichen und zu einer Roulade zusammenrollen. Quer in eine gefettete Bratpfanne auf Holzspeiler legen, etwas Wasser aufgießen und unter zeitweiligem Bepinseln mit flüssiger Butter in der Röhre goldgelb braten. Den garen erkalteten Hackbraten in Scheiben schneiden und mit Salaten oder verschiedenen kalten Soßen servieren.

Tatarenbeefsteaks

400 g Lende, 2 Eigelb, 2 große Zwiebeln, 1 Teelöffel Kapern, Salz, 1 Teelöffel Kümmel, Pfeffer, 1 Teelöffel Paprika, Senf, 1 Teelöffel gehackte Petersilie oder Schnittlauch, Worcestersauce.

Das Fleisch häuten, von Fetträndern und kleinen Adern befreien und zweimal durch den Wolf drehen. Daraus kleine Klößchen formen, auf den Tellern anrichten, eine Vertiefung eindrücken und jeweils 1 Eigelb hineingleiten lassen. Eine Zwiebel in dünne Ringe schneiden und damit das Fleisch ringsum garnieren. In die Mitte der Zwiebelringe Kapern, gehackte Zwiebel, Salz, Gewürze, Senf und Petersilie geben. Erst auf dem Teller soll jeder die Zutaten verrühren und evtl. mit Worcestersauce kräftig abschmecken. Geröstete Weißbrotscheiben dazu reichen.

Hackfleischpudding

250 g gekochtes Rindfleisch, 250 g rohes Kalbfleisch, 50 g Speck oder Schinkenfett, ½ Zwiebel, 3 Eier, 3 Eßlöffel kräftige Fleischbrühe, Salz, 1 Prise Pfeffer, 50 g gare grüne Erbsen, Semmelbrösel, Margarine für die Form.

Das Fleisch und den Speck durch den Wolf drehen, gehackte Zwiebel, Eigelbe, Fleischbrühe, Salz, Pfeffer und abgetropfte grüne Erbsen zufügen. Steifen Ei-

schnee abwechselnd mit Semmelbröseln unterheben. Mit der Fleischmasse eine gut gefettete und ausgebröselte Puddingform (oder auch ein größeres Einkochglas mit Bügel) füllen, fest verschließen und in einen Topf mit siedendem Wasser stellen. Das Wasser soll nicht bis zum Rand der Form reichen, sondern nur zu drei Vierteln. Den Pudding im Wasserbad eine Stunde kochen. Dann vorsichtig stürzen und etwas abgekühlt in Scheiben schneiden. Mit warmem Gemüse oder Gemüsesalaten garnieren oder mit einer kalten Soße übergießen und servieren.

❖❖❖❖❖❖❖❖❖❖❖❖❖❖❖❖❖❖❖❖

Wildbretgerichte

Durch die an Wild reichen Wälder der ČSSR kommt viel Wildbret auf den Markt: vom Federwild hauptsächlich Rebhühner und Fasanen, vom Niederwild Hasen und vom Hochwild Reh-, Hirsch- und Damwildfleisch. Solche Gerichte findet man nicht nur in den Restaurants auf dem Speisezettel.

Gekochtes Wildbret

Rehkeule (Hirschkeule) mit Johannisbeersoße

500 g Rehkeule, Salz, 100 g Wurzelwerk, 1 Zwiebel, 3 Wacholderbeeren, 3 Pfefferkörner, 1 Lorbeerblatt, 30 g Butter. Für die Soße: 30 g Margarine, 30 g Mehl, etwa ¼ l saure Sahne, 1 Prise Pfeffer, 1 Zitrone, 250 g frische Johannisbeeren.

Gut abgehangenes Fleisch von Häuten und Fett befreien, mit siedendem Salzwasser übergießen und bei mäßiger Hitze kochen. Den ersten Schaum abschöpfen. Dann das geputzte und in Scheiben geschnittene Wurzelwerk, die Zwiebel und die Gewürze zugeben. Das gare Fleisch herausnehmen, in Scheiben schneiden und jede Scheibe mit zerlassener Butter bestreichen. Für die Soße aus Margarine und Mehl eine helle Schwitze bereiten, mit Sahne verrühren, Pfeffer, etwas Zitronensaft und abgeriebene -schale zufügen. In die durchgeseihte Soße die vorbereiteten Johannisbeeren geben und kurz aufkochen lassen. Das Fleisch mit Semmelknödeln servieren. Die Soße gesondert dazu reichen. – So zubereitete Reh-

oder Hirschkeule kann auch mit weißer Meerrettichsoße oder mit Mayonnaise, die mit Rotwein verdünnt wurde, gereicht werden.

Geschmortes Wildbret

Rehrücken (Hirschrücken) auf Champignons

500 g Rehrücken, Salz, 80 g Butter, 30 g Speck, 1 Zwiebel, 3 Pfefferkörner, 1 Lorbeerblatt, ⅛ l Weißwein, ¼ l saure Sahne, 30 g Mehl, 200 g Champignons, Essig, 100 g Möhren.

Das Fleisch häuten, salzen und in Butter von allen Seiten anbraten. Den in Würfel geschnittenen Speck, die gehackte Zwiebel und die Gewürze zugeben. Etwas Wasser aufgießen und zugedeckt schmoren lassen. Von Zeit zu Zeit Wasser mit Wein zugießen. Wenn der Saft etwas eingedampft ist, das Fleisch herausnehmen, den Saft mit Sahne und Mehl andicken, kurz aufkochen lassen. Die geputzten und in Scheiben geschnittenen Champignons in Essigwasser kochen und zusammen mit den in Würfel geschnittenen Möhren in die Soße geben. Als Beilage eignen sich am besten Semmelknödel.

Hirschrücken (Rehrücken) mit Pflaumenmussoße

500 g Hirschrücken, 40 g Speck, Salz, 40 g Margarine, 100 g Wurzelwerk, 1 Zwiebel, 2 Wacholderbeeren, 3 Pfefferkörner, 1 Gewürzkorn, 1 Prise Thymian, ½ Lorbeerblatt, Zitronenschale, 20 g Mehl, ⅛ l Rotwein, 30 g Pfefferkuchen, 50 g Pflaumenmus, Essig oder Zitronensaft, 20 g süße Mandeln, 20 g Rosinen.

Das Fleisch häuten, mit Speckstreifen durchziehen, salzen und auf in Margarine geröstetes Wurzelwerk und Zwiebel legen. Von allen Seiten anbraten, dann Gewürze und abgeriebene Zitronenschale zugeben, etwas Wasser darübergießen und schmoren. Wenn das Fleisch fast gar ist, herausnehmen, den Saft eindampfen, mit Mehl anschwitzen, rösten und mit Wasser und Wein verrühren. Pfefferkuchen in die Soße reiben, Pflaumenmus zugeben, gut aufkochen und durch ein Sieb streichen. Die Soße mit Essig oder Zitronensaft abschmecken. Zuletzt die abgezogenen, gehackten Mandeln und die vorher eingeweichten Rosinen zugeben. Den so zubereiteten Hirschrücken am besten mit Semmelknödeln servieren.

Rehrücken (Hirschrücken) mit Sahnesoße

500 g Rehrücken, 30 g Speck, Salz, Pfeffer, 1 Zwiebel, 100 g Wurzelwerk, 40 g Margarine, 2 Pfefferkörner, 2 Gewürzkörner, 1 Lorbeerblatt, 1 Stück Zitronenschale, 50 g Mehl, ¼ l saure Sahne, 1 Prise Zucker, Essig.

Das Fleisch häuten, mit Speckstreifen durchziehen, salzen und pfeffern. Feingeschnittene Zwiebeln und Wurzelwerk in Margarine rösten. Die Gewürze zugeben, das Fleisch anbraten, dann etwas Wasser zugießen und schmoren, dabei das Fleisch mehrfach wenden und mit Saft begießen. Das gare Fleisch herausnehmen, den Saft bis auf das Fett eindampfen, mit Mehl anschwitzen, rösten, dann mit etwas Wasser und der Sahne verrühren, aufkochen und durch ein Sieb streichen. Mit Salz, Zucker und Essig abschmecken. Als Beilage eignen sich am besten Semmelknödel und Preiselbeerkompott.

Rehkeule (Hirschkeule) mit Preiselbeeren

500 g Rehkeule oder -rücken, Salz, 30 g Speck, 40 g Margarine, 100 g Wurzelwerk,

1 Zwiebel, 3 Pfefferkörner, 2 Gewürzkörner, 2 Wacholderbeeren, ½ Lorbeerblatt, 30 g Mehl, ⅛ l Rotwein, 1 Stück Zitronenschale, 1 Teelöffel Tomatenmark, 100 g Preiselbeerkompott, 1 Prise Zucker, Essig.

Das Fleisch häuten, salzen, mit Speckstreifen durchziehen und auf das in Margarine geröstete, feingehackte Wurzelwerk und die Zwiebelringe legen. Das Fleisch anbraten, die Gewürze zugeben, etwas Wasser zugießen und das Fleisch garschmoren lassen. Dann herausnehmen, den eingedampften Saft mit Mehl anschwitzen, rösten und mit Wasser und Wein zu einer dicken Soße verkochen. Dabei die Zitronenschale zugeben. Die Soße durch ein Sieb streichen, Tomatenmark und Preiselbeerkompott zufügen, mit Salz, Zucker und etwas Essig abschmecken. Den Braten mit Semmelknödeln oder Nocken anrichten.

Rehragout in Weinsoße

500 g Rehschulter oder -rippchen, Salz, 200 g Wurzelwerk, 1 Zwiebel, 60 g Margarine oder Schmalz, 2 Pfefferkörner, 2 Gewürzkörner, 1 Prise Thymian, 1 Lorbeerblatt, 40 g Mehl, ⅛ l Rotwein, 50 g Johannisbeer- oder Hagebuttenmarmelade, 1 Prise Zucker, Essig oder Zitronensaft.

Das Fleisch von den Knochen lösen, in kleine Stücke schneiden und salzen. Die Hälfte des Wurzelwerkes und die Zwiebel in Scheiben schneiden und in Fett rösten. Das Fleisch darauflegen und von allen Seiten anbraten. Dann etwas Wasser aufgießen, die Gewürze zugeben und zugedeckt schmoren. Das gare Fleisch herausnehmen, den Saft eindampfen, mit Mehl anschwitzen, mit Wasser und Wein zu einer dicken Soße verkochen. Dann die Johannisbeer- oder Hagebuttenmarmelade zugeben, mit Zucker und Essig oder Zitronensaft abschmecken. Die Soße aufkochen, durchseihen, das restliche, in feine Streifen geschnittene Wurzelwerk zufügen und alles gut durchkochen. Das Ragout mit Semmelknödeln oder Kartoffelklößchen anrichten.

Wildschweinkeule mit pikanter Soße

500 g Wildschweinkeule, 30 g Speck, 100 g Wurzelwerk, 1 Zwiebel, 1/16 l Essig, 3 Wacholderbeeren, 2 Pfefferkörner, 2 Gewürzkörner, Lorbeerblatt, Salz, 30 g Margarine, 30 g Mehl, 1/8 l Rotwein, 50 g Johannisbeer- oder Hagebuttenmarmelade, 2 Eßlöffel geriebenes Schwarzbrot, Zitronensaft, 1 Prise Zucker.

Das Fleisch häuten, mit Speckstreifen durchziehen und auf in Scheiben geschnittenes Wurzelwerk und Zwiebel legen. Mit einer Marinade aus etwas Wasser, Essig, Gewürzen und Salz begießen, bis das Fleisch bedeckt ist. 2 Tage kühl stellen, in dieser Zeit öfter wenden. Dann herausnehmen und abtrocknen. Das abgetropfte Gemüse in Margarine anrösten, das Fleisch auf allen Seiten anbraten, mit Marinade übergießen. und zugedeckt schmoren. Während des Schmorens die restliche Marinade zugießen. Nach etwa 2 bis 3 Stunden das gare Fleisch herausnehmen, den Saft bis aufs Fett eindampfen, mit Mehl anschwitzen, goldgelb rösten, mit Marinade verrühren und aufkochen. Die Soße durch ein Sieb streichen, Rotwein, Johannisbeermarmelade und Schwarzbrot zufügen und kurz aufkochen. Mit Zitronensaft und Zucker abschmecken. Mit Semmelknödeln servieren.

Wildgulasch

750 g Schulterfleisch (Reh, Hirsch, Damhirsch), Salz, 2 Zwiebeln, 80 g Schmalz, je 1 Prise Pfeffer, Paprika und Majoran, Brühe von Knochen oder Suppenwürfeln, 50 g Mehl, 50 g Tomatenmark, 2 Knoblauchzehen.

Das Fleisch in Stücke hacken (Knochen möglichst auslösen) und salzen. Die Zwiebeln in Schmalz glasig dünsten, Fleisch und Gewürze zugeben. Das Fleisch von allen Seiten anbraten, mit Brühe übergießen und garschmoren. Das gare Fleisch herausnehmen, den Saft eindampfen lassen, mit Mehl anschwitzen, Brühe zugeben und zu einer dicken Soße verkochen. Das Tomatenmark und den mit etwas Salz verriebenen Knoblauch zugeben. Die Soße durchseihen, das Fleisch hineingeben und nochmals aufkochen. Mit Kartoffeln, Reis oder Semmelknödeln anrichten.

Hasenkeulen mit Knoblauch

4 Hasenkeulen, 40 g Speck, 3 Knoblauchzehen, Salz, 1 Prise Pfeffer, 50 g Schmalz, 2 Zwiebeln, 40 g Mehl.

Das Fleisch häuten, mit Speckstreifen durchziehen und in Portionsstücke schneiden. Mit in Salz zerriebenem Knoblauch bestreichen und mit Pfeffer bestreuen. Die feingeschnittenen Zwiebeln in Schmalz rösten, das Fleisch daraufgen, von allen Seiten anbraten, etwas Wasser zugießen und garschmoren lassen. Das Fleisch herausnehmen, den Saft eindampfen, mit Mehl anschwitzen, nach Bedarf mit Wasser oder Knochenbrühe verdünnen, gut aufkochen und durchseihen. Das Fleisch in die Soße legen und mit Kartoffeln oder Reis anrichten.

Hase mit Weinsoße

750 g Hasenfleisch (Schulterstücke, Vorderläufe), Salz, 40 g Speck, 50 g Margarine, 2 Zwiebeln, 100 g Wurzelwerk, 3 Pfefferkörner, 2 Gewürzkörner, 3 Wacholderbeeren, 1 Lorbeerblatt, 1/4 l Rotwein, 40 g Mehl, 1 Eßlöffel Johannisbeerkonfitüre, Zitronensaft, 1 Prise Zucker.

Das Fleisch in Stücke schneiden (größere Knochen auslösen) und salzen. Mit

Speckwürfeln und Margarine die in Scheiben geschnittenen Zwiebeln und das zerkleinerte Wurzelwerk rösten. Das Fleisch darauflegen und von allen Seiten anbraten. Die Gewürze zugeben, die Hälfte des Weines und etwas Wasser zugießen und schmoren lassen. Das gare Fleisch herausnehmen, den Saft eindampfen, mit Mehl anschwitzen, mit dem restlichen Wein und etwas Wasser zu einer dikken Soße verkochen und durchseihen. Die Konfitüre zufügen, mit Zitronensaft und Zucker abschmecken. Die Soße über das Fleisch gießen. Das Gericht mit Nocken oder Semmelknödeln servieren.

Hase „schwarz"

750 g Hasenfleisch (Schulterstücke, Vorderläufe), Salz, 80 g Schmalz, 2 Zwiebeln, 100 g Wurzelwerk, 2 Würfel Zucker, 3 Pfefferkörner, 2 Gewürzkörner, 2 Wacholderbeeren, ½ Lorbeerblatt, 1 Prise Thymian, Essig, ½ Zitrone, 50 g Mehl, 2 Eßlöffel Pflaumenmus, 1 Eßlöffel Tomatenmark, 100 g Pflaumenkompott, 50 g süße Mandeln, ⅛ l Rotwein.

Das Fleisch in Stücke schneiden (Knochen möglichst auslösen) und salzen. Zwiebeln und in Scheiben geschnittenes Wurzelwerk in Schmalz rösten, Zucker und Gewürze zugeben. Wenn das Gemüse zu bräunen beginnt, das Fleisch darauflegen. Wasser und etwas Essig zugießen und zusammen mit 1 Stück Zitronenschale schmoren lassen. Das gare Fleisch herausnehmen, den Saft bis auf das Fett eindampfen lassen, mit Mehl anschwitzen, Wasser zugeben, gut verrühren und aufkochen. In die Soße Pflaumenmus, etwas Zitronensaft, Tomatenmark sowie Saft vom Pflaumenkompott geben, nochmals aufkochen lassen und durch ein Sieb streichen. Dann die Pflaumen, die abgezogenen, feingehackten Mandeln und den Wein zufügen. Die Soße nur erwärmen,

nicht mehr kochen. Das Gericht mit Semmelknödeln reichen.

Rehschnitzel (Hirschschnitzel) in Gemüse

500 g Rehkeule, Salz, Pfeffer, 1 Zwiebel, 60 g Schmalz oder Margarine, 100 g Möhren, 50 g Sellerie, 50 g grüne Erbsen, 100 g Champignons oder andere Pilze, 40 g Mehl.

Das Fleisch in Scheiben schneiden, leicht klopfen, am Rand einschneiden, salzen und pfeffern. Feingehackte Zwiebel in Fett glasig dünsten, das Fleisch darauflegen, von allen Seiten anbraten, mit etwas Wasser übergießen und garschmoren. Inzwischen Möhren und Sellerie in kleine Würfel schneiden, die Erbsen zugeben und in etwas Fett, zusammen mit den in Scheiben geschnittenen Pilzen, dünsten. Das gare Fleisch herausnehmen, den Saft mit Mehl anschwitzen, mit etwas Wasser verrühren, aufkochen, durchseihen und das Gemüse zugeben. Zuletzt das Fleisch in der Soße erwärmen. Als Beilage Kartoffeln servieren.

Rehschnitzel (Hirschschnitzel) in Bier

500 g Rehkeule, Salz, 3 Zwiebeln, 100 g Sellerie, 80 g Schmalz, 3 Pfefferkörner, 2 Wacholderbeeren, ½ Lorbeerblatt, 1 Prise Thymian, 40 g Mehl, 1 Tasse helles Bier.

Die Rehkeule enthäuten und zu Schnitzeln schneiden. Das Fleisch leicht klopfen, am Rand einschneiden und salzen. Gehackte Zwiebeln und feingeschnittenen Sellerie in Schmalz glasig dünsten. Das Fleisch darauflegen, anbraten, Gewürze und etwas Wasser zugeben und zugedeckt garschmoren lassen. Das Fleisch herausnehmen, den Saft eindampfen lassen, mit Mehl andicken, bräunen, Wasser aufgießen und gut durchkochen. Die durchgeseihte Soße mit Bier verdünnen, das

Fleisch einlegen und nur noch erwärmen. Mit Kartoffeln anrichten.

Hirschschnitzel (Rehschnitzel) mit Sahne-Pilz-Soße

500 g Hirschkeule, Salz, 80 g Margarine, 2 Zwiebeln, ½ Teelöffel edelsüßer Paprika, 1 Prise Pfeffer, 40 g Mehl, ¼ l saure Sahne, 100 g Wurzelwerk, 100 g Steinpilze oder Champignons.

Das Fleisch häuten, zu Schnitzeln schneiden, leicht klopfen, salzen und am Rand einschneiden. In Margarine auf beiden Seiten anbraten. Im restlichen Fett die feingehackten Zwiebeln bräunen, Paprika und Pfeffer zugeben, das Fleisch darauflegen, etwas Wasser zugießen und garschmoren lassen. Den Saft mit Mehl andicken, mit Wasser und Sahne gut verrühren, aufkochen und durchseihen. Das geputzte Wurzelwerk in kleine Streifen schneiden und in etwas Salzwasser gardünsten. Die vorbereiteten, in Scheibchen geschnittene Pilze in wenig Flüssigkeit, der einige Tropfen Zitronensaft zugefügt wurden, garen. Alles Gemüse abgetropft in die Soße geben. Das Gericht mit Semmelknödeln servieren.

Rehsteaks (Hirschsteaks) mit Knoblauch

750 g Rehrücken, Salz, Pfeffer, 4 Knoblauchzehen, 60 g Schmalz, 30 g Speck, 2 Zwiebeln, 30 g Mehl, Knochenbrühe.

Den Rehrücken in Scheiben schneiden, leicht klopfen, am Rand einschneiden, mit in Salz und Pfeffer zerriebenem Knoblauch bestreichen. In Schmalz auf beiden Seiten anbraten, dann herausnehmen. In das Fett den in Würfel geschnittenen Speck geben, die feingehackten Zwiebeln darin rösten, das Fleisch daraufegen, wenig Wasser aufgießen und schmoren lassen. Das gare Fleisch herausnehmen, den Saft

mit Mehl anschwitzen, bräunen, mit Knochenbrühe gut verrühren, aufkochen und über das Fleisch seihen. Als Beilage eignen sich Kartoffeln oder Reis.

Rehsteaks (Hirschsteaks) mit Tomate

750 g Rehrücken, Salz, Pfeffer, 80 g Margarine, 2 Zwiebeln, 30 g Mehl, 1 Dose Tomatenmark, 2 Würfel Zucker, Zitronensaft, Petersilie.

Den Rehrücken in Scheiben schneiden, leicht klopfen, am Rand einschneiden, salzen und pfeffern. Die Steaks auf beiden Seiten in Margarine anbraten, gewiegte Zwiebeln zugeben, etwas Wasser aufgießen und garschmoren. Das Fleisch herausnehmen, den Saft bis auf das Fett eindampfen, mit Mehl anschwitzen und bräunen. Mit etwas Wasser verrühren, zu einer dicken Soße verkochen, durchseihen, das Tomatenmark zugeben, mit Zucker und Zitronensaft abschmecken. Zum Schluß die feingehackte Petersilie zufügen und die Steaks in der Soße erwärmen. Mit Teigwaren oder Semmelknödeln servieren.

Gefüllte Rehrouladen (Hirschrouladen)

600 g Rehkeule, Salz, 2 Scheiben Räucherspeck, 50 g Schinken, 1 Prise edelsüßer Paprika, 1 Gewürzgurke, 1 Ei, 60 g Margarine, 1 Zwiebel, 40 g Mehl, ⅛ l saure Sahne.

Die Rehkeule in Scheiben schneiden, klopfen und salzen. Räucherspeck und Schinken in kleine Streifen schneiden, anbraten, Paprika, Gurkenstreifen und feingehacktes hartgekochtes Ei zugeben. Mit diesem Gemisch die Schnitzel bestreichen, zusammenrollen, mit einem Zahnstocher zusammenstecken oder mit einem Faden umwickeln. Die gehackte Zwiebel in Butter glasig dünsten, die Rouladen darauflegen, mit etwas Wasser übergießen und schmoren lassen. Das gare Fleisch herausnehmen, Saft mit Mehl anschwitzen, bräunen, etwas Wasser und Sahne zugeben, gut verrühren und aufkochen. Die Soße auf die Rouladen seihen. Dazu Reis oder Kartoffeln servieren.

Gefüllte Rehrouladen (Hirschrouladen) mit Mischgemüse

600 g Rehkeule, Salz, Pfeffer, Wacholderbeeren, 100 g Speck, 60 g Schmalz, 2 große Zwiebeln, ½ Lorbeerblatt, 20 g Margarine, 3 grüne Paprikafrüchte, 5 Tomaten, 40 g Mehl, ¼ l saure Sahne.

Das Fleisch in Scheiben schneiden, leicht klopfen, mit Salz, Pfeffer und gemahlenem Wacholder bestreuen. Den in Streifen geschnittenen Speck darauflegen, das Fleisch aufrollen und mit einem Zahnstocher zusammenstecken oder mit Faden umwickeln. Eine feingehackte Zwiebel in Schmalz glasig dünsten, die Rouladen darauflegen, von allen Seiten anbraten. Dann etwas Wasser aufgießen, Lorbeerblatt zufügen und schmoren lassen. Inzwischen die in Streifen geschnittenen Paprikafrüchte und die Zwiebel in Margarine dünsten. Wenn das Gemüse weich ist, die in Viertel geschnittenen Tomaten zugeben, nur ganz kurz dünsten lassen. Das gare Fleisch herausnehmen, den Saft eindampfen, mit Mehl anschwitzen und bräunen, mit Sahne verdünnen, gut verrühren und kurz zu einer dicken Soße verkochen. Das Fleisch hineinlegen und das Gemüse darüber verteilen. Mit Kartoffeln oder Reis reichen.

Wildhaschee

700 g Reh- oder Hirschschulter, 2 Zwiebeln, 50 g Sellerie, Salz, 2 Pfefferkörner, 1 Wacholderbeere, ½ Lorbeerblatt, 60 g Margarine oder Schmalz, 30 g Speck,

30 g Mehl, 1 Prise Ingwer, 1 Teelöffel Worcestersauce, ½ Eßlöffel Tomatenketchup, 1 Eßlöffel Semmelbrösel, 1 Eigelb, 1 Zitrone.

Das Fleisch in einen Topf legen, die Hälfte der geschnittenen Zwiebeln und des Selleries, Salz und Gewürze zugeben, Wasser aufgießen und das Fleisch garen. Alles durch den Wolf drehen, zuvor die Knochen auslösen. Die restliche feingehackte Zwiebel in Fett rösten, den Speck in kleine Würfel schneiden, das Mehl zugeben und eine goldgelbe Mehlschwitze bereiten. Mit Fleischbrühe verdünnen und zu einer dicken Soße verkochen. Das zerkleinerte Fleisch, Ingwer, Worcestersauce und Tomatenketchup zufügen. Mit Semmelbröseln eindicken. Zuletzt Eigelb und etwas Zitronensaft unterrühren. Das Haschee mit Zitronenscheiben garnieren und mit Kartoffeln anrichten. Nach Belieben kann je Person 1 Spiegelei daraufgelegt werden.

Gebratenes Wildbret

Rehrücken (Hirschrücken) naturell

1 kg Rehrücken, 50 g Speck, Salz, 80 g Margarine, 2 Zwiebeln, 4 Wacholderbeeren, Knochenbrühe, 20 g Mehl.

Das enthäutete und gewaschene Fleisch mit einigen Speckstreifen durchziehen, salzen und mit zerlassener Margarine bestreichen. Bis zum nächsten Tag kühl stellen. In dem restlichen Fett und den Speckwürfeln die feingehackten Zwiebeln glasig dünsten, das Fleisch darauflegen, auf allen Seiten anbraten und die Wacholderbeeren zugeben. Etwas Wasser zugießen und das Fleisch in der Röhre garen. Den eingedampften Saft mit heißer Knochenbrühe oder Wasser auffüllen. Das gare Fleisch herausnehmen, den Saft eindampfen lassen, leicht mit Mehl anschwitzen,

Brühe zugießen, gut verrühren, aufkochen und dann durchseihen. Den Braten mit Kartoffeln oder Nocken servieren.

Rehrücken (Hirschrücken) mit Pilzen und Wein

1 kg Rehrücken, 50 g Speck, Salz, 80 g Margarine, 4 Pfefferkörner, ½ Lorbeerblatt, 1 Zwiebel, ⅛ l Weißwein, Knochenbrühe, 150 g Pilze, Zitronensaft, 50 g Mehl, ¼ l Sahne.

Das Fleisch enthäuten, mit Speckstreifen durchziehen, salzen und auf allen Seiten in Margarine anbraten. Gewürze und in Scheiben geschnittene Zwiebel zugeben. Dann den Wein und etwas Wasser zugießen, die Pfanne in die Röhre stellen und das Fleisch garen. Von Zeit zu Zeit mit Bratsaft übergießen, wenn der Saft eingedampft ist, heiße Knochenbrühe zufügen. Die Pilze in wenig Salzwasser, dem einige Tropfen Zitronensaft zugefügt wurden, dünsten. Wenn das Fleisch gar ist, den Bratsaft mit Mehl anschwitzen, bräunen, mit Knochenbrühe und Sahne gut verrühren und kurz aufkochen. In die fertige Soße die Pilze geben. Den Braten mit Semmelknödeln oder Reis servieren.

Rehkeule (Rehrücken) mit Sahnesoße

1 kg Rehkeule, 50 g Speck, Salz, 1 Zwiebel, 150 g Wurzelwerk, 80 g Margarine, 4 Pfefferkörner, 2 Gewürzkörner, 2 Wacholderbeeren, 1 Lorbeerblatt, 50 g Mehl, Knochenbrühe, ¼ l saure Sahne, Zitrone, Zucker, Essig.

Das gut abgehangene, enthäutete Fleisch mit Speckstreifen durchziehen und salzen. Zwiebel und in Scheiben geschnittenes Wurzelwerk in Margarine rösten. Das Fleisch darauflegen, anbraten, etwas Wasser und die Gewürze zufügen, in der Röhre braten. Von Zeit zu Zeit mit Bratsaft übergießen. Das gare Fleisch herausnehmen, den eingedampften Saft mit Mehl anschwitzen, mit Knochenbrühe und Sahne gut verrühren, etwas Zitronenschale zugeben und aufkochen. Die Soße durch ein Sieb streichen, mit Zucker, Salz, Zitronensaft und etwas Essig abschmecken. Durch Hinzufügen von 2 Eßlöffeln Preiselbeerkompott und ½ Tasse Weißwein erhält sie einen angenehmen süßsauren Geschmack. Das Gericht mit Semmelknödeln und Kompott (am besten Preiselbeerkompott) auf den Tisch bringen.

Rehroulade

1 kg ausgelöste Rehschulter, Salz, 100 g Butter, ⅛ l Rotwein, 30 g Mehl, Zitronensaft oder Essig.
Für die Fülle: 300 g Hackfleisch (Rind-, Schweine-, Kalbfleisch und evtl. etwas Rauchfleisch), 1 Semmel, 50 g Speck, 50 g grüne Erbsen (aus der Konserve), ½ Zwiebel, 2 Eier, Salz, Pfeffer, Zitronenschale.

Das Fleisch zu einer Scheibe aufschneiden, klopfen und salzen. Das Hackfleisch mit eingeweichter, ausgedrückter Semmel, Speckwürfeln, grünen Erbsen, feingehackter Zwiebel, Eiern, Salz, Pfeffer und etwas abgeriebener Zitronenschale vermischen. Das Fleisch damit bestreichen, zusammenrollen und mit Faden umwickeln. In Margarine auf beiden Seiten anbraten, etwas Wasser zugießen und in vorgewärmter Röhre garen. Während des Bratens mit Saft übergießen, etwas Wasser und den Rotwein zugeben. Das gare Fleisch herausnehmen, den eingedampften Saft mit Mehl bräunen, mit Wasser verrühren und aufkochen. Die Soße mit Zitronensaft oder Essig abschmecken und durchseihen. Das Gericht mit Reis oder Bratkartoffeln anrichten.

Wildschwein mit Knoblauch

1 kg Wildschweinkeule oder -rücken, Salz, 50 g Speck, 4 Knoblauchzehen, 60 g Schmalz, 1 Zwiebel, 3 Pfefferkörner, 3 Wacholderbeeren, Knochenbrühe, 20 g Mehl.

Das Fleisch häuten, Rücken in der Mitte durchhacken, die Knochen teilweise auslösen. Das Fleisch salzen, mit einigen Speckstreifen durchziehen und mit in Salz zerriebenem Knoblauch bestreichen. Das Fleisch in Schmalz und den Speckresten auf beiden Seiten anbraten, Wasser zugeben, in Scheiben geschnittene Zwiebel und Gewürze zufügen. Das Fleisch in vorgewärmter Röhre bei schwacher Flamme 2 bis 3 Stunden braten, dabei von Zeit zu Zeit mit Bratsaft oder heißer Knochenbrühe übergießen. Den eingedampften Saft leicht mit Mehl anschwitzen, bräunen, Wasser zugeben und aufkochen. Das Fleisch in Portionsstücke schneiden und die Soße durchseihen. Als Beilage eignen sich Kartoffeln, Kartoffelklöße oder Reis.

Hasenbraten mit Sahnesoße

Hasenrücken und -keulen, 50 g Speck, Salz, 80 g Margarine, 2 Zwiebeln, 150 g Wurzelwerk, 4 Pfefferkörner, 2 Gewürzkörner, 2 Wacholderbeeren, 1 Lorbeerblatt, 1 Prise Thymian, 40 g Mehl, ½ l Sahne, 2 Würfel Zucker, Zitronensaft.

Das vorbereitete Fleisch häuten, mit einigen Speckstreifen durchziehen und salzen. Den restlichen Speck in kleine Würfel schneiden, in Margarine zerlassen und darin die feingehackten Zwiebeln und das in Scheiben geschnittene Wurzelwerk rösten. Das Fleisch darauflegen, von allen Seiten anbraten, etwas Wasser zugießen, die Gewürze zugeben und in der Röhre braten. Von Zeit zu Zeit mit Bratsaft übergießen. Wenn das Fleisch gar ist, herausnehmen, den Saft eindampfen, mit Mehl anschwitzen, Sahne zugeben, gut verrühren und aufkochen. Die Soße durch

ein Sieb streichen und mit Salz, Zucker, Zitronensaft oder Essig abschmecken. Mit 1 Teelöffel Senf wird die Soße noch pikanter. Das Fleisch in Portionsstücke teilen und mit Semmelknödeln anrichten.

Paniertes Wildbret

Rehschnitzel

4 Scheiben Rehfleisch (Keule oder ausgelöster Rücken), Salz, Pfeffer, 50 g Mehl, 2 Eier, 2 Eßlöffel Milch, etwa 120 g Semmelbrösel, 120 g Öl oder Pflanzenfett, 4 Scheiben Speck, 4 Zitronenscheiben.

Die Fleischscheiben leicht klopfen, salzen, pfeffern und in Mehl, in mit Milch verquirlten Eiern und Semmelbröseln wenden. Auf beiden Seiten in Fett braten. Auf jedes Schnitzel 1 Scheibe gebratenen Speck und 1 Zitronenscheibe legen. Mit Kartoffelpüree oder Kartoffeln servieren.

Rehschnitzel in Teig

750 g Rehkeule, Salz, Pfeffer, 2 Eier, ⅛ l helles Bier, etwa 80 g halbgriffiges Mehl, 120 g Öl oder Schmalz.

Die Keule häuten, in 4 Schnitzel schneiden, leicht auf beiden Seiten klopfen, salzen, pfeffern und am Rand einschneiden. Das Ei mit einem Teil Bier schaumig schlagen, Mehl unterrühren, langsam das restliche Bier zugeben, bis der Teig dünnflüssig wie Tropfteig ist. Die Schnitzel in dem Teig wenden und sofort in erhitztem Fett braten. Mit Kartoffelpüree anrichten.

❖❖❖❖❖❖❖❖❖❖❖❖❖❖❖❖❖❖❖❖❖❖❖❖❖❖

Pfannengerichte aus Wildbret

Rehsteaks mit Ei

750 g Rehkeule oder ausgelöster Rücken, Salz, Pfeffer, 20 g Mehl, 80 bis 100 g Schmalz, 4 Eier, Senf oder Tomatenketchup.

Das Fleisch häuten, in dicke Scheiben (Steaks) schneiden, dann klopfen, salzen, pfeffern und leicht mit Mehl bestäuben. Das Fett gut erhitzen, die Beefsteaks darin rasch auf jeder Seite etwa 4 Minuten braten. Dann auf Teller verteilen und auf jedes Beefsteak 1 Spiegelei legen. Den Bratsaft leicht mit Mehl eindicken, mit Wasser verdünnen, gut verrühren, aufkochen und damit die Beefsteaks übergießen. Mit Röst- oder Bratkartoffeln anrichten und Senf, Tomatenketchup oder Worcestersauce dazu servieren.

Rehsteaks mit Kräuterbutter

750 g ausgelöste Rehkeule, Salz, Pfeffer, 80 g Öl.
Für die Kräuterbutter: 50 g Champignons, 1 Teelöffel Kapern, 1 Stück Zitronenschale, ½ kleine Zwiebel, Petersilie, 1 Anchovis, 50 g Butter.

Aus der enthäuteten Keule Scheiben (Steaks) schneiden, auf beiden Seiten klopfen, am Rand einschneiden, salzen und pfeffern. Die Steaks in erhitztem Öl auf beiden Seiten etwa 3 bis 4 Minuten braten. Dann auf vorgewärmte Teller legen und auf jedes 1 Kügelchen Kräuterbutter setzen. Dafür die Champignons dünsten, Kapern, Zitronenschale, Zwiebel, Petersilie und Anchovis mit breitem Messer zu feinem Brei hacken und zur schaumig gerührten Butter geben. Daraus kleine Kugeln formen und im Kühlschrank erstarren lassen. Als Beilage zu den Steaks eignen sich Röstkartoffeln.

Rehsteaks mit Champignons

750 g Rehkeule, Salz, Pfeffer, 20 g Mehl, 80 g Butter, 200 g Champignons, 150 g Zwiebeln in Essig, ½ Tasse Weißwein.

Die Keule häuten und in kleine Steaks aufschneiden (jeweils 2 Stück für 1 Portion), leicht auf beiden Seiten klopfen, ovale Scheiben formen, salzen, pfeffern und mit Mehl bestäuben. Die Steaks in erhitzter Butter auf beiden Seiten je 3 Minuten braten. Dann die in Scheiben geschnittenen und in Butter gedünsteten Champignons sowie kleine Essigzwiebeln darauflegen und alles mit Wein übergießen. Nur noch kurz dünsten lassen. Dazu Reis oder Röstkartoffeln reichen.

Rehmedaillons (Hirschmedaillons) mit Steinpilzen

750 g Rehkeule, Salz, Pfeffer, gemahlene Gewürzkörner, 20 g Mehl, 80 g Butter, 30 g Zwiebel, 200 g frische Steinpilze oder Champignons, 1 Prise feingehackter Kümmel.

Das Fleisch häuten, in kleine Stücke schneiden, zu ovalen Medaillons klopfen und am Rand einschneiden. Mit Salz und den Gewürzen bestreuen, in Mehl wenden und in Dreiviertel der Buttermenge auf beiden Seiten goldbraun braten. Inzwischen in der restlichen Butter Zwiebel und in Scheiben geschnittene Pilze dünsten, salzen und mit feingehacktem Kümmel würzen. Auf die Medaillons die Pilze häufen, den Bratsaft darübergießen und Kartoffeln dazu reichen.

Pikante Rehrippchen

750 g Rehrücken, Salz, Pfeffer, 80 g Margarine, 1 Anchovis, 1 kleine Gurke, 1 Stück Zitronenschale, 1 Teelöffel Kapern, ½ kleine Zwiebel, Petersilie, ⅛ l Weißwein, 1 Teelöffel Senf, 20 g Mehl, 1 Tasse saure Sahne.

Den Rehrücken am Knochen entlang in

2 Hälften zerhacken und die Rippchen quer schneiden. Von einem breiten Rücken wird 1 Rippe für 1 Portion gerechnet, vom schmaleren 2 Rippchen. Die Rippchen leicht klopfen, am Rand anhacken, dann salzen, pfeffern und auf beiden Seiten in erhitzter Margarine braten. Inzwischen Anchovis, Gurke, Zitronenschale, Kapern, Zwiebel und Petersilie hacken und mit Wein und Senf zu einem Brei verrühren. Die gebratenen Rippchen herausnehmen, den eingedampften Saft leicht mit Mehl überstäuben, rösten, mit Sahne verrühren und das pikante Gemisch zugeben. Nur noch kurz aufkochen. Die Rippchen mit Reis, Teigwaren oder Nocken servieren.

Rehmedaillons am Spieß

600 g Rehkeule oder ausgelöster Rücken, Salz, Pfeffer, 150 g Räucherspeck, 1 große Zwiebel, 2 Tomaten, 150 g Öl, 3 Eßlöffel Rotwein, 2 Eßlöffel Tomatenketchup.

Das Fleisch zu kleinen Medaillons schneiden, auf beiden Seiten leicht klopfen, salzen, und pfeffern. Die Räucherspeckscheiben zusammenlegen und abwechselnd Medaillons, Zwiebeln, Tomate und Speck aufspießen. Den Spieß auf allen Seiten in erhitztem Öl braten. Dann mit einem Gemisch aus Wein, Tomatenketchup und etwas Bratfett übergießen. Dazu Kartoffeln, Reis oder Toasts reichen.

Geschmortes Federwild

Fasan mit Weinsoße

1 Fasan, 40 g Speck, Salz, 60 g Margarine, 1 Zwiebel, 100 g Wurzelwerk, 3 Pfefferkörner, 2 Gewürzkörner, 2 Wacholderbeeren, ½ Lorbeerblatt, 2 Tomaten, 1 Stück Zitronenschale, 30 g Mehl, 1 Würfel Zucker, 1 Tasse Rotwein.

Den vorbereiteten, ausgenommenen Fasan in 4 Portionen teilen, mit Speckstreifen durchziehen und salzen. Von allen Seiten in Margarine braten. Die Portionsstücke herausnehmen. Feingehackte Zwiebel und Wurzelwerk in dem restlichen Fett rösten. Pfefferkörner, Gewürzkörner, Wacholderbeeren, Lorbeerblatt sowie Tomatenscheiben und Zitronenschale zugeben. Darauf die Portionsstücke legen, etwas Wasser zugießen und das Fleisch während des Schmorens mit Saft übergießen. Das gare Fleisch herausnehmen, den Saft eindampfen, mit Mehl anschwitzen, Wasser zugeben und aufkochen. Die Soße mit Zucker und Wein abschmecken und durchseihen. Als Beilage Semmelknödel oder Kartoffelnocken reichen.

Fasanenragout

1 Fasan, Salz, 80 g Margarine, 2 Zwiebeln, 3 Pfefferkörner, 2 Gewürzkörner, 2 Wacholderbeeren, ½ Lorbeerblatt, 150 g Champignons oder andere Pilze, 30 g Speck, ½ Zitrone, 20 g Mehl, Worcestersauce.

Den vorbereiteten Fasan ausnehmen und salzen. In zwei Drittel der Margarine feingehackte Zwiebeln rösten, den Fasan darin braten, Gewürze zugeben, etwas Wasser aufgießen und das Fleisch garschmoren, von den Knochen lösen und in Würfel schneiden. Die Pilze putzen, in Scheiben schneiden und in Speckwürfeln mit Salz und etwas Zitronensaft (damit die Pilze weiß bleiben) dünsten. Aus der restlichen Margarine und Mehl eine helle Mehlschwitze bereiten, mit Bratsaft verdünnen und gut verrühren. Die Pilze, 1 Stück Zitronenschale und mehrere Tropfen Worcestersauce zugeben. Das Fleisch in der Soße erwärmen. Mit Reis reichen.

Rebhühner mit Sahnesoße

2 Rebhühner, 30 g Speck, Salz, junge Weinblätter, 60 g Margarine, 2 Zwiebeln, 4 Pfefferkörner, 4 Gewürzkörner, 1 Prise Thymian, etwas Selleriekraut, 40 g Mehl, ¼ l saure Sahne, 2 Würfel Zucker, Zitronensaft.

Die vorbereiteten Rebhühner ausnehmen, mit einigen Speckstreifen durchziehen, in Weinblätter wickeln und mit Faden zusammenbinden. In dem restlichen Speck und der Margarine feingehackte Zwiebeln glasig dünsten, Gewürze zugeben, die Rebhühner darauflegen, Wasser zugeben und das Fleisch garschmoren. Faden und Blätter entfernen, die Rebhühner in zwei Hälften teilen, größere Knochen auslösen und das Fleisch warm stellen. Den eingedampften Saft mit Mehl anschwitzen, mit der Sahne verdünnen, gut verrühren und aufkochen. Die Soße mit Zucker und Zitronensaft abschmecken, kurz erwärmen und dann durchseihen. Als Beilage Semmelknödel, Nocken oder Toastscheiben reichen.

Rebhühner mit Weinsoße

2 Rebhühner, Salz, Essig, 2 Zwiebeln, 50 g Sellerie, 40 g Speck, 60 g Margarine, ½ Zitrone, 1 Lorbeerblatt, 5 Wacholderbeeren, Brühe von den Innereien, 30 g Mehl, 1 Glas Süßwein, 6 bis 8 Weinbeeren (Kompott).

Die vorbereiteten und ausgenommenen Rebhühner salzen, in ein mit Essig getränktes Tuch wickeln und bis zum nächsten Tag liegen lassen. In einer Kasserolle feingehackte Zwiebeln und Sellerie in Speck und Margarine rösten. 1 Stück Zitronenschale, den Zitronensaft sowie die Gewürze zugeben, die Rebhühner darauflegen, Brühe aufgießen und alles zugedeckt garschmoren. Das Fleisch herausnehmen, den Saft eindampfen, mit Mehl anschwitzen, mit Wasser verrühren und aufkochen. Die Soße durchseihen, den Wein und die Weinbeeren zugeben und kurz dünsten lassen. Die Rebhühner mit Reis oder Semmelknödeln anrichten.

Rebhühner mit Rotkraut

2 Rebhühner, 40 g Speck, Salz, 80 g Schmalz, 2 Zwiebeln, ½ Rotkraut, 2 Würfel Zucker, Kümmel, 1 Apfel, 20 g Mehl, Zitronensaft.

Die vorbereiteten und ausgenommenen Rebhühner mit Speckstreifen durchziehen, in der Hälfte des Fettes braten, Wasser zugießen und schmoren, bis sie gar sind. Feingehackte Zwiebeln in dem restlichen Fett rösten, das feingeraspelte Rotkraut und etwas Wasser zugeben, gardünsten lassen. Mit Zitronensaft oder Essig abschmecken. Das Kraut in eine Schüssel geben, darauf die Rebhuhnportionen anrichten. Mit Semmelknödeln oder Kartoffeln servieren.

Wildente mit Sahnesoße

1 Wildente, Salz, 2 Zwiebeln, 80 g Margarine, 3 Pfefferkörner, 3 Gewürzkörner, 2 Wacholderbeeren, 1 Lorbeerblatt, ½ Zitrone, 30 g Mehl, ⅛ l Weißwein, 2 Würfel Zucker, ¼ l saure Sahne.

Die vorbereitete, gut gewaschene und ausgenommene Wildente in Portionen teilen und salzen. Feingeschnittene Zwiebeln in Margarine rösten, Gewürze und 1 Stück Zitronenschale zugeben. Das Entenfleisch darauflegen, alles mit etwas Wasser übergießen und garschmoren. Das Fleisch herausnehmen, den Saft eindampfen, mit Mehl anschwitzen, mit etwas Wasser und dem Wein verrühren, zu einer dicken Soße verkochen und durchseihen. Die Soße mit Sahne abziehen, mit Zucker und Zitronensaft oder Essig abschmekken. Das Fleisch in der Soße nur noch kruz aufkochen. Als Beilage Semmelknödel und Preiselbeerkompott servieren.

Gebratenes Federwild

Fasan mit Speck

*1 Fasan, Salz, 50 g Speck, 50 g Margarine,
1 kleine Zwiebel, 3 Pfefferkörner, 2 Gewürzkörner, ½ Lorbeerblatt.*

Den abgehangenen, vorbereiteten und
ausgenommenen Fasan mit Speckstreifen
durchziehen und salzen. Der Fasan kann
auch in Speckscheiben gewickelt und mit
Faden umbunden werden. Flügel und
Füße an den Körper binden, damit das
Fleisch beim Braten nicht zu sehr aus-
trocknet. In der Pfanne Speck und Margarine zerlassen, Zwiebelscheiben und Gewürze zugeben, den Fasan darauflegen,
mit etwas Wasser übergießen und in der
Röhre braten. Von Zeit zu Zeit mit Bratsaft übergießen. Wenn der Saft eindampft,
heißes Wasser nachgießen. Zum gebratenen Fasan eignen sich als Beilage Kartoffeln mit Rotkraut.

Gebratene Wildente in Wein

*1 Wildente, 40 g Speck, Salz, 60 g Margarine,
1 Zwiebel, 100 g Wurzelwerk, 3 Pfefferkörner, 2 Gewürzkörner, ½ Lorbeerblatt,
½ Zitrone, 40 g Mehl, 2 Eßlöffel Tomatenmark, 2 Würfel Zucker, ⅛ l Rotwein, Essig.*

Die gut vorbereitete und ausgenommene
Wildente mit Speckstreifen durchziehen
und salzen. Feingeschnittene Zwiebel in
Margarine glasig dünsten, Wurzelwerk
zugeben und die Ente darauflegen. Etwas
Wasser, Gewürze und Zitronenscheiben
zufügen und alles in der Röhre braten.
Den Bratsaft von Zeit zu Zeit über die
Ente gießen und gegebenenfalls heißes
Wasser nachfüllen. Die gare Ente herausnehmen, den Saft mit Mehl anschwitzen, etwas Wasser zugeben und aufkochen. Die
Soße mit Tomatenmark, Zucker, Wein
oder noch etwas Essig verrühren, aufkochen und durch ein Sieb streichen. Die
Ente mit der Soße übergießen. Semmelknödel oder Kartoffelnocken dazu reichen.

Gebratene Rebhühner

*2 größere oder 3 kleinere Rebhühner, 50 g
Speck, Salz, 50 g Margarine, 1 Zwiebel,
3 Pfefferkörner, 2 Gewürzkörner, 1 Lorbeerblatt, 20 g Mehl.*

Die jungen Rebhühner vorbereiten, ausnehmen, mit einigen Speckstreifen durchziehen und salzen. Feingeschnittene
Zwiebel in der Pfanne in Speck und Margarine rösten, die Rebhühner zugeben,
würzen und etwas Wasser aufgießen. In
der Röhre braten. Während des Bratens
mit Bratsaft übergießen, die Rebhühner
wenden und wenn notwendig, heißes
Wasser nachfüllen. Die garen Rebhühner
herausnehmen, den Saft eindampfen, mit
Mehl anschwitzen, Wasser zugeben, aufkochen und durchseihen. Als Beilage
Röstkartoffeln und Rotkraut servieren.

❖❖❖❖❖❖❖❖❖❖❖❖❖❖❖❖❖❖

Geflügelgerichte

Die Geflügelindustrie der ČSSR versorgt den Markt mit hochwertigem Geflügel und ermöglicht es dadurch, daß jeder vor allem Hühner auf die verschiedenste Art zubereiten kann. Zu den Festgerichten, die auf keiner Kirmes oder anderen Feier fehlen dürfen, zählen Gänse- und Entenbraten. Und am ersten Weihnachtsfeiertag muß der traditionelle gefüllte Truthahn auf den Tisch kommen.

❖❖❖❖❖❖❖❖❖❖❖❖❖❖❖❖❖❖

Gekochtes Geflügel

Gekochtes Huhn mit Mayonnaise

1 Huhn, Salz, 1 Zwiebel, 50 g Wurzelwerk, 2 Pfefferkörner, 1 Gewürzkorn, ½ Lorbeerblatt, 10 g Gelatine, 200 g Mayonnaise, je 1 Prise Zucker und Salz, Zitronensaft, Petersilie.

Das vorbereitete Huhn vierteln, mit siedendem Salzwasser übergießen, die Zwiebel, das geputzte Wurzelwerk und die Gewürze zugeben. Das Huhn garkochen, herausnehmen, die Haut abziehen und das Fleisch kalt werden lassen. Die Brühe einkochen, bis davon etwa eine Tasse übrigbleibt. In warmer Brühe die in wenig kaltem Wasser vorgeweichte Gelatine auflösen. Nach dem Abkühlen durchseihen und nach und nach mit der Mayonnaise verrühren, mit Zucker, Salz und Zitronensaft abschmecken. Die abgekühlte, angedickte Mayonnaise auf die Hühnerviertel streichen. Mit Petersilie oder mit Scheiben von Pilzen, Radieschen, Tomaten u. ä. garnieren.

Gekochtes Huhn mit Sahnesoße

1 kleines Huhn, Salz, 100 g Wurzelwerk, ⅛ l saure Sahne, 20 g Mehl, 1 Prise Muskat, Petersilie, Zitronensaft, 20 g Butter.

Das vorbereitete, ausgenommene Huhn vierteln, salzen und mit heißem Wasser übergießen. Das geputzte, gewaschene, in Scheiben geschnittene Wurzelwerk zugeben und alles in 40 bis 50 Minuten garkochen. Das Huhn herausnehmen, das Gemüse abseihen und die Brühe mit in Sahne angequirltem Mehl binden. Die Soße mit Muskat würzen, viel gehackte Petersilie und Zitronensaft unterrühren. Zum Schluß ein Stückchen Butter zufügen. Das Huhn auf einer Platte anrichten, mit abgeseihtem Gemüse, gedünstetem Reis oder Teigwaren garnieren und mit der Soße übergießen.

Gekochtes Huhn in Nudeln

1 kleines oder ½ großes Huhn, Salz, 2 Pfefferkörner, 1 Gewürzkorn, 1 Zwiebel, 100 g Wurzelwerk, 400 g schmale Nudeln, 80 g Butter, Petersilie, 50 g geriebener Käse.

Das vorbereitete Huhn mit siedendem Salzwasser übergießen, Gewürze, die Zwiebel und in Scheiben geschnittenes Wurzelwerk zufügen. Das Huhn garkochen, dann herausnehmen. Die Haut abziehen, die Knochen auslösen und das Fleisch in Stücke schneiden. Die Nudeln im Salzwasser weich kochen, abseihen, Fleisch und Butter zufügen. Mit gewiegter Petersilie und geriebenem Käse bestreuen.

Gedünstetes Geflügel

Gedünstetes Huhn in Gemüse

1 großes Huhn oder 2 kleine Hühner, Salz, 100 g Margarine, Pfeffer, 100 g Wurzelwerk, 1 Steinpilz, 60 g Mehl, Petersilie, 1 Prise Muskat, ⅛ l Sahne.

75

Das vorbereitete Huhn salzen, vierteln und in Margarine anbraten. Etwas Wasser zugießen, Pfeffer, etwas geputztes ganzes Wurzelwerk sowie den in Scheiben geschnittenen Steinpilz zufügen und alles garen. Das Fleisch herausnehmen und das Bratfett mit Mehl bestäuben. Eine helle Mehlschwitze bereiten, mit Geflügelbrühe verdünnen, zu einer dicken Soße verkochen und durchseihen. In die Soße restliches streifig geschnittenes gedünstetes Gemüse und gehackte Petersilie geben, 1 Prise Muskat zufügen und zum Schluß die Sahne unterziehen. Die Hühnerviertel in der Soße kurz erwärmen. Mit Teigwaren, kleinen Semmelklößen oder Nocken servieren. – Statt Wurzelwerk kann auch in kleine Röschen zerlegter, extra gekochter Blumenkohl in die fertige Soße eingelegt werden.

Gedünstetes Huhn mit Pilzen und Sahne

1 Huhn, Salz, 1 Prise Curry, 50 g Öl, 50 g Butter, 1 Zwiebel, 100 ml Weißwein, 40 g Mehl, ¼ l Sahne, 200 g frische Pilze, ¼ Zitrone.

Das vorbereitete und ausgenommene Huhn salzen, mit Curry einreiben, in Portionen schneiden und auf beiden Seiten in Öl anbraten. Das Fleisch herausnehmen, in das restliche Fett eine Hälfte der Butter sowie feingehackte Zwiebel mischen. Wenn alles goldgelb ist, den Wein und etwas Wasser aufgießen. Die Hühnerportionen hineinlegen, die Pfanne mit einem Pfannendeckel fest verschließen und das Fleisch garschmoren. Die Portionen während des Schmorens mit eingedampftem Saft beschöpfen und, wenn nötig, etwas Wasser nachgießen. Das gare Fleisch herausnehmen, den eingedampften Saft mit Mehl anschwitzen, leicht bräunen, Sahne zugießen, gut verrühren, kurz aufkochen und die Soße durchseihen. Mit der restlichen Butter die geputzten, in Scheiben ge-

schnittenen und mit Zitronensaft beträufelten Pilze dünsten. Dann in die Soße mischen, nach Belieben auch etwas feingeriebene Zitronenschale zugeben. Das Huhn mit Semmelknödeln, Nocken oder Reis servieren.

Gedünstetes Huhn à la Fasan

1 großes Huhn, 60 g Speck, 40 g Margarine, 1 Zwiebel, 3 Pfefferkörner, 2 Gewürzkörner, 2 Wacholderbeeren, 20 g Mehl.

Das vorbereitete Huhn ausnehmen und vierteln. Die Viertel mit der Hälfte des in Streifen geschnittenen Specks durchziehen und auf beiden Seiten in etwas Margarine anbraten. Die Portionen herausnehmen. In der restlichen Margarine den übrigen würfelig geschnittenen Speck zerlassen, gehackte Zwiebel und Gewürze zugeben. Ist die Zwiebel gebräunt, die Hühnerportionen hineinlegen, etwas Wasser zugießen und alles garschmoren. Das Fleisch wieder herausnehmen, den Saft bis aufs Fett eindampfen, mit Mehl anschwitzen, bräunen, mit etwas Wasser verdünnen, gut verrühren und aufkochen. Die Soße durchseihen. Das Gericht mit Kartoffeln reichen.

Gedünstetes Huhn mit Knoblauch und Tomaten

1 Huhn, Salz, 150 g Butter, 1 Zwiebel, 2 Knoblauchzehen, 3 Tomaten, 20 g Mehl, 200 g grüne Erbsen (aus der Konserve), 200 g Stein- oder andere Pilze.

Das vorbereitete Huhn salzen, in Portionen schneiden und auf beiden Seiten in der Hälfte der Butter anbraten. Gehackte Zwiebel, in Salz zerriebenen Knoblauch und geviertelte Tomaten zugeben. Mit ein wenig Wasser übergießen und alles garkochen. Die Hühnerportionen herausnehmen und auf einer vorgewärmten Platte anrichten. Den eingedampften Saft mit

Mehl anschwitzen und bräunen, mit Wasser verdünnen, verrühren, gut aufkochen und durchseihen. Die Hühnerportionen mit in Butter geschwenkten grünen Erbsen und den im restlichen Fett gedünsteten Pilzen garnieren. Mit der Soße übergießen und Kartoffeln oder Reis dazu reichen.

Gedünstetes Huhn mit Paprikasoße

1 Huhn, Salz, 50 g Speck, 50 g Butter,
1 Zwiebel, 40 g Mehl, ¼ l Milch,
1 Teelöffel edelsüßer Paprika.

Das vorbereitete, ausgenommene Huhn salzen und in Portionen schneiden. Würfelig geschnittenen Speck zerlassen, Butter zufügen, das Huhn hineinlegen und auf allen Seiten anbraten. Gehackte Zwiebel zugeben, Wasser aufgießen und alles garkochen. Das Huhn herausnehmen, den eingedampften Saft mit Mehl anschwitzen, leicht bräunen, mit etwas Wasser und der Milch verdünnen, gut verrühren, kurz aufkochen und durchseihen. Mit einem zurückgelassenen Stückchen Butter den Paprika rösten und auf die Oberfläche der Soße gießen. Das Huhn mit Semmelknödeln, Nocken oder auch Nudeln reichen.

Gedünstetes Huhn mit Zitrone und Petersilie

1 Huhn, Salz, 1 Zwiebel, 100 g Butter,
¼ l Rindfleisch- oder Suppenwürfelbrühe,
40 g Mehl, 2 Zitronen, Petersilie.

Das vorbereitete, ausgenommene Huhn salzen und vierteln. In einer Pfanne feingehackte Zwiebel in Margarine rösten, die Hühnerviertel hineinlegen, auf allen Seiten anbraten und dann mit etwas Brühe übergießen. Die Pfanne mit einem gut sitzenden Pfannendeckel verschließen und das Huhn garschmoren. Die Portionen herausnehmen, den eingedampften Saft mit Mehl anschwitzen, leicht bräunen, mit

Brühe verdünnen, mit Zitronensaft beträufeln, verrühren und kurz aufkochen. Die Portionen auf einer Platte anrichten, mit gehackter Petersilie und geriebener Zitronenschale bestreuen. Mit gedünstetem Reis oder Teigwaren umlegen und die durchgeseihte Soße darübergießen. Mit Zitronenvierteln garnieren.

Gedünstetes Huhn mit Käsesoße

1 Huhn, Salz, Pfeffer, ½ Zwiebel, 100 g
Margarine, 3 Eßlöffel Suppenwürfelbrühe,
Zitronensaft, 30 g Mehl, ¼ l Milch,
50 g geriebener Käse, 2 Eßlöffel saure Sahne,
1 Eigelb.

Das vorbereitete, ausgenommene Huhn in Portionen schneiden, salzen und pfeffern. Gehackte Zwiebel in Margarine rösten, die Hühnerportionen hineinlegen und anbraten. Dann Brühe aufgießen, Zitronensaft darüberträufeln und das Gericht garschmoren. Das Fleisch herausnehmen, den eingedampften Saft mit Mehl anschwitzen, bräunen, mit der Milch verdünnen, gut verrühren, aufkochen und durchseihen. In die fertige Soße den geriebenen Käse und das in Sahne verquirlte Eigelb rühren. Soße und Fleisch nur noch erwärmen, nicht mehr kochen. Mit Teigwaren, mit Reis oder mit Kartoffelpüree reichen.

Gedünstetes Huhn mit Speck und Tomaten

1 Huhn, 40 g Speck, Pfeffer, Salz, 100 g
Margarine, 1 Zwiebel, 250 g Tomaten,
50 g Mehl, ⅛ l saure Sahne, 1 Eßlöffel
edelsüßer Paprika.

Das vorbereitete, ausgenommene Huhn in 6 bis 8 Portionen teilen, mit der Hälfte des in Streifen geschnittenen Specks durchziehen, pfeffern und salzen. Auf beiden Seiten in Margarine anbraten, gehackte Zwiebel zugeben, alles in Fett kurz rösten und etwas Wasser aufgießen. Die geschnittenen Tomaten zufügen und das Huhn garschmoren. Das Fleisch herausnehmen, den Saft eindampfen, mit Mehl anschwitzen, leicht bräunen, mit etwas Wasser verdünnen, gut verrühren, kurz aufkochen und durchseihen. In die Soße die Sahne rühren und erwärmen, nicht mehr kochen. Den Rest des geschnittenen zerlassenen Specks, in dem der Paprika geröstet wurde, auf die Soße gießen.

Gedünstete Gänsebrust mit Knoblauch

1 Gänsebrust, 5 Knoblauchzehen, Salz,
1 Prise gemahlener Ingwer, 100 g Speck,
1 Zwiebel, 3 Pfefferkörner, 2 Gewürzkörner,
30 g Mehl.

Die von der Haut befreite und entfettete Gänsebrust mit streifig geschnittenen Knoblauchzehen spicken, salzen und mit Ingwer würzen. Feinwürfelig geschnittenen Speck zerlassen, darin die Gänsebrust auf beiden Seiten anbraten. Herausnehmen, in das Fett die gehackte Zwiebel geben, bräunen, Wasser aufgießen, die Gewürze im ganzen zugeben und das Gänsefleisch wieder hineinlegen. Schmoren und jeweils mit eingedampftem Saft übergießen, bis das Fleisch gar ist. Herausnehmen, den eingedampften Saft mit Mehl bräunlich anschwitzen, mit Wasser verdünnen, gut verrühren und die Soße aufkochen. Zum Schluß das in Portionen geschnittene Gänsefleisch in der durchgeseihten Soße gut aufwärmen.

Gänsekeulen in Scholet

2 Gänsekeulen, Salz, 3 Knoblauchzehen,
1 Prise gemahlener Ingwer, 1 Zwiebel,
100 g Gänsefett, 30 g Speck, 300 g gare
Erbsen, 150 g gekochte Graupen.

Die Gänsekeulen mit in Salz zerriebenem Knoblauch und Ingwer einreiben und je

zu 2 Portionen halbieren (insgesamt 4 Portionen). Die feingehackte Zwiebel in Gänsefett glasig werden lassen, das Fleisch zugeben, anbraten, Wasser aufgießen und alles garschmoren. Während des Schmorens jeweils mit Saft übergießen. Das gare Fleisch herausnehmen, im Saft den feingehackten Speck zerlassen, gare Erbsen und Graupen untermischen. Alles gut verrühren, das Fleisch hineinlegen und erwärmen. Mit Gewürzgurke reichen. – Statt Erbsen und Graupen evtl. Reis und grüne Erbsen verwenden.

Gedünstete Ente mit Sahnesoße

1 Ente, Salz, Pfeffer, 1 Zwiebel, 100 g
Wurzelwerk, 2 Pfefferkörner, 1 Lorbeerblatt,
2 Eßlöffel Essig, 1 Glas Weißwein,
¼ l saure Sahne, 30 g Mehl.

Die vorbereitete, ausgenommene Ente salzen, pfeffern, mit etwas Wasser übergießen und dünsten. Wenn das Fleisch fast gar ist, die in Scheiben geschnittene Zwiebel, das Wurzelwerk, Gewürze und Essig zugeben, Wasser nachgießen und völlig garen. Dann in der Röhre rötlich braten, herausnehmen und in Portionen teilen. Den Saft eindampfen, Wein zugießen und zum Schluß mit Mehl verquirlte Sahne unterrühren. Die Soße kurz aufkochen. Das Gericht mit Semmelknödeln und Preiselbeerkompott servieren.

Gebratenes Geflügel

Gebratenes gefülltes Huhn

1 großes Huhn, Salz, Pfeffer.
Für die Fülle: 3 Semmeln, 1 Tasse Milch,
3 Eier, 50 g Butter, 1 Prise Muskat,
Petersilie, Semmelbrösel, Salz.
Zum Braten: 100 g Margarine.

Das vorbereitete Huhn ausnehmen, die Haut am Hals lockern, den Hals herausschneiden und die Haut vorsichtig bis zu den Schenkeln lockern. Das Huhn salzen, pfeffern und füllen. Für die Fülle die Semmeln würfelig schneiden, mit Milch, in der 3 Eigelbe verquirlt wurden, beträufeln und zerlassene Butter, Muskat und gehackte Petersilie zufügen. Zum Schluß den steifen Schnee von 3 Eiweißen untermischen. Wenn die Fülle zu dünn ist, einige Semmelbrösel zugeben. Den Kropf und das gesamte Huhn damit füllen. Auf beiden Seiten zunähen. Dann das Huhn mit zerlassener Margarine bepinseln und den Rest in die Bratpfanne geben. Das Huhn in der Röhre auf beiden Seiten goldgelb braten, jeweils mit eingedampftem Saft übergießen und nach Bedarf heißes Wasser nachfüllen. Das gefüllte Huhn mit Bratkartoffeln servieren.

Gebratenes Huhn in pikanter Soße

1 großes Huhn, Salz, 120 g Margarine,
30 g Speck, 1 Zwiebel, 1 Teelöffel Curry,
2 Eßlöffel Tomatenmark.

Das ausgenommene Huhn in Margarine goldgelb braten. Den Speck würfelig schneiden, darin die ebenfalls würfelig geschnittene Zwiebel anrösten. Curry und Tomatenmark zugeben, kurz dünsten und etwas Wasser aufgießen. Das in Portionen geschnittene Huhn in die Soße legen und erwärmen. Mit gedünstetem Reis servieren.

Gegrillte Tauben

2 Tauben, ½ l Milch, Salz, Pfeffer, 80 g
Margarine, 3 Knoblauchzehen, 1 Prise
edelsüßer Paprika, Petersilie, etwas Butter.

Die vorbereiteten und ausgenommenen Tauben 1 Stunde in Milch ziehen lassen, abspülen, abtrocknen, salzen und pfeffern. Auf den Grillspieß stecken, während des Grillens mit zerlassener Margarine bepinseln, bis sie auf allen Seiten schön

rötlich sind. Knoblauch in etwas Salz zerreiben, Paprika, feingehackte Petersilie sowie ein wenig zerlassene Butter zugeben und mit dem Gemisch die Tauben, wenn sie fast gar sind, mehrmals bepinseln. Mit Kartoffeln servieren.

Gebratene gefüllte Tauben

2 große Tauben, Salz.
Für die Fülle: 50 g Butter, 2 Eigelb,
Taubenleber, 4 Eßlöffel Milch, etwa 80 g
Semmelbrösel, Salz, 1 Prise Muskat,
Petersilie, 2 Eiweiß.
Zum Braten: 100 g Margarine.

Die vorbereiteten Tauben ausnehmen und salzen. Die Haut vom Hals bis zur Brust vorsichtig lockern und dazwischen die Fülle verteilen. Für die Fülle Butter mit 2 Eigelben verrühren, gehackte Taubenleber, zwei Drittel mit Milch angefeuchtete Semmelbrösel, Salz, Muskat, feingehackte Petersilie und zum Schluß den steifen Schnee von 2 Eiweißen sowie die restlichen Semmelbrösel zugeben. Die Tauben füllen und fest zubinden oder -nähen, damit die Fülle nicht ausläuft. In der Bratpfanne Margarine erhitzen und die Tauben mit dem Rücken einlegen. Beim Braten jeweils mit Saft übergießen und heißes Wasser nachfüllen. Etwa 30 Minuten braten. Die Tauben halbieren und mit Kartoffeln oder Kartoffelbrei reichen.

Gebratene gefüllte Pute

1 Pute (2 bis 3 kg), Salz, 150 bis 200 g
Margarine, 20 g Mehl.
Für die Fülle: 500 g Semmeln, 100 g Speck,
100 g Butter, ½ l Milch, Salz, 5 Eier,
1 Messerspitze Muskat, 1 Eßlöffel gehackte
Petersilie, etwas abgeriebene Zitronenschale,
50 g süße Mandeln.

Die vorbereitete Pute ausnehmen. Die Haut am Hals lockern, den Hals herausnehmen und die Haut von der Brust bis zu den Keulen lockern. Die Pute salzen, und die Beine mit einem Zwirnsfaden an die Brust binden oder annähen. Für die Fülle die Semmeln würfelig schneiden und in eine Schüssel geben. Feingeschnittenen Speck zerlassen, Butter zufügen und noch lauwarm in die Milch gießen, Salz, Eigelbe, Muskat, Petersilie und Zitronenschale untermischen. Damit die Semmeln übergießen. Eine Weile ziehen lassen, dann den steifen Schnee von den 5 Eiweißen und die geschälten, streifig geschnittenen Mandeln zufügen. Die Pute durch die Kropföffnung locker füllen und die Öffnung zunähen. Dann mit dem Rücken in zerlassene Margarine legen und langsam braten. Wenn in der Röhre die Oberhitze zu stark ist, die Pute mit Alufolie bedekken. Die Pute während des Bratens wenden, damit sie auf allen Seiten goldgelb wird. Mit Bratsaft und Fett und nach Bedarf auch mit heißem Wasser übergießen. Die gare Pute herausnehmen, den eingedampften Saft nur leicht mit Mehl bestäuben, bräunen, mit heißem Wasser verdünnen, verrühren und kurz aufkochen. Das Fleisch in Portionen teilen, die Keulen abtrennen und halbieren, den Kropf mit der Fülle ausschneiden und in Scheiben teilen. Die Flügel mit einem Stück Fleisch abtrennen. Die Pute dann längs halbieren (Brust und Bauch vom Rücken trennen). Das Fleisch vom Brustbein lösen und in Stücke schneiden. – Die Pute kann auch nur in der Hälfte der angegebenen Margarinemenge und würfelig geschnittenem Speck gebraten werden.

Gebratene Gans oder Ente

1 Gans oder 1 große Ente, Salz, Kümmel, 10 g Mehl, bei Junggans oder -ente noch 100 g Margarine.

Die vorbereitete Gans (Ente) ausnehmen und salzen. Mit der Bauchseite in die Pfanne legen. Kümmel und gegebenen-falls die Margarine zufügen, etwas Wasser zugießen und braten. Eine große oder sehr fette Gans in zugedeckter Bratpfanne braten. Unter den Keulen und an der Brust anstechen, damit das Fett beim Braten auslaufen kann. Während des Bratens mit Bratsaft übergießen und ein wenig heißes Wasser nachgießen. Erst wenn die Gans gar zu werden beginnt, offen weiterbraten, damit die Kruste knusprig und goldgelb wird. Die gare Gans herausnehmen und in 6 bis 8 Portionen teilen. Den restlichen Saft eindampfen, leicht mit Mehl bestäuben, bräunen, heißes Wasser nachgießen und kurz kochen. Wenn zuviel Gänsefett vorhanden ist, dann vom Bratsaft abschöpfen und als Brotaufstrich oder zur Fleischzubereitung verwenden. Die Gänseportionen mit Semmelknödeln und gedünstetem Kraut servieren. – Einen besonders feinen Geschmack bekommt Gans oder Ente, wenn in die Bauchhöhle gut gewaschene ungeschälte Äpfel gelegt werden. Die Bauchöffnung dann mit einem Holzspeiler zusammenstecken. Die Äpfel werden mit der gebratenen Gans serviert.

Paniertes Geflügel

Huhn in Teig ausgebacken

1 Huhn, Salz, 1 Ei, 2 Eßlöffel Milch oder Wein, 1 Teelöffel Öl, 80 g Mehl, 2 Eiweiß, 200 g Margarine.

Das vorbereitete, ausgenommene Huhn in Portionen schneiden und salzen. In einer Schüssel Eigelb, Milch oder Wein, Öl und Mehl verrühren und steifen Eischnee unterziehen. Wenn der Teig zu dick ist, mit etwas Wasser oder Milch verdünnen. Die Geflügelportionen im Teig wenden, sofort in erhitzter Margarine auf beiden Seiten goldgelb ausbacken. Wenn sich der Teig von einer Portion löst, während des

Ausbackens noch etwas Teig daraufstreichen. Das Gericht mit Kartoffelbrei oder Kartoffeln servieren.

Panierte junge Hühner

2 kleine junge Hühner, Salz, 100 g Mehl, 2 Eier, 2 bis 3 Eßlöffel Milch, 150 g Semmelbrösel, 200 g Margarine.

Die vorbereiteten, ausgenommenen und geviertelten Hühner salzen, in Mehl, mit Milch verrührten Eiern und in Semmelbröseln wenden, in heißer Margarine auf beiden Seiten goldbraun ausbacken. Mit Kartoffeln oder Kartoffelbrei auftragen.

Gerichte aus Geflügelklein und -innereien

Gefüllter Gänsehals

1 Gänsehals, 30 g Speck, 1 Zwiebel, 20 g Mehl.
Für die Fülle: 150 g Hackfleisch (mageres Schweinefleisch), 1 Semmel, 1 Ei, 2 bis 3 Eßlöffel Milch, 2 Eßlöffel Gänsefett, 1 Knoblauchzehe, Salz, 1 Prise Pfeffer.

Vom Gänsehals die Haut vorsichtig abziehen. Den Hals zusammen mit dem meist vorhandenen Gänseklein aufkochen. Für die Fülle dem Hackfleisch die in Milch eingeweichte, ausgedrückte Knoblauchzehe, Salz und Pfeffer zusetzen. Das eine Ende der rohen Halshaut zunähen und die Haut locker füllen, weil die Fülle während des Bratens aufgeht. Den gefüllten Hals auch am anderen Ende zunähen und mit dem Gänseklein in Brühe oder gewürztem Wasser etwa 1 Stunde kochen. Den Speck würfelig schneiden, gehackte Zwiebel zugeben und gelb anrösten. Dann den gefüllten, gekochten Gänsehals einlegen, mit der Zwiebel bräunen, Wasser oder Brühe zugießen und kurz

aufkochen. Den gefüllten Gänsehals warm mit Kartoffelbrei und Kraut oder kalt, in Scheiben geschnitten, mit Brot und Meerrettich oder Senf reichen.

Gänse- oder Entenklein

1 Gänse- oder Entenklein, Salz, 1 Zwiebel, 100 g Wurzelwerk, 2 Pfefferkörner, 80 g Butter, 50 g Mehl, ¼ l Sahne, 1 Prise gemahlener Ingwer, Petersilie.

Das Geflügelklein gut vorbereiten, in kleine Stücke schneiden, mit etwas Wasser übergießen, Salz, ganze Zwiebel sowie geputztes Wurzelwerk und Pfefferkörner zugeben. Zugedeckt gardünsten. Aus zwei Dritteln Butter und Mehl eine helle Mehlschwitze bereiten, mit einem Teil der restlichen Brühe, dann auch mit Sahne verrühren, gut aufkochen und durchseihen. Ingwer, feingehackte Petersilie und ein Stückchen Butter zugeben. In die Soße das gare Geflügelklein legen und erwärmen. Mit Reis oder Teigwaren reichen. – Dem Gericht werden meistens auch gekochter Geflügelmagen und -herz zugegeben.

Geflügelmagen und -leber auf Speck

Je 2 Enten- oder Gänsemagen und -lebern, Salz, 50 g Speck, 30 g Gänsefett, 1 Zwiebel, 20 g Mehl, 1 Prise Pfeffer, Petersilie.

Die vorbereiteten Geflügelmagen und -lebern in Salzwasser aufkochen. Die zähe Magenhaut entfernen, Magen und Lebern in Scheiben schneiden. Würfelig geschnittenen Speck in Gänsefett auslassen, darin gehackte Zwiebel rösten. Magenfleisch und Leber einlegen, anbraten, mit etwas Wasser übergießen und eine Weile schmoren lassen. Den eingedampften Saft mit Mehl bestäuben, Pfeffer, Salz und gehackte Petersilie untermischen, mit Wasser verdünnen und kurz aufkochen. Mit Kartoffeln oder Reis reichen.

Gänseleberpastete

*400 g Gänseleber, ⅛ l Milch, 50 g Speck,
1 Zwiebel, Salz, 1 Messerspitze Pastetengewürz, 1 Eßlöffel Sahne, 1 Eßlöffel
Süßwein oder Weinbrand, 50 g Gänsefett.*

Die Leber einige Stunden in Wasser mit
Milch ziehen lassen, abtrocknen, in Scheiben schneiden und auf kleingeschnittenem Speck und Zwiebel dünsten. Die gare
Leber mit Speck und Zwiebel durch ein
Sieb streichen, Salz und Pastetengewürz,
Sahne, 1 Schuß Wein oder Weinbrand
und etwas Gänsefett gut unterrühren.
Eine Form oder einen Topf mit Gänsefett
ausstreichen, die Lebermasse hineinfüllen
und 24 Stunden kalt stellen. Als Brotaufstrich verwenden.

Gebratene Gänseleber

*600 bis 700 g Gänseleber (von 1 Mastgans),
50 g süße Mandeln, 2 bis 3 Nelken, 40 g
Gänsefett, 15 g Mehl, Salz.*

Die auf der Leber von der Galle verfärb-
ten Flecke ausschälen, die Leber abspülen
und abtrocknen. Die Mandeln mit siedendem Wasser überbrühen, abziehen, streifig
schneiden und in die Oberfläche der Leber dicht nebeneinander einstechen. Die
Leber auch mit den eingestochenen 2 bis 3
Nelken würzen, in zerlassenes Gänsefett
legen (mit den Mandeln obenauf) und
langsam in einer vorgewärmten Röhre
etwa 45 Minuten braten und anschließend
salzen. Wenn die Leber mit Beilage gereicht werden soll, den eingedampften
Saft mit Mehl bestäuben, bräunen, mit
Wasser verdünnen, verrühren und die
Soße kurz aufkochen. Das Gericht mit
Kartoffeln oder Reis servieren. – Die Leber kann auch kurze Zeit in zerlassenem
Gänsefett eingelegt aufbewahrt werden.
Sie wird dann in Scheiben geschnitten und
mit Gänsefett als Brotaufstrich verwendet.

Geflügelspezialitäten

Huhn mit Kräutern gedünstet

*1 Huhn, Salz, 20 g Margarine, 4 Tomaten,
2 Knoblauchzehen, Pfeffer, je 1 Prise
Majoran, Thymian und Basilikum, 10 g
Mehl, 1 Eßlöffel Tomatenmark, Petersilie,
4 Eßlöffel Süßwein.*

Das vorbereitete Huhn mit Salz einreiben,
in Portionen teilen und von beiden Seiten
in Margarine anbraten. In eine Kasserolle
geben, die abgezogenen, in kleine Stücke
geschnittenen Tomaten, den mit Salz zerriebenen Knoblauch, Pfeffer und die
Kräuter zufügen, einen Schuß Wasser
aufgießen und das Fleisch gardünsten.
Das Huhn herausnehmen, den Bratsaft
mit etwas Mehl anschwitzen, ein wenig
Wasser, Tomatenmark, gehackte Petersilie und Süßwein zufügen. Kurz aufkochen
und über die Portionen gießen. Mit Kartoffeln oder Reis reichen.

Huhn auf Reis

*1 Huhn, Salz, Pfeffer, 1 Knoblauchzehe,
50 g Öl, ¼ l Hühnerklein- oder Suppenwürfelbrühe, 200 g garer Reis, 50 g gare
grüne Erbsen, ¼ l Wasser, 50 g geriebener
Käse.
Für die Soße: ½ Zwiebel, 30 g Margarine,
30 g Mehl, 4 Eßlöffel Tomatenmark, Salz,
1 Prise Safran.*

Das vorbereitete Huhn mit Salz, Pfeffer
und der Knoblauchzehe einreiben, in Portionen schneiden und auf beiden Seiten in
einer Pfanne in heißem Öl anbraten. Die
Brühe zugießen und das Fleisch garen. In
eine größere Kasserolle den mit grünen
Erbsen vermischten Reis geben, die Geflügelportionen darauflegen, mit etwas
Wasser und der Tomatensoße übergießen. Für die Soße die feingewiegte Zwiebel in der Margarine anlaufen lassen, mit
Mehl bestäuben, eine helle Mehlschwitze

zubereiten, mit der restlichen Hühnerbrühe und mit Wasser verdünnen, Tomatenmark und Gewürze zufügen. Das Gericht kurz durchkochen, damit alles gut durchzieht. Beim Auftragen mit dem Käse bestreuen.

Brathuhn mit Preiselbeerüberguß

*1 Huhn, Salz, 80 g Butter, 1/8 l Wasser,
100 g Preiselbeer- oder Johannisbeergelee,
1 Teelöffel Worcestersauce, 1 Prise Ingwer,
etwas abgeriebene Apfelsinenschale,
2 Würfel Zucker.*

Das vorbereitete Huhn mit Salz einreiben, in eine Bratpfanne legen, 1 Schuß Wasser aufgießen, die Margarine zufügen und in der Röhre langsam goldgelb braten. Das Preiselbeergelee mit Wasser verschlagen, mit Worcestersauce, Ingwer sowie Orangenschale abschmecken und zum Schluß Karamelzucker darin auflösen. Dafür den Würfelzucker in offener Pfanne mit Wasser beträufeln und auf kleinem Feuer rühren. Sobald er zu bräunen beginnt, mit etwas kochendem Wasser vorsichtig ablöschen. Diesen Überguß erwärmen und gut rühren, bis alle Zutaten gebunden sind. Das Huhn mehrmals vor dem Garwerden damit begießen und bepinseln, damit es schöne Farbe, Geschmack und Duft erhält. Das Gericht mit Reis reichen.

Brathuhn mit Gemüsefülle

*1 größeres Huhn, Salz, 150 g Blumenkohl,
100 g Karotten oder Möhren, 100 g
Kohlrabi, 100 g Margarine, 2 Eßlöffel grüne
Erbsen, 1 Zwiebel, Pfeffer, Petersilie, 2 Eier,
2 bis 3 Eßlöffel Semmelbrösel.*

Das Huhn vorbereiten und außen sowie innen mit Salz einreiben. Das Gemüse garen und in Würfel schneiden. Eine Hälfte der Margarine in einer Pfanne zerlassen, geschnittenes Gemüse, grüne Erbsen, gehackte Zwiebel, Salz, Pfeffer und gewiegte Petersilie zufügen und alles andünsten. Erkaltet mit den Eigelben vermischen. Die Eiweiße zu festem Schnee schlagen, unter das Gemüse heben und nach Bedarf einige Semmelbrösel zufügen. Das Huhn mit der Mischung füllen und zunähen oder mit einer Rouladennadel zustecken. In der restlichen Margarine das Huhn garbraten. Dann in Portionen zerlegen und mit Kartoffelbrei, evtl. auch mit Tatarensoße reichen. Das Huhn schmeckt warm oder auch kalt serviert vorzüglich.

Huhn mit Spaghetti überbacken

*1 größeres Huhn, Salz, 150 g Bratwurst,
50 g Öl, 1/2 Zwiebel, 30 g Sellerie,
1 Knoblauchzehe, 1 Prise edelsüßer Paprika,
250 g gehacktes Rindfleisch, 1 Eßlöffel
Tomatensaft, 250 g Spaghetti, 30 g
Margarine, 30 g Mehl, 1/4 l Hühnerbrühe,
1 Teelöffel Worcestersauce,
50 g geriebener Käse.*

Das vorbereitete Huhn in Salzwasser garkochen, von den Knochen lösen und in Stücke schneiden. Die Bratwurst auf beiden Seiten in Öl anbraten und ebenfalls in Stücke schneiden. In dem restlichen Fett feingewiegte Zwiebel und kleingeschnittenen Sellerie anrösten, Knoblauch sowie Paprika und dann das gehackte Rindfleisch zufügen und andünsten. Zum Schluß Tomatensaft unterrühren. Die Spaghetti in Salzwasser kochen und abseihen. In eine Bratpfanne abwechselnd Teigwaren, Hackfleisch, Hühnerfleisch und Bratwurst schichten. Obenauf müssen Spaghetti sein. Aus Margarine und Mehl eine helle Mehlschwitze bereiten, mit der Hühnerbrühe verdünnen, zu einer dicken Soße verrühren, mit Worcestersauce abschmecken. Die Soße über die Spaghetti gießen, obenauf mit geriebenem Käse bestreuen und in der Röhre überbacken.

Brathuhn in Marinade

*1 Huhn, Salz, Pfeffer, 30 g Öl, 1 Zwiebel,
150 g Wurzelwerk, etwa ¼ l Weißwein,
200 g Mayonnaise, 2 Eßlöffel Sahne, 1 Prise
Zucker, 1 Zitrone, 1 Teelöffel Worcestersauce, Petersilie.*

Das vorbereitete Huhn mit Salz und Pfeffer einreiben und in 4 Portionen teilen.
Von allen Seiten in Öl anbraten, das geputzte, in Streifen geschnittene Wurzelwerk zufügen, Wein aufgießen und das
Fleisch zugedeckt gardünsten. Wenn
nötig, während des Garens 1 Schuß
heißes Wasser zugießen. Das von den
Knochen gelöste Fleisch auf eine tiefe
Platte legen. Die heiße Brühe mit Mayonnaise und Sahne verschlagen. Mit Salz,
Zucker, Zitronensaft, Worcestersauce
und gehackter Petersilie abschmecken.
Die Marinade über die Geflügelportionen
gießen und über Nacht in den Kühlschrank stellen.

Huhn in Meerrettichcreme

*½ großes oder 1 kleines Huhn, Salz, Pfeffer,
100 g Margarine, 1 Zwiebel, ⅛ l Brühe
oder Wasser, 30 g Mehl, ¼ l Sahne,
¼ l Milch, 40 g Meerrettich, Petersilie.*

Das vorbereitete Huhn in Portionen zerlegen, mit Salz und Pfeffer einreiben und
auf beiden Seiten rasch in Margarine anbraten. Herausnehmen, in dem restlichen
Fett feingehackte Zwiebel anrösten, ein
wenig Brühe oder Wasser aufgießen und
die Portionen wieder hineinlegen. In der
erhitzten Röhre zugedeckt gardünsten.
Das Fleisch herausnehmen, den Saft bis
aufs Fett eindampfen, mit Mehl anschwitzen und unter ständigem Rühren
mit dem Sahne-Milch-Gemisch zu einer
dicken Soße verrühren. Geriebenen
Meerrettich und gehackte Petersilie zufügen. Falls der Meerrettich zu scharf ist, mit
etwas heißem Wasser abbrühen. Mit Reis,
Kartoffeln oder Toastbrot auftragen.

Entenbraten nach Wildbretart

*1 Ente (4 bis 6 Portionen), 30 g Speck,
50 g Margarine, 100 g Wurzelwerk,
1 Zwiebel, 4 Pfefferkörner, 2 Gewürzkörner,
2 Wacholderbeeren, ½ Lorbeerblatt,
2 Tomaten, 1 kleinerer saurer Apfel,
¼ l Rotwein, 20 g Mehl, 2 Eßlöffel Preisel-
beer- oder Johannisbeerkompott.*

Die Ente vorbereiten, ausnehmen und
mit Salz einreiben. In würfelig geschnittenem Speck und Margarine das in Streifen
geschnittene Wurzelwerk und die Zwiebel
hell anrösten. Die Ente darauflegen, etwas Wasser aufgießen, Gewürze, in
Scheiben geschnittene Tomaten und geschälten, in Scheiben geschnittenen Apfel
zufügen. Die Ente zunächst zugedeckt in
der Röhre dünsten. Wenn sie halb gar ist,
in offener Bratpfanne goldgelb braten.
Während des Garens abwechselnd mit
Wein und Wasser aufgießen und mit dem
Saft beschöpfen. Die Ente herausnehmen,
den Bratsaft bis aufs Fett eindampfen und
mit Mehl anschwitzen. Die Mehlschwitze
mit ein wenig Wasser verdünnen, gut verrühren, durchkochen und durchseihen.
Zuletzt die Preiselbeeren zufügen. Das
Gericht mit Semmelknödeln anrichten.

Ente mit Apfelsinen-Reis-Fülle

*1 Ente, Salz, 50 g Margarine, 100 g Wurzel-
werk, 1 Zwiebel, 1 Prise Pfeffer, ½ Lorbeerblatt, 2 Gewürzkörner, ¼ l Rotwein,
20 g Mehl, 2 Eßlöffel Johannisbeergelee.
Für die Fülle: 50 g Butter, Salz, 1 Prise
Muskat, Pfeffer, Petersilie, 120 g garer Reis,
2 Apfelsinen, 1 Ei.*

Die Ente vorbereiten, ausnehmen und mit
Salz einreiben. Für die Fülle die Butter
mit Salz, Gewürzen und gehackter Petersilie verrühren. Den Reis, etwas abgeriebene Apfelsinenschale und kleingeschnittene Apfelsinenspalten zufügen. Unter
die Masse das Ei rühren. Die Ente füllen
und zunähen. Das in Streifen geschnittene

Wurzelwerk und die gehackte Zwiebel in Margarine anrösten, die Ente daraufflegen und die Gewürze zufügen. Die Bratpfanne zudecken und das Geflügel in der Röhre unter zeitweiligem Begießen mit Wein und Wasser dünsten. Anschließend die Ente in offener Pfanne goldgelb braten, dann herausnehmen. Den Bratsaft bis aufs Fett eindampfen, mit Mehl anschwitzen, die Mehlschwitze mit dem restlichen Wein und Wasser verdünnen. Gut durchkochen und durchseihen. Mit dem Johannisbeergelee und evtl. etwas zurückgelassenem Apfelsinensaft abschmecken. Die Ente mit Brat- oder Strohkartoffeln servieren.

Fischgerichte

Da die ČSSR ein Binnenland ist, führt sie Seefische aus den befreundeten Küstenländern ein. Die südböhmischen Teiche beliefern den Markt mit den bekannten Treboner Karpfen. Sie werden nicht nur am Weihnachtsabend serviert, sondern auch im Laufe des Jahres stets frisch oder tiefgekühlt angeboten.

Gekochte Fische

Karpfen mit Butter

750 g Karpfen (4 bis 5 Portionen), ½ l Wasser, 4 Eßlöffel Essig, 2 Pfefferkörner, 1 Gewürzkorn, ein kleines Stück Lorbeerblatt, ¼ Zwiebel, 50 g Wurzelwerk, ½ Teelöffel Salz, 1 Zitrone, Petersilie, 100 g Butter.

Das Wasser mit Essig, Gewürzen, Wurzelwerk und Salz kochen, dann durchseihen. Die geputzten Karpfenportionen einlegen und auf kleiner Flamme in etwa 10 bis 15 Minuten garen. Wird der Karpfen im Ganzen gekocht, dauert das Garen etwa ½ Stunde. Die Portionen vorsichtig mit dem Schaumlöffel herausnehmen, damit sie nicht auseinanderfallen. Der Fisch kann auch in Aluminiumfolie eingewickelt und so gekocht werden. Die Portionen auf Teller verteilen, mit 1 Zitronenscheibe und Petersilie belegen, mit zerlassener Butter übergießen.

Karpfen mit Gemüse und Meerrettich

750 g Karpfen (4 bis 5 Portionen), ½ l Wasser, Salz, 2 Pfefferkörner, 1 Gewürz-

korn, ¼ Lorbeerblatt, 150 g Wurzelwerk, 1 Zwiebel, 100 g grüne Erbsen (aus der Konserve), 1 Prise Zucker, 100 g Butter, 50 g Meerrettich.

Das Wasser mit Salz und Gewürzen kochen, durchseihen und in dem Sud den Fisch etwa 10 bis 15 Minuten kochen. Das geputzte Wurzelwerk und die Zwiebel in kleine Würfel schneiden und in etwas Salzwasser gardünsten. Die grünen Erbsen zugeben, mit 1 kleinen Stückchen Butter kurz weiterdünsten und mit Zucker abschmecken. Karpfenportionen auf die Teller legen, mit geriebenem Meerrettich bestreuen, mit zerlassener Butter übergießen und mit dem Gemüse garnieren.

Forellen mit Gewürzbutter

4 Forellen (etwa 1 kg), ½ l Wasser, Salz, ½ Zwiebel, 1 Knoblauchzehe, etwas Anchovispaste, 10 Kapern, 1 kleine Gewürzgurke, 1 Stückchen Zitronenschale, Salz, Petersilie, 100 g Butter, Zitronensaft oder etwas Weißwein.

Die Forellen ausnehmen, gut waschen, die Kiemen unter dem Kiemendeckel entfernen. Die Fische in Salzwasser kochen. Die übrigen Zutaten feinhacken, mit frischer Butter schaumig rühren und mit Zitronensaft oder Weißwein abschmecken. Alles zur Rolle formen und kühl stellen. Die Butterrolle in 4 Scheiben schneiden und auf die herausgenommenen heißen Forellen legen. Die Gewürzbutter zergeht und verleiht dem Fisch einen feinen Geschmack. Mit Kartoffeln anrichten.

Forellen in Weißwein

4 Forellen (etwa 1 kg), ¼ l Rinderbrühe, ¼ l Weißwein, 3 kleine Zwiebeln (Schalotten), Petersilie, 2 Zitronenscheiben, Salz, 3 Pfefferkörner, 1 Scheibe Brot.
Für die Soße: 30 g Butter, 30 g Mehl, etwa ¼ l Fischbrühe, ¼ l Sahne, 2 Eigelb.

Die Rinderbrühe mit dem Wein vermischen, Zwiebeln, etwas Petersilie, die Zitronenscheiben, Salz, Pfefferkörner und Brot darin aufkochen. Die ausgenommenen, vorbereiteten Fische einlegen und etwa 15 Minuten kochen, dann herausnehmen. Aus Mehl und Butter eine Mehlschwitze bereiten, mit ¼ Liter abgekühltem Sud auffüllen, gut verrühren, aufkochen lassen und zum Schluß die in Sahne verquirlten Eigelbe unterziehen. Die Forellen mit dieser Soße übergießen und mit Kartoffeln anrichten.

Karpfen (Hecht, Zander, Seezunge) mit Käsesoße

750 g Fisch, 1 l Wasser, ⅛ l Weißwein, 4 Pfefferkörner, Salz, Petersilie.
Für die Soße: 30 g Mehl, 1 Zwiebel, 50 g Margarine, ¼ l Sahne, 50 g geriebener Käse, 1 Prise Pfeffer, Salz, 1 Prise geriebener Muskat.

Den Fisch ausnehmen, Flossen, Kopf und Schwanz entfernen und in Portionen teilen. Aus Wasser, Wein, Pfefferkörnern, Salz und Petersilie einen Sud bereiten. Die Fischportionen einlegen und etwa 15 Minuten garen. Dann den Fisch vorsichtig herausnehmen. Aus Mehl, Zwiebel und Margarine eine helle Mehlschwitze bereiten, mit Fischsud und Sahne zu einer glatten Soße verkochen. In die durchgesiebte Soße geriebenen Käse, Pfeffer, Salz und geriebenen Muskat geben. Die Fischportionen mit der Soße übergießen und mit Petersilie garnieren. Dazu Kartoffeln reichen.

Hecht (Karpfen, Zander) in Sahne

750 g Fisch (4 bis 5 Portionen), ½ l Wasser, 250 g Sellerie, 5 g Zucker, Salz, Essig oder Zitronensaft, 50 g Margarine, 40 g Mehl, ⅛ l Weißwein, 1 Eigelb, ⅛ l Sahne.

Einen Sud aus Wasser, einem Stückchen

Sellerie (geschält und in kleine Würfel geschnitten), Zucker, etwas Salz und Essig bereiten. Wenn der Sellerie weich ist, den Sud durchseihen, erneut aufkochen, die Fischportionen einlegen und auf kleiner Flamme etwa 15 Minuten kochen. Den Fisch herausnehmen, auf eine vorgewärmte Platte legen, mit feingehacktem garem Sellerie bestreuen und mit Soße übergießen. Für die Soße aus Margarine und Mehl eine helle Mehlschwitze bereiten, mit dem restlichen Sud verdünnen und zu einer glatten Soße verkochen. Dann durch ein Sieb streichen, mit Wein abschmecken und in Sahne verquirltes Eigelb unterziehen. Die Soße nur noch erwärmen, nicht mehr kochen. Mit Kartoffeln auftragen.

Kochfisch nach Seemannsart

750 g Fisch (z. B. Karpfen, Zander, Schleie, Aal), 2 Zwiebeln, 2 Knoblauchzehen, 1 Lorbeerblatt, Petersilie, 1 Prise Pfeffer, Salz, ¼ l Rotwein, 50 g Butter, 25 g Mehl, 100 g Champignons oder andere Pilze.

Den vorbereiteten Fisch waschen und in kleinere Stücke schneiden. In eine Kasserolle 1 geschnittene Zwiebel, die feingehackten Knoblauchzehen, Lorbeerblatt, gehackte Petersilie und Pfeffer geben. Darauf die gesalzenen Fischstücke schichten, alles mit Rotwein und etwas Wasser übergießen. Den Fisch auf kleinerer Flamme etwa 20 Minuten garen. Dann die Fischstücke vorsichtig herausnehmen und auf eine tiefere Platte legen. Den Sud mit einer Mehlschwitze aus Butter und Mehl andicken, gut aufkochen und durch ein Sieb streichen. Die restliche feingeschnittene und in Butter geröstete Zwiebel sowie die in Butter gedünsteten Champignons zufügen. Die Fischportionen mit dieser Soße übergießen und mit Brot reichen.

Geschmorte Fische

Karpfen (Hecht) in Kümmel

750 g Fisch (4 bis 5 Portionen), Salz, 50 g Mehl, 100 g Margarine, Kümmel.

Die Fischportionen salzen, leicht in Mehl wenden und in Margarine rasch anbraten. Dann den Fisch herausnehmen. In dem Bratfett das Mehl rösten, Wasser zugießen, gut verrühren. Kümmel zugeben und aufkochen lassen. Den Fisch in die Soße legen und noch eine Weile schmoren lassen. Mit Kartoffeln servieren.

Karpfen (Schleie, Hering, Fischfilet) in Marinade

750 g Fisch, Salz, Pfeffer, etwas Mehl, 100 g Öl oder Margarine, 50 g Tomatenketchup, 150 g Wurzelwerk, ½ kleine Zwiebel, ⅛ l Rotwein, 1 Prise Zucker, Zitronensaft.

Die vorbereiteten, gewaschenen Fischportionen salzen, pfeffern, leicht mit Mehl bestäuben und auf beiden Seiten in Öl anbraten. Den Fisch herausnehmen, in das Bratfett Tomatenketchup, in kleine Streifen geschnittenes gekochtes Wurzelwerk, Zwiebel, Wein, Zucker und etwas Zitronensaft geben. Die Fischportionen wieder hineinlegen und in der Marinade etwa 10 Minuten dünsten. Mit Pellkartoffeln anrichten.

Karpfen mit Paprika

750 g Fisch (etwa 4 bis 5 Portionen), Salz, 1 Zwiebel, 80 g Schmalz, 1 Teelöffel edelsüßer Paprika, 2 Paprikafrüchte (aus der Dose).

Den Fisch vorbereiten, in Portionen schneiden und salzen. Die gehackte Zwiebel in Schmalz rösten, mit Paprika bestäuben, mit etwas Wasser verrühren und aufkochen. Die Karpfenportionen einlegen und 10 bis 15 Minuten darin dünsten. Den Fisch herausnehmen, mit der Soße übergießen und mit in Streifen geschnittenem Paprika garnieren. Als Beilage Kartoffeln reichen.

Karpfen mit Rotweinsoße

750 g Karpfen (4 bis 5 Portionen), 70 g Margarine, 1 Zwiebel, 200 ml Rotwein, 50 g Tomatenketchup, etwas Fischbrühe, Salz.

Feingeschnittene Zwiebel in Margarine rösten und mit Rotwein, Tomatenketchup und etwas Fischbrühe verdünnen. Die Soße gut verrühren und aufkochen lassen. Die vorbereiteten, gesalzenen Fischportionen einlegen und zugedeckt etwa 15 Minuten dünsten. Dann den Fisch herausnehmen und mit der durchgesiehten Soße übergießen. Reis oder Kartoffeln als Beilage servieren.

Karpfen auf Champignons

750 g Karpfen (4 bis 5 Portionen), 3 Knoblauchzehen, Salz, 100 ml Weißwein, 2 Pfefferkörner, 1 Prise Muskat, Petersilie. Für die Soße: 100 g Margarine, ½ Zwiebel, 100 g Champignons, Zitronensaft, 20 g Mehl, 200 g Tomaten, 1 Eigelb.

Den vorbereiteten, in Portionen geschnittenen Fisch mit Knoblauch einreiben und in eine Bratpfanne legen. Mit dem Wein und etwas Wasser begießen, so daß das Fischfleisch bedeckt ist. Gewürze und Petersilie zufügen und etwa 8 bis 10 Minuten schmoren. Den Fisch herausnehmen und auf eine vorgewärmte Platte legen. Feingehackte Zwiebel in Margarine rösten, die geputzten, in Scheiben geschnittenen Champignons zugeben und mit Zitronensaft beträufeln, damit sie ihre helle Farbe behalten. Etwas dünsten, mit geröstetem Mehl andicken, Fischbrühe aufgießen und kochen lassen. Die gehäuteten, von den Kernen befreiten Tomaten in kleine Würfel schneiden, zugeben und alles weiterdünsten. Zum Schluß das verquirlte Eigelb unterziehen und gut verrühren. Die Soße nur noch erwärmen und über die Fischportionen gießen. Mit Kartoffeln oder Reis anrichten.

Karpfen „schwarz" (traditionelles Weihnachtsgericht)

750 g Karpfen, 1 Tasse Essig, Salz, 100 g Margarine, 100 g Wurzelwerk, 1 Zwiebel, ½ l dunkles Bier, 4 Pfefferkörner, 1 Lorbeerblatt, 2 Gewürzkörner, 50 g Pflaumenmus, 30 g Zucker, 50 g Pfefferkuchen, 6 getrocknete Pflaumen, 30 g Rosinen, 30 g abgezogene Mandeln, 4 Nüsse, Zitronenschale.

Von dem frisch geschlachteten Karpfen Blut auffangen und gut mit 1 Eßlöffel Essig verrühren, damit es nicht gerinnt. Den vorbereiteten Karpfen in Portionen schneiden, salzen, in erhitzter Margarine auf beiden Seiten anbraten, dann herausnehmen. In der restlichen Margarine das in Scheiben geschnittene Wurzelwerk und die Zwiebel rösten. Blut und Bier aufgießen, Gewürze, Pflaumenmus, den restlichen Essig, Zucker, Salz nach Bedarf und geriebenen Pfefferkuchen zugeben. Falls kein Pfefferkuchen vorhanden ist, die Soße mit dunklen Brotrinden eindicken. Langsam gut durchkochen lassen, dann durchseihen. Die eingeweichten Trockenpflaumen in Stücke schneiden, Rosinen und die feingehackten Mandeln und Nüsse sowie etwas abgeriebene Zitronenschale zugeben. Die Fischportionen in die Soße legen und etwa 15 Minuten garen. Den Karpfen etwa 24 Stunden kühl stellen. Erst dann aufwärmen und mit Semmelknödeln servieren.

Karpfen mit Salbei

1 kleiner Karpfen, Salz, Pfeffer, 100 g Butter, getrockneter Salbei, ⅛ l Sahne.

Den Karpfen vorbereiten, ausnehmen und längs aufschneiden. Dann salzen, pfeffern und mit der Hälfte der zerlassenen Butter in eine größere Bratpfanne geben. Mit Butterflöckchen belegen, mit feingehacktem Salbei bestreuen und in der Röhre bei starker Hitze braten. Dann herausnehmen und auf einer Platte anrichten. Den Bratsaft mit der Sahne auffüllen, kurz aufkochen und den Karpfen damit übergießen. Mit Kartoffeln reichen.

Hecht mit Pilzen

750 g Hecht (4 bis 5 Portionen), Salz, Pfeffer, 100 g Margarine, 25 g Mehl, ¼ l Sahne, 100 g frische Pilze, 1 Eigelb, Zitronensaft.

Die vorbereiteten Fischportionen salzen, pfeffern und in zwei Drittel der Margarine auf beiden Seiten anbraten. Dann herausnehmen, im Bratfett Mehl anschwitzen, die restliche Margarine zugeben, rösten und mit Sahne andicken. Die Soße gut verrühren, die geputzten, in Scheiben geschnittenen Pilze und die Fischportionen zugeben. Zugedeckt etwa 10 Minuten dünsten. Die Soße mit verquirltem Eigelb abziehen und mit Zitronensaft abschmekken. Als Beilage eignen sich Reis, Nocken oder Teigwaren.

Schleie in Speck

1 kg Schleie, Salz, Pfeffer, 30 g Margarine, 1 Zwiebel, 100 g Champignons oder andere Pilze, 100 g Speck, 50 g Öl.

Den Fisch vorbereiten, ausnehmen, salzen und pfeffern. Feingehackte Zwiebel in Margarine glasig rösten, geputzte und in dünne Scheiben geschnittene Champignons zugeben. Alles verrühren und damit den Fisch füllen. Dann in dünne Speckscheiben wickeln, kurz in Öl anbraten, etwas Wasser zugießen und 10 Minuten schmoren. Mit Kartoffeln servieren.

Hecht (Karpfen) in Gemüse

750 g Fisch (4 bis 5 Portionen), 50 g Speck, Salz, ½ Teelöffel edelsüßer Paprika, Pfeffer, 100 g Margarine, 1 Zwiebel, 50 g Möhre, 50 g Sellerie, ½ Teelöffel Kapern, 30 g Mehl, ½ l Sahne, Zitronensaft.

Den Fisch säubern, mit Speckstreifen spicken, salzen, mit Paprika und Pfeffer bestäuben und in eine Pfanne mit zerlassener Margarine legen. Das feingeschnittene Gemüse und die Kapern zugeben, etwas Wasser aufgießen und auf kleiner Flamme zugedeckt dünsten. Während des Schmorens mehrfach mit dem eigenen Saft übergießen. Den garen Fisch vorsichtig auf eine Platte legen. Den Saft eindampfen, mit Mehl anschwitzen, rösten, Sahne unterziehen, aufkochen lassen und mit Zitronensaft abschmecken. Den Fisch in Portionen schneiden und mit der Soße übergießen. Reis oder Kartoffeln dazu anrichten.

Fischfilet mit Weinsoße

650 g Fischfilet, Salz, Zitronensaft, 40 g Butter oder Margarine.
Für die Soße: ⅛ l Weißwein, ⅛ l eingedampfter Fischsaft, 3 Eigelb, 1 Teelöffel Stärkemehl, 60 g Butter, Salz, 1 Prise Zucker, Zitronensaft.

Den Fisch in Portionen schneiden, salzen und mit Zitronensaft beträufeln. Die Fischstücke in eine feuerfeste Schüssel schichten, mit einigen Butterflöckchen bedecken, etwas Wasser zugießen und zugedeckt etwa 15 Minuten dünsten. In einem Töpfchen den Wein, den eingedampften Fischsaft, die Eigelbe und das in etwas kaltem Wasser verquirlte Stärkemehl schaumig schlagen. Das Gefäß ins Wasserbad stellen und unter ständigem Rühren erhitzen. Sobald die Soße zu wallen beginnt, die restliche Butter in kleinen Stücken zugeben. Die Soße mit Salz, Zucker und Zitronensaft abschmecken. Den

Fisch mit der Soße übergießen und mit Kartoffeln reichen.

Fischfilet mit Joghurt

650 g Fischfilet, Salz, Zitronensaft, 1 Zwiebel, 100 g Margarine, ¼ Lorbeerblatt, ½ Teelöffel edelsüßer Paprika, ½ Teelöffel Stärkemehl, ⅛ l Joghurt.

Das Fischfilet in Portionen schneiden, salzen, mit Zitronensaft beträufeln und 30 Minuten stehen lassen. Die Zwiebel in Würfel schneiden, in Margarine rösten, Lorbeerblatt zugeben und etwas Wasser aufgießen. Die Fischportionen einlegen und garschmoren. Dann herausnehmen. Den Saft eindampfen, in Wasser verrührtes Stärkemehl und Paprika zugeben, alles aufkochen lassen. Zum Schluß schaumig geschlagenen Joghurt unterziehen. Den Fisch in der Soße erwärmen und mit Kartoffeln oder Reis servieren.

Makrelen mit Tomatenmark

4 Makrelen, Salz, etwas Mehl, 80 g Öl, 3 Zwiebeln, 2 Eßlöffel Tomatenmark, Zitronensaft.

Die vorbereiteten Makrelen waschen und mit einer Papierserviette trocknen. Längs aufschneiden, salzen, in Mehl wenden und rasch in etwas Öl anbraten. In dem restlichen Öl gehackte Zwiebeln rösten, Tomatenmark und etwas Zitronensaft zugeben und alles dünsten, bis die Zwiebel gar ist. Darauf den gebratenen Fisch legen und so viel Wasser aufgießen, daß der Fisch bedeckt ist. Auf kleinerer Flamme gardünsten. Mit Brot oder Kartoffeln auf den Tisch bringen.

Geschmorter Dorsch

750 g Dorsch (4 bis 5 Portionen), Salz, 100 g Margarine, 3 Pfefferkörner, 2 Gewürz-

körner, ½ Lorbeerblatt, 4 Anchovis, ½ Zwiebel, 30 g saure Gurke, 1 Teelöffel Kapern, 1 Zitrone, 30 g Mehl, ¼ l Sahne.

Den Fisch vorbereiten, in Portionen schneiden, salzen und in Margarine anbraten. Dann etwas Wasser zugießen, die Gewürze zugeben und alles schmoren. Die entgräteten Anchovis fein wiegen, Zwiebel, Gurke und Kapern gehackt sowie abgeriebene Zitronenschale zufügen. Den Fisch aus der Pfanne nehmen, das feingehackte Gemisch in den Bratsaft geben. Kurz dünsten, dann mit Mehl anschwitzen, die Sahne zugießen und kochen, mit Zitronensaft abschmecken. Mit Nocken oder Pellkartoffeln anrichten.

Gebratene und gebackene Fische

Gebratener Karpfen mit Speck

750 g Karpfen (4 bis 5 Portionen), 50 g Speck, Salz, 20 g Mehl, 1 Prise edelsüßer Paprika, 80 g Margarine, Zitrone.

Die Karpfenportionen mit dünnen Speckstreifen spicken, salzen, mit Mehl und Paprika bestäuben. In zerlassener Margarine auf beiden Seiten braten. Mit Zitronenscheiben garnieren und mit Pell- oder Bratkartoffeln anrichten.

Gebratener Karpfen mit Zwiebel

750 g Karpfen (4 bis 5 Portionen), Salz, 25 g Mehl, 60 g Öl, 2 Zwiebeln, 1 grüne Paprikafrucht, 2 Knoblauchzehen, Tomatenketchup.

Die Karpfenportionen salzen, in Mehl wenden und in etwas erhitztem Öl auf beiden Seiten braten. Den Fisch herausnehmen. In dem restlichen Öl die in Scheiben geschnittenen Zwiebeln und den in Streifen geschnittenen Paprika rösten, mit in Salz zerriebenem Knoblauch und etwas Tomatenketchup abschmecken. Noch eine Weile dünsten lassen. Mit diesem Gemisch den Karpfen übergießen. Kartoffeln oder nur Brot dazu servieren.

Forellen mit Mandelsoße

4 Forellen, Salz, Pfeffer, 80 g Öl, 1 Zwiebel, 2 Knoblauchzehen, 20 g Mehl, ⅛ l Weißwein, 1 Zitrone, 50 g Tomatenmark, 50 g Mandeln.

Die vorbereiteten Forellen ausnehmen, salzen, pfeffern und auf beiden Seiten in der Hälfte des Öls braten. Dann herausnehmen, das restliche Öl zugeben, darin gehackte Zwiebel und Knoblauch rösten, Mehl anschwitzen, mit Wein und etwas Wasser verrühren und alles gut aufkochen lassen. Zitronensaft, Tomatenmark und zuletzt die abgezogenen, feingehackten Mandeln zufügen. Die Forellen mit Reis oder Nocken servieren.

Forellen vom Rost

4 kleine Forellen, Salz, Pfeffer, 1 Zitrone, feine Semmelbrösel, 50 g Öl.

Die vorbereiteten Fische ausnehmen, salzen und pfeffern, mit Zitronensaft beträufeln und in Semmelbröseln wenden. Auf den mit Öl bestrichenen Rost legen, darunter ein Schüsselchen zum Auffangen des Fettes stellen. Die Forellen während des Bratens mit Öl bestreichen. Die Fische mit Zitronenscheiben garnieren und mit gebratenen Kartoffeln anrichten.

Gebratener Zander (Dorsch, Karpfen, Fischfilet) mit Knoblauchsoße

750 g Fisch, Salz, 1 Prise Pfeffer, 40 g Mehl, 80 g Öl, 2 Knoblauchzehen, Petersilie, 1 Eigelb, Zitronensaft.

Den Fisch vorbereiten, in Portionen schneiden, salzen, pfeffern, in Mehl wenden und auf beiden Seiten in Öl braten. Die goldgelben Fischportionen in eine Schüssel legen und warm stellen. In dem restlichen Öl den mit Salz zerriebenen Knoblauch und etwas gehackte Petersilie rösten. Mehl anschwitzen, mit 1 Glas Wasser verrühren und aufkochen. Unter die abgekühlte Soße verquirltes Eigelb ziehen, mit Zitronensaft abschmecken und wie Mayonnaise gut verrühren. Die kalte Soße über den gebratenen Fisch gießen. Dazu Weißbrot reichen.

Fischfilet am Spieß

500 g Fischfilet, Salz, Zitronensaft, edelsüßer Paprika, 100 g Räucherspeck, 2 Tomaten, 2 kleine Zwiebeln, 40 g Öl.

Den Fisch salzen, mit Zitronensaft beträufeln, leicht mit Paprika bestäuben und in kleine Würfel schneiden. Abwechselnd mit dickeren Räucherspeckscheiben, Tomatenscheiben und Zwiebeln aufspießen. Alles mit Öl bestreichen und im Grillgerät von allen Seiten etwa 10 Minuten garen. Mit Bratkartoffeln reichen. – Ist kein Grillgerät vorhanden, dann mehr Öl verwenden und den Spieß von allen Seiten in der Pfanne braten.

Gebackenes Fischfilet mit Käse

750 g Fischfilet, Salz, Pfeffer, 1 Zwiebel, 100 g Margarine, 30 g Mehl, ⅛ l Milch, Zitronensaft, Petersilie, 2 bis 3 Eigelb, 50 g geriebener Käse, 20 g Semmelbrösel.

Das Fischfilet in Portionen schneiden, salzen, pfeffern und auf allen Seiten mit gerösteter, gewiegter Zwiebel in Margarine braten. Den Fisch in eine ausgefettete feuerfeste Schüssel schichten. Aus der restlichen Margarine und Mehl eine helle Mehlschwitze bereiten, mit Milch verrühren und zu einer dickeren Soße verkochen. Mit Salz, Zitronensaft und gehackter Petersilie abschmecken, die verquirlten Eigelbe und ein Drittel des geriebenen Käses unterziehen. Den Fisch mit der Soße übergießen, die Oberfläche mit Käse und einigen Semmelbröseln bestreuen und in der Röhre backen, bis die Oberfläche goldbraun ist. Mit Kartoffeln oder Weißbrot reichen.

Gebackenes Fischfilet mit Äpfeln und Sellerie

750 g Fischfilet, 100 g Margarine, 2 Äpfel, 1 kleinere Sellerieknolle, 1 Zwiebel, Salz, Zitronensaft, etwa 30 g Semmelbrösel.

Das Fischfilet in kleinere Stücke schneiden. In eine gefettete feuerfeste Schüssel abwechselnd Fisch, geschälte und in Scheiben geschnittene Äpfel, geriebenen rohen Sellerie und feingewiegte Zwiebel schichten. Jede Schicht salzen, mit Zitronensaft und flüssiger Margarine beträufeln. Die Oberfläche mit Semmelbröseln bestreuen und ebenfalls mit Margarine beträufeln. In der Röhre etwa 30 Minuten backen. Mit Weißbrot oder Kartoffeln servieren.

Panierte Fische

Panierter Karpfen

750 g Karpfen (4 bis 5 Portionen), Salz, etwa 100 g Mehl, 2 Eier, 4 bis 5 Eßlöffel Milch, 200 g Semmelbrösel, etwa 120 g Öl oder Margarine, 20 g Butter, 1 Zitrone.

Den vorbereiteten Fisch in Portionen schneiden und salzen. In Mehl, in mit Milch verrührten Eiern und zum Schluß in Semmelbröseln wenden. Die Fischportionen in einer Pfanne auf beiden Seiten in erhitztem Öl oder Margarine braten. Mit Zitronenscheiben oder feingeriebenem

Meerrettich reichen. Als Beilage eignen sich Kartoffelbrei, Pellkartoffeln oder Kartoffelsalat.

Fisch in Teig

750 g Fisch (z. B. Karpfen, Hecht, Fischfilet), ⅛ l Milch, 2 Eier, Salz, etwa 90 g halbgriffiges Mehl, 120 g Öl, 1 Zitrone.

Den vorbereiteten Fisch in Portionen schneiden. In der Milch die Eier, Salz und Mehl mit dem Schneebesen verschlagen. Es entsteht ein Teig wie für Palatschinken (Eierkuchen). Darin die Fischportionen wenden. Sie müssen zuvor ganz trocken sein, damit der Teig beim Braten nicht abfällt. In erhitztem Öl goldgelb braten. Mit Zitrone garnieren, Kartoffelbrei dazu reichen.

Karpfen in Bierteig

750 g Karpfen (4 bis 5 Portionen), ⅛ l helles Bier, 1 Ei, Salz, 1 Teelöffel Öl, etwa 120 g halbgriffiges Mehl, 120 g Öl, 1 Zitrone.

Den vorbereiteten Karpfen in Portionen schneiden. In dem Bier das Eigelb, Salz und 1 Teelöffel Öl schaumig schlagen und langsam Mehl unterrühren. Den Teig etwa 30 Minuten stehen lassen. Dann das Eiweiß zu Schnee schlagen und unterziehen. Den Fisch im Teig wenden und sofort in gut erhitztem Öl braten. Mit Zitronenscheiben garnieren und Kartoffelbrei dazu anrichten.

Fischfilet mit Schinken und Käse

500 g Fischfilet, Salz, Zitronensaft, 100 g Schinken, 100 g Mehl, 2 Eier, 3 Eßlöffel Milch, 100 g Semmelbrösel, 100 g geriebener Käse, 120 g Öl.

Das Fischfilet in dünne Scheiben schneiden, salzen und mit Zitronensaft beträufeln. Zwischen 2 Fischscheiben jeweils 1 Scheibe Schinken legen und mit einem Zahnstocher zusammenstecken. Vorsichtig in Mehl, in mit Milch verquirlten Eiern und zum Schluß in Semmelbröseln, gemischt mit geriebenem Käse, wenden. Den Fisch in heißem Öl nicht zu dunkel braten, weil der Käse sonst einen bitteren Geschmack bekommen würde. Mit Kartoffeln oder Kartoffelbrei servieren.

Hackfischgerichte

Falsches Hirn aus Fischfilet

600 g Fischfilet, Salz, Zitronensaft, 80 g Margarine, 2 Zwiebeln, 1 Prise Pfeffer, 4 Eier, Petersilie, etwa 2 Eßlöffel Semmelbrösel.

Das Fischfilet in Scheiben schneiden, salzen, mit Zitronensaft beträufeln und in der Hälfte der Margarine braten. Dann in kleine Stücke hacken. In der restlichen Margarine die feingehackten Zwiebeln rösten. Wenn sie glasig sind, das Fischfilet zugeben, pfeffern und durchwärmen. Zum Schluß die Eier unterziehen und mit gewiegter Petersilie abschmecken. Wenn das Gericht zu dünnflüssig ist, einige durchgesiebte Semmelbrösel zugeben. Mit Weißbrot oder Kartoffeln anrichten.

Fischbuletten

600 g entgrätetes Fischfilet, 1 Zwiebel, 2 Eier, Salz, 1 Prise Pfeffer, Zitronensaft, Petersilie, 30 g Kapern, Zitronenschale, 1 Teelöffel Stärkemehl, Semmelbrösel.
Zum Panieren: 100 g Mehl, 1 Ei, 1 Eiweiß, 1 Eßlöffel Milch, 100 g Semmelbrösel.
Zum Braten: 120 g Öl.

Das entgrätete Fischfleisch zusammen mit der Zwiebel durch den Wolf drehen. Die Eier, Salz, Pfeffer, 1 Teelöffel Zitronensaft, feingehackte Petersilie, Kapern, et-was abgeriebene Zitronenschale und das Stärkemehl untermischen. Im Bedarfsfall mit Semmelbröseln andicken. Aus dem Teig kleine runde Buletten oder Kroketten formen. Mit Mehl, Ei, mit Milch verquirltem Eiweiß und Semmelbröseln panieren, in heißem Öl braten. Die Fischbuletten mit Kartoffelbrei reichen.

Fischspezialitäten

Gekochter Karpfen in Marinade

750 g Karpfen (4 bis 5 Portionen), ½ l Wasser, ¼ l Essig, Salz, 5 Pfefferkörner, 3 Gewürzkörner, 1 Lorbeerblatt, 2 Zwiebeln, 200 g Wurzelwerk, 200 g Mayonnaise, Salz, Pfeffer, Zucker, Zitronensaft, 1 Gewürzgurke, 20 g Kapern.

Den Karpfen säubern, ausnehmen und in Portionen schneiden. Essigwasser erwärmen, Salz, Gewürze, in Streifen geschnittene Zwiebeln und Wurzelwerk zufügen. Alles eine Weile kochen und dann das Gemüse abseihen. In die siedende klare Brühe die Karpfenportionen einlegen und 12 bis 15 Minuten kochen. Abkühlen lassen und vorsichtig aus der Brühe nehmen. Die Rückengräten sowie größere Gräten entfernen und die Portionen auf einer tiefen Platte anrichten. Die Mayonnaise mit 1 Eßlöffel abgekühlter Fischbrühe verdünnen, nach Geschmack mit Salz, Pfeffer, Zucker und Zitronensaft abschmekken, die in Streifen geschnittene Gurke und die gehackten Kapern untermischen. Den Fisch mit der Marinade übergießen und mit dem abgeseihten Gemüse garnieren. Im Kühlschrank mehrere Stunden ziehen lassen. Mit Weißbrot servieren.

Makrelen in Wein gedämpft

4 kleine oder 2 große Makrelen, Salz, Pfeffer, 80 g Margarine, Zitronensaft, ⅛ l Weißwein.

Die Makrelen ausnehmen, Kopf und Schwanz abschneiden, den Fisch in kleinere Stücke teilen, salzen und pfeffern. In einer Bratpfanne die Margarine zerlassen, die Makrelenportionen hineinlegen und mit Zitronensaft beträufeln. Etwa 8 Minuten anbraten, Wein aufgießen und den Fisch gardämpfen. Die Portionen auf einer Platte anrichten, mit Sellerie-, Blumenkohl- oder anderem Salat, mit Mayonnaise und Petersilie garnieren. Dazu Hörnchen reichen.

Gebratene Heringe in Tomatenmarinade

4 kleine Heringe, 50 g Öl, 1 Zwiebel, 50 g kleine Champignons, 100 g Tomatenketchup, 1 Prise Zucker, ⅛ l Rotwein, Salz.

Die Heringe säubern, ausnehmen, Kopf und Schwanz abschneiden. Die Fische gründlich waschen und abtrocknen, in erhitztem Öl von beiden Seiten anbraten. Dann herausnehmen und auf einer Platte anrichten. Im restlichen Öl die in Ringe geschnittene Zwiebel anrösten, geviertelte Champignons, Tomatenketchup, Zucker, Wein und nach Geschmack Salz zufügen. Alles gut durchkochen und über die Fische gießen. Mit Salz- oder Bratkartoffeln reichen. Wird das Gericht kalt serviert, nur Salzgebäck oder Weißbrot dazu geben.

Gebratenes Fischfilet mit Senfsoße

650 g Fischfilet, Salz, Zitrone, 80 g Margarine.
Für die Soße: 150 g Mayonnaise, ⅛ l Joghurt, 2 Eßlöffel Senf, Pfeffer, ½ Teelöffel Worcestersauce, 1 Prise Zucker.

Das Fischfilet in Portionen schneiden, salzen, mit Zitronensaft beträufeln und in Margarine von beiden Seiten gut durchbraten. Für die Soße die Mayonnaise mit dem Joghurt verrühren, nach Geschmack Senf, Pfeffer, Worcestersauce und Zucker zufügen. Den Fisch damit übergießen und Kartoffeln dazu reichen.

Panierte Fischkroketten

650 g Fischfilet, Salz, Zitrone, 40 g Margarine, 40 g Mehl, ⅛ l Fisch- oder Suppenwürfelbrühe, ½ Teelöffel Senf, 10 g Trockenpilze oder 100 g frische Champignons, 20 g geriebener Käse, 1 Eigelb, 150 g Kokosfett oder Öl.
Für die Panade: 100 g Mehl, 1 Ei, 1 Eiweiß, 120 g Semmelbrösel.

Das kleingeschnittene Fischfilet salzen und mit Zitronensaft beträufeln. Im eigenen Saft etwa 5 Minuten dünsten, dann durch den Wolf drehen. Aus Margarine und Mehl eine helle Mehlschwitze bereiten, mit dem Fischsaft und der Brühe verdünnen, gut verrühren und aufkochen. Unter die dicke Soße die Fischmasse, Senf, eingeweichte, gedünstete und feingehackte Trockenpilze, geriebenen Käse und 1 Eigelb mischen. Den Teig abkühlen lassen. Kroketten formen, in Mehl, verschlagenem Ei, Eiweiß und zuletzt in Semmelbröseln wenden. In heißem Fett goldgelb ausbacken und mit Kartoffelbrei oder -salat reichen. Es können auch verschieden kalte Mayonnaisesoßen dazu serviert werden.

Fischhackbraten

650 g Fischfilet (entgräteter Karpfen oder anderer Fisch), ⅛ l Milch, 2 Semmeln, 2 Eier, 30 g Margarine, ½ Zwiebel, Petersilie, Zitronenschale, Salz, Pfeffer, Semmelbrösel, 10 g Butter.

Das entgrätete Fischfilet durch den Wolf drehen. In Milch eingeweichte und ausgedrückte Semmeln, Eier, feingehackte und in Margarine geröstete Zwiebel, gewiegte Petersilie, abgeriebene Zitronenschale sowie Salz und Pfeffer zufügen. Eine Kastenform oder eine feuerfeste Schüssel fetten, ausbröseln, mit der Fischmasse füllen und obenauf mit Butter bepinseln. Etwa 30 Minuten in der Röhre backen. Den warmen Hackbraten mit Bratkartoffeln und Salat reichen. Kalten Hackbraten mit Tatarensoße oder Gemüsesalaten servieren.

Fischfilet auf Grillspießchen

500 g Fischfilet, Salz, Pfeffer, 150 g Paprikaspeck, 2 kleine Zwiebeln, 2 schnittfeste Tomaten, 2 Eßlöffel Öl, Senf oder Tomatenketchup.

Das Fischfilet in kleine fingerdicke Quadrate (Häppchen) schneiden, salzen, pfeffern und in dünne Speckscheiben einschlagen. Auf Holzspeiler oder Metallspießchen abwechselnd Fischquadrate, Zwiebel- und Tomatenscheiben reihen. Mit Öl bepinseln und im Grill garen oder in gefetteter Pfanne braten. Wird der Speck goldgelb und knusprig, ist der Fisch gar. Mit Senf, Tomatenketchup oder Tatarensoße auftragen und als Beilage Brat- oder Strohkartoffeln reichen.

Fischragout in Muschelschalen

650 g Fischfilet, Salz, 1 Zitrone, 80 g Butter, 1 kleine Zwiebel 30 g Mehl, Fischbrühe, 1 Teelöffel Anchovispaste, 2 Eigelb, 30 g geriebener Käse, Petersilie, Semmelbrösel.

Das Fischfilet in Portionen schneiden, in eine Kasserolle legen, salzen, mit Zitronensaft beträufeln und auf kleiner Flamme in eigenem Saft eine Weile dämpfen. In der Hälfte der Butter die feingewiegte Zwiebel anlaufen lassen, mit Mehl bestäuben, eine helle Mehlschwitze zubereiten, mit etwas Fischbrühe verdünnen und zu einer dicken Soße verrühren. Anchovispaste, Eigelbe, etwas geriebenen Käse, gehackte Petersilie und blättrig zerlegtes Fischfleisch untermischen. Mu-

schelschalen oder Auflaufförmchen fetten und ausbröseln, die Fischmasse einfüllen, obenauf mit dem restlichen geriebenen Käse bestreuen und mit Butterflöckchen belegen. Das Fischragout in der Röhre überbacken und mit Zitronenscheiben garniert auftragen.

Fleischarme Hauptgerichte

Hauptgerichte ohne oder nur mit wenig Fleisch sind vor allem bei Kindern und älteren Leuten beliebt. Sie sind in ernährungswissenschaftlicher Hinsicht Fleischgerichten gleichwertig. Milch-, Quark-, Käse- und Eierspeisen enthalten Eiweißstoffe von hoher Qualität. Hülsenfrüchte enthalten nicht so hochwertige pflanzliche Eiweißstoffe. Wird ihnen jedoch etwas Rauchfleisch oder ein Ei zugesetzt, sind sie vollwertiger und bringen Abwechslung in den Speisezettel.

In der tschechischen Küche sind herzhafte Hauptgerichte, aus Getreidefrüchten oder Mehl zubereitet, sehr beliebt. Auch Kartoffelspeisen werden bevorzugt, vor allem in Verbindung mit Pilzen.

Seit etwa fünfzig Jahren erscheinen immer mehr Gemüsegerichte auf den Speisezetteln. Ärzte und Ernährungswissenschaftler machten auf den hohen Nährwert der tschechischen Küche aufmerksam und warnten vor zu reichlichem Genuß von Mehlgerichten. Deshalb werden sie immer mehr durch Mahlzeiten ersetzt, die sich aus den verschiedensten Gemüsesorten zubereiten lassen.

Gerichte aus Quark und Käse

Serviettenquarkkloß

80 g Margarine, Salz, 4 Eier, 500 g weicher Quark, 4 Eßlöffel Milch, etwa 250 g feiner Grieß, Semmelbrösel, etwa 100 g Butter.

In einer Schüssel Margarine mit Salz und Eigelben verrühren, nach und nach Quark, Milch und Grieß zufügen. Zuletzt den steifgeschlagenen Eischnee locker unterziehen. Eine Serviette in kaltes Wasser tauchen, auswringen und einen Durchschlag damit auslegen. Den ziemlich dünnen Teig hineingießen. Die Zipfel der Serviette mit einem Bindfaden einmal unmittelbar oberhalb des Teigkloßes und nochmals 3 cm höher zusammenbinden. Den Kloß aus dem Durchschlag nehmen, in ein größeres Gefäß mit siedendem Wasser legen und mit dem Bindfaden an einen quer über das Gefäß gelegten Holzlöffel binden, so daß der Kloß lose im Wasser hängen kann. Nach kurzem Aufkochen den unteren Bindfaden lockern, damit der Kloß noch aufgehen kann. 1 Stunde kochen lassen, dann herausnehmen, aufbinden und den Kloß vorsichtig auf eine Platte gleiten lassen. Mit einem Zwirnsfaden oder einem breiten Messer in Scheiben schneiden. Mit in Butter gerösteten Semmelbröseln bestreuen und mit zerlassener Butter beträufeln. – Gesalzener Kloß wird mit Kopfsalat gereicht, süßer Kloß mit Zucker bestreut oder mit zerkochtem Pflaumenmus (Powidl) übergossen.

Quarkklöße mit Semmelbröseln

50 g Margarine, Salz, 2 Eigelb, 500 g weicher Quark, abgeriebene Zitronenschale, 50 g griffiges Mehl, 250 g Semmelbrösel, 3 Eiweiß, 100 g Butter.

In einer Schüssel Margarine mit Salz und Eigelben verrühren. Nach und nach den Quark, etwas abgeriebene Zitronenschale, das Mehl und 150 g Semmelbrösel zufügen. Zuletzt den steifgeschlagenen Eischnee untermischen. Kleine, etwa eigroße runde Klöße formen, in siedendes Wasser werfen und 12 Minuten kochen lassen. Die abgeseihten Klöße halbieren, mit in Butter gerösteten Semmelbröseln bestreuen und mit zerlassener Butter beträufeln. – Die Klöße können auch mit

Hammelfleisch mit Zwiebeln und Kartoffeln

Serviettenquarkkloß mit Powidl

Eier im Schlafrock

Gedünstetes Huhn mit Knoblauch

Fischfilet am Spieß

Karpfen in Marinade

Kulajda

Camembert in Teig ausgebacken

Zucker bestreut oder mit zerkochtem Pflaumenmus (Powidl) übergossen werden.

Quarknocken auf mährische Art (Hanácké noky)

70 g Margarine, Salz, 400 g dünner Quark, 3 Eier, ¹⁄₃ l Milch, griffiges Mehl nach Bedarf, etwas geriebener Pumpernickel, etwa 100 g Butter.

Die Margarine mit Salz, Quark und den Eiern verrühren. Nach und nach so viel Milch und Mehl dazugeben, daß der Teig noch weich bleibt (etwa wie Nockenteig). Die Mehlmenge hängt von der Dünne des Quarkes ab. Den Teig gut durcharbeiten, mit einem vorher jeweils in kaltes Wasser getauchten Löffel Nocken abstechen, in eine größere Kasserolle mit siedendem Wasser werfen und 10 Minuten kochen lassen. Wenn sie hochkommen, eine Nocke probeweise zerschneiden, um festzutellen, ob sie innen gar ist. Die abgeseihten Nocken mit geriebenem Pumpernickel bestreuen und mit zerlassener Butter übergießen.

Käsenudeln

70 g Butter, 70 g Mehl, ¹⁄₄ l Milch, 6 Eier, 50 g geriebener Käse, Salz, Semmelbrösel, Kokosfett.

Butter und Mehl zu einer hellen Mehlschwitze verrühren, mit Milch verdünnen und zu einem dicken Brei verkochen. Die Eier einzeln zugeben, ebenso etwas geriebenen Käse und Salz. Weiterrühren, bis der Brei sehr dick ist, dann kühl stellen. Aus dem ausgekühlten Teig kleine Nudeln (ovale Klößchen) formen, in Semmelbröseln wenden und in erhitztem Fett ausbacken. Noch heiß mit dem restlichen Käse bestreuen und mit Kopfsalat oder anderem Gemüsesalat servieren. – Das Gericht kann auch mit Pilzsoße gereicht werden.

Käsepudding

¹⁄₄ l Milch, 5 Eier, 200 g griffiges Mehl, Salz, Petersilie, 100 g geriebener Käse, etwas Fett, Semmelbrösel, etwa 60 g Butter.

In der Milch die Eigelbe und das Mehl verquirlen, salzen, dann den steifen Eischnee, feingehackte Petersilie und geriebenen Käse untermischen. Den Teig in eine gut gefettete und ausgebröselte Puddingform gießen, fest verschließen und im Wasserbad 1 Stunde kochen lassen. Den gestürzten Pudding in Scheiben schneiden, mit zerlassener Butter beträufeln und mit gekochtem oder gedünstetem Gemüse garnieren. – Ist keine Puddingform vorhanden, kann auch ein Einkochglas mit Ring, Deckel und Klammer verwendet werden.

Käseschnitten

250 g Schwarzbrot, etwas Milch, 250 g Roquefort, 100 g Butter, Salz, 1 Prise edelsüßer Paprika.

Dünne Scheiben von Schwarzbrot mit etwas Milch anfeuchten, mit dem Käse, der mit Butter, Salz und Paprika verrührt wurde, bestreichen. Auf einem Backblech in der Röhre überbacken. Noch heiß, mit gedünstetem Gemüse garniert, servieren.

Semmelschmarren mit Käse

6 Semmeln, ¹⁄₄ l Milch, 100 g Butter, Semmelbrösel, 200 g geriebener Käse, Petersilie, 3 Eier.

Die in Scheiben geschnittenen Semmeln mit etwas Milch anfeuchten und in eine gut gebutterte und ausgebröselte Bratpfanne schichten. Jede Schicht mit geriebenem Käse bestreuen, mit zerlassener Butter beträufeln und mit feingehackter Petersilie bestreuen. Die obere Schicht nur mit zerlassener Butter beträufeln. In der Röhre braten. Nach einer Weile mit

der restlichen Milch, in der die Eier verquirlt wurden, übergießen und mit dem
restlichen geriebenen Käse bestreuen.
Goldbraun überbacken. Mit Kopfsalat
oder gedünstetem Spinat o. ä. reichen. –
Außer geriebenem Käse können auch
noch Reste von garem Fleisch oder gedünstete Pilze zugefügt werden.

Roquefort-Buletten

*200 g Roquefort, 50 g Hefe, 3 Eier, 1 Eß-
löffel Wasser, Salz, 1 Knoblauchzehe,
Semmelbrösel, Fett.*

Käse und Hefe feinreiben, Eier zufügen
und mit dem Wasser verrühren. In Salz
zerriebenen Knoblauch dazugeben und
nach Bedarf mit Semmelbröseln andikken. Kleine Buletten flachdrücken und
auf beiden Seiten in heißem Fett braten.
Mit Kartoffelbrei anrichten. – Die Buletten können auch auf mit Senf bestrichenen Brotscheiben serviert werden. Sie
sind dann besonders pikant und passen
vor allem zu Wein.

Camembert in Teig ausgebacken

*4 feste Camembertkäse, 1 Tasse Weißwein,
Salz, 2 Eigelb, etwas Mehl, Kokosfett
oder Öl.*

Den Käse quer teilen. Wein mit Salz, den
Eigelben und etwas Mehl zu einem dicken
Teig verrühren. Darin die Käsescheiben
wenden und sofort in gut erhitztem Fett
schnell ausbacken. Mit Kartoffelbrei reichen.

Gerichte aus Eiern

Eier mit Dillsoße

*½ l Sahne, 1 Eigelb, 30 g Butter, Salz,
20 g Zucker, 40 g Mehl, 1 Tasse Rindfleisch-
brühe, Essig oder Zitronensaft nach
Geschmack, Dill, 8 Eier.*

Die Sahne in einem Topf mit Eigelb, Butter, Salz, Zucker und Mehl verrühren. Auf
kleiner Flamme unter ständigem Quirlen
eindicken lassen. In ein wenig Fleischbrühe mit Essig den feingehackten Dill
dünsten, unter die fertige Soße ziehen und
darin die hartgekochten geschälten Eier
erwärmen. Mit Kartoffeln oder Semmelknödeln anrichten. – Ist kein Dill vorhanden, kann die Soße auch mit gehackter Petersilie zubereitet werden.

Spiegeleier auf Speck

*4 Tomaten, Salz, 1 Prise Pfeffer, 1 kleine
Zwiebel, 20 g Margarine, 100 g Paprikaspeck, 4 Eier, Petersilie.*

Die gewaschenen Tomaten in Scheiben
schneiden, salzen und pfeffern. Die feingehackte Zwiebel in Margarine bräunen,
darauf dünne Speckscheiben rösten und
die Tomatenscheiben zufügen. Etwas
dünsten, darüber die Eier nebeneinander
aufschlagen, stocken und dann auf Teller
gleiten lassen. Mit gehackter Petersilie
garnieren und mit Kartoffelbrei oder
Bratkartoffeln auftragen. – Die Eier können auch mit geriebenem Käse bestreut
werden.

Rühreier mit Nudeln

*200 g gekochte Suppennudeln, 50 g Butter,
2 Eßlöffel Sahne, 6 Eier, 50 g geriebener
Käse, Petersilie.*

Die garen Nudeln absieben und in etwas
Butter schwenken. In der restlichen But-

ter rösten, mit in Sahne verquirlten Eiern übergießen und rühren, bis die Eier gestockt sind. Auf den Tellern mit geriebenem Käse und gehackter Petersilie bestreuen. Dazu Kopfsalat oder gedünstetes Gemüse servieren.

Verlorene Eier mit Reis

1 l Wasser, ⅛ l Essig, 4 Eier, 3 Tassen gedünsteter Reis, Kopfsalat, 1 Tasse Tomatenmark, Zitronensaft, Salz.

Das Wasser zusammen mit dem Essig aufkochen. Die Eier einzeln dicht über der Kasserolle aufschlagen, in das siedende Wasser gleiten lassen und mit einer Gabel möglichst sofort die Eigelbe mit den Eiweißen umhüllen. Etwa 3 Minuten kochen lassen. Dann vorsichtig mit dem Schaumlöffel herausnehmen und in kaltes Wasser legen, damit sie fest werden. Aus gedünstetem Reis auf einer flachen runden Platte einen Kranz bilden und in die Mitte ein grünes Kopfsalatblatt legen. Die Eier auf den warmen Reis legen, mit erwärmtem Tomatenmark übergießen, nach Geschmack mit Zitronensaft beträufeln und salzen.

Eingebackene Eier mit Käse

100 g Butter, ¼ l saure Sahne, 50 g geriebener Käse, Salz, Tomatenketchup, 8 Eier.

Zwei Drittel der Butter zerlassen. Sahne, etwas geriebenen Käse, Salz sowie einen Schuß Tomatenketchup untermischen und gut verrühren. Die Hälfte dieses Gemisches in eine gut gebutterte feuerfeste Schüssel gießen, mit halbweich gekochten Eiern besetzen und darüber den Rest des Gemisches gießen. Die Oberfläche mit dem restlichen geriebenen Käse bestreuen und alles in der Röhre überbakken. Mit gekochten Kartoffeln oder Toastbrot reichen.

Eier im Schlafrock

Für den Teig: 120 g Butter, 120 g Mehl, 1 Teelöffel Zitronensaft, ½ Eigelb, 1 Prise Salz, etwa 3 Eßlöffel Wasser.
Für die Eier: 5 Eier, 1 Anchovis, 30 g Butter, etwas Milch, ½ Semmel, Salz, Pfeffer, Senf, Petersilie.

Die Butter mit einem Drittel des Mehls zu einer Fettkugel verarbeiten und kalt stellen. Das restliche Mehl mit Zitronensaft, Eigelb, Salz und Wasser zu einem geschmeidigen Teig gut verarbeiten und rasten lassen. Den Teig leicht ausrollen, in die Mitte die Fettkugeln legen, den ausgerollten Teig darüberschlagen, ausrollen, dreiteilig zusammenschlagen, wieder ausrollen und zusammenschlagen und nochmals ausrollen. 4 Eier hart kochen, abschrecken, halbieren und die Eigelben herauslösen. Anchovisbutter mit in Milch eingeweichter und passierter Semmel, Salz, Pfeffer, Senf und gehackter Petersilie verrühren. Die Eiweißhälften damit füllen und aneinanderdrücken. Jedes Ei in ein Teigquadrat wickeln, die Ecken nach oben klappen und zusammendrükken (wie bei Äpfeln im Schlafrock). Mit verquirltem Ei bestreichen, auf ein Blech setzen und goldgelb backen. Mit Spinat servieren.

Frikassee aus Eiern und Blumenkohl mit Semmelklößen

4 Eier, 1 Blumenkohl (etwa 400 g), Salz.
Für die Semmelklöße: 20 g Butter, Salz, 1 Ei, 1 Eßlöffel geriebener Käse, 30 g Semmelbrösel, 1 Prise Muskat, abgeriebene Zitronenschale.
Für die Soße: 30 g Butter, 30 g Mehl, etwa ¼ l Milch, 1 Eigelb, Schnittlauch.

Die Eier hart kochen, schälen und vierteln. Den Blumenkohl in Salzwasser halb garen und ausgekühlt in Röschen zerlegen. Für die Klöße Butter mit Salz und Ei verrühren, geriebenen Käse, Semmelbrösel, Muskat und Zitronenschale untermischen. Aus dem Teig kleine Klöße formen, in siedendes Wasser legen und kurz aufkochen. Wenn sie hochkommen, abseihen und in kaltes Wasser tauchen, damit sie fest werden. Aus Butter und Mehl für die Soße eine Mehlschwitze bereiten, mit Milch auffüllen, schaumig schlagen und kurz aufkochen. Das in etwas Milch verquirlte Eigelb und gehackten Schnittlauch zufügen. Die Eiviertel, den Blumenkohl und die Klöße hineinlegen. Nur erwärmen, nicht mehr kochen lassen.

Eier in Semmeln überbacken

4 Semmeln, 1 kleine Dose Leberpastete, 8 Eier, Salz, 60 g Butter, Petersilie.

Die Semmeln halbieren und aushöhlen. 1 Stück Leberpastete hineinlegen, darüber jeweils 1 Ei schlagen und salzen. Die Semmeln in eine gebutterte kleine Auflaufform legen und in der Röhre überbakken, bis die Eier gestockt sind. Mit gehackter Petersilie garnieren und nach Belieben gedünsteten Spinat dazu auftragen.

Gerichte aus Hülsenfrüchten

Süßsaure Linsen

400 g Linsen, 80 g Schmalz, 30 g Mehl, Salz, Zucker, etwas Essig, 2 Zwiebeln, Petersilie.

Die ausgelesenen Linsen in kaltem, ungesalzenem Wasser 3 Stunden einweichen. Wasser nachfüllen und die Linsen langsam garkochen. Aus der Hälfte Schmalz und dem Mehl eine helle Mehlschwitze bereiten, mit Linsenbrühe auffüllen, wenn nötig noch etwas Wasser zugießen und mehrfach aufkochen. Die garen Linsen daruntermischen, mit Salz, Zucker und Essig abschmecken. Die in Ringe geschnittenen Zwiebeln in Schmalz goldgelb rösten. Die Linsen obenauf mit den Zwiebelringen sowie gehackter Petersilie bestreuen und mit dem restlichen zerlassenen Schmalz übergießen. Gemüsesalat oder Essiggurke dazu auftragen.

Pikante Linsen

400 g Linsen, 1 Lorbeerblatt, 40 g Margarine, 1 Zwiebel, 40 g Mehl, Salz, 1 Knoblauchzehe, 1 Anchovis oder etwas Anchovispaste, 1 Teelöffel Kapern, Essig, 4 Eier.

Die ausgelesenen Linsen 3 Stunden in kaltem ungesalzenem Wasser einweichen. Wasser nachfüllen, das Lorbeerblatt zugeben und die Linsen langsam garkochen. Die geschnittene Zwiebel in Margarine rösten, mit Mehl bestäuben und eine helle Mehlschwitze bereiten. In Salz zerriebenen Knoblauch, entgrätete Anchovis, gehackte Kapern und nach Geschmack Essig zufügen. Die Mehlschwitze noch mit etwas Wasser verdünnen, die garen Linsen unterziehen und darin kurz dünsten. Wenn das Linsengericht zu dick ist, noch etwas Wasser zugießen. Die pikanten Linsen auf Teller verteilen und jeweils mit 1 halbierten hartgekochten Ei oder mit 1 Setzei belegen.

Erbsen und Graupen

200 g Erbsen, 200 g Graupen, etwas Margarine, Salz, 100 g Speck, 2 Eßlöffel Schmalz, 2 Zwiebeln.

Die ausgelesenen Erbsen und Graupen in kaltem Wasser gesondert einweichen. Die Graupen etwa 2 Stunden, die Erbsen über Nacht stehen lassen. Kein Natron zufügen, weil es den Vitamin-B-Gehalt mindert. Das Wasser nicht abgießen, sondern so viel nachfüllen, daß die Erbsen und Graupen unter Wasser bleiben. Langsam kochen lassen, damit die Körner gut durchgekocht werden. Da Graupen leicht anbrennen, ein Stückchen Margarine ins Wasser geben und weil sie sehr aufquellen, doppelt soviel Wasser wie Graupen nehmen. Die garen Erbsen und Graupen zusammenmischen, salzen und in zerlassenem Speck und Schmalz schwenken. Obenauf Speckgrieben und in Schmalz geröstete Zwiebelringe streuen. Mit Essiggurke oder mit Sauerkrautsalat auftragen.

Bohnen mit Kartoffeln

250 g weiße Bohnen, 2 Eßlöffel Öl, 4 Zwiebeln, 300 g Porree, 300 g Kartoffeln, Salz, 1 Prise edelsüßer Paprika, 4 Knackwürste oder andere Würstchen.

Die ausgelesenen Bohnen über Nacht in kaltem, ungesalzenem Wasser einweichen. Dann Wasser nachfüllen und die Bohnen langsam in 1 bis 2 Stunden garkochen. Bevor sie ganz gar sind, in Öl geröstete Zwiebelscheiben, gehackten Porree und geschälte, würfelig geschnittene Kartoffeln untermischen. Alles gardünsten, mit Salz und Paprika abschmecken, in Scheiben geschnittene Wurst untermischen und mit erwärmen.

Bohnengulasch

300 g weiße Bohnen, 300 g Rindshaxe oder 1 Stück Schweinefleisch, Salz, 2 Zwiebeln, 100 g Schmalz, 30 g Mehl, ½ Teelöffel edelsüßer Paprika.

Die ausgelesenen Bohnen in kaltem, ungesalzenem Wasser über Nacht einweichen. Dann Wasser nachfüllen und die Bohnen langsam und gleichmäßig in 1 bis 2 Stunden garkochen lassen. Das Fleisch in Würfel schneiden, salzen und zusammen mit gehackten Zwiebeln in Schmalz rösten. Dann etwas Wasser zugießen und zugedeckt gardünsten. Das Fleisch herausnehmen, den restlichen Saft mit Mehl

bestäuben, bräunen, mit etwas Wasser verdünnen und kurz aufkochen. Die Bohnen untermischen. Den Bohnengulasch mit Salz und Paprika abschmecken. Dazu Brot auftragen. – Statt Paprika kann auch Tomatenketchup und statt des angegebenen Fleisches Rauchfleisch oder Bratwurst verwendet werden.

Erbsbuletten

400 g Erbsen, 50 g Speck, 1 Zwiebel, 1 Semmel, Salz, je 1 Prise Pfeffer und Majoran, 1 Knoblauchzehe, 3 Eier, Semmelbrösel, etwa 150 g Öl.

Die ausgelesenen, über Nacht in kaltem, ungesalzenem Wasser eingeweichten Erbsen etwa 1 ½ Stunden kochen lassen und passieren. In den Brei die gehackte, in würfelig geschnittenem Speck geröstete Zwiebel, die in Wasser eingeweichte und ausgedrückte Semmel, Salz, Gewürze, zerriebenen Knoblauch und 2 Eier rühren. Wenn die Masse zu dünn ist, mit Semmelbröseln andicken. Kleine flache Buletten in verquirltem Ei und Semmelbröseln wenden und in heißem Öl auf beiden Seiten braten. Mit Kartoffelbrei reichen.

Gerichte aus Körnerfrüchten

Graupenpfanne mit Fleisch (Prejt)

150 g fettes Schweinefleisch, Salz, 3 g Trockenpilze, 200 g Graupen, 20 g Butter, 80 g Schmalz, ½ Zwiebel, ⅛ l Schweineblut (wenn vorhanden), 1 Knoblauchzehe, 1 Prise Majoran, etwas Fleischbrühe.

Das Fleisch in Stücke schneiden, salzen, mit Wasser übergießen und garen. Die Pilze einweichen, kurz dünsten und zerhacken. Die Graupen auslesen, abspülen und etwa 2 Stunden in kaltem Wasser einweichen. Dann mit der dreifachen Menge kaltem Wasser und 20 Gramm Butter zugedeckt langsam garkochen. Die gehackte Zwiebel in Schmalz anrösten und unter die Graupen mischen. Das kleingehackte Fleisch, die Pilze sowie das verquirlte Blut unterrühren, mit Salz, zerriebenem Knoblauch und Majoran abschmecken. Eine Auflaufform mit Schmalz fetten, die Masse hineingeben und in der Röhre überbacken. Ab und zu mit Brühe übergießen. Zu der Graupenpfanne paßt Kraut- oder ein anderer Gemüsesalat.

Hirseklöße (Škubánky)

250 g Hirse, 1 l Milch, Salz, 100 g Butter, 1 Zwiebel, Schweinsgrieben.

Die Hirse dreimal mit heißem Wasser überbrühen, in die siedende, gesalzene Milch einstreuen und auf mäßiger Flamme unter ständigem Rühren kochen lassen, damit sie nicht anbrennt. Wenn die Hirse etwa nach ½ Stunde gar ist, mit einem in erhitzte Butter getauchten Löffel Klöße davon abstechen, auf einen Teller legen und mit in Butter gerösteter Zwiebel und warmen Grieben bestreuen. Dazu Kopf- oder anderen frischen Salat reichen.

Gebratene Grießplätzchen

½ l Milch, 150 g Grieß, 1 Prise Salz, 1 Ei, 100 g Rauchfleisch oder Wurst, etwas griffiges Mehl oder Semmelbrösel, etwa 120 g Öl.

Aus Milch, Grieß und Salz einen dicken Grießbrei zubereiten. Unter den erkalteten Brei das Ei und das würfelig geschnittene Fleisch mischen. Nach Bedarf mit etwas Mehl oder gesiebten Semmelbröseln andicken. Mit einem in kaltes Wasser getauchten Löffel flache Plätzchen abstechen und in erhitztem Öl auf beiden Sei-

ten goldgelb braten. Mit gedünstetem Gemüse oder Gemüsesalat auftragen.

Haferflockenbuletten

200 g Haferflocken, Salz, etwa ½ l Wasser, 1 Zwiebel, 30 g Speck, 1 Knoblauchzehe, einige Semmelbrösel, etwa 120 g Öl oder Kokosfett.

Die Haferflocken in siedendes Salzwasser streuen und unter ständigem Rühren in etwa 5 Minuten zu einem dicken Brei kochen lassen. Nach dem Erkalten gehackte, in zerlassenem Speck geröstete Zwiebel untermischen. Mit in Salz zerriebenem Knoblauch abschmecken und nach Bedarf mit Semmelbröseln andicken. Aus dem Teig kleine plattgedrückte Buletten formen und in heißem Fett auf beiden Seiten braten. Mit gedünstetem Spinat, Kopf- oder Gemüsesalat anrichten. – Nach Belieben können unter die Bulettenmasse durch den Wolf gedrehte Bratenreste oder Wurstwürfel gemischt werden.

Schinkenreis

300 g Reis, 30 g Butter oder Öl, Salz, etwa ¾ l Wasser, 1 Zwiebel, 1 Nelke, 300 g Schinken oder gekochtes Rauchfleisch, Petersilie,

Den Reis in Butter oder Öl anrösten, siedendes Salzwasser aufgießen, die Zwiebel, mit 1 Nelke besteckt, zufügen und alles auf mäßiger Flamme etwa 20 Minuten dünsten. Würfelig geschnittenen Schinken oder Rauchfleisch und gehackte Petersilie untermischen. Bei Bedarf noch etwas Fett zufügen. Mit Essiggurke oder Gemüsesalat anrichten.

Reis mit Gänseleber

300 g Reis, 1 Zwiebel, 50 g Schmalz, etwa ¾ l Wasser oder Brühe, Salz, 1 größere Gänseleber, 1 Prise Pfeffer, Petersilie.

Den gewaschenen und abgetropften Reis und die gehackte Zwiebel in etwas Schmalz anrösten, mit siedendem Wasser oder Brühe übergießen, salzen und zugedeckt gardünsten. Die Gänseleber vorbereiten, würfelig schneiden und in Schmalz braten. Dann unter den Reis mischen, mit Pfeffer abschmecken und mit gehackter Petersilie bestreuen.

Gedünsteter Reis mit Hackfleisch

2 Zwiebeln, 50 g Schmalz, 300 g Hackfleisch, (evtl. auch weiche Knackwurst), 300 g Reis, 1 kleine Dose Tomatenmark, 3 Tassen Suppenwürfelbrühe, Salz, je 1 Prise Paprika und Pfeffer.

Die gehackten Zwiebeln in Schmalz anrösten, das Hackfleisch zufügen und eine Weile dünsten lassen. Den ausgelesenen, abgespülten und abgetropften Reis untermischen, das Tomatenmark zugeben und so viel Brühe aufgießen, daß der Reis 2 Finger breit darunter bleibt. Mit den Gewürzen abschmecken und zugedeckt etwa 20 Minuten gardünsten. Mit Kopfsalat reichen.

Gerichte aus Mehl

Fleckerl aus Nudelteig mit Rauchfleisch

400 g mittelgroße Fleckerl, Salz, etwa 4 l Wasser, 100 g Schmalz oder Butter, 400 g gekochtes Rauchfleisch, einige Semmelbrösel, ¼ l Milch, 3 Eier.

Die Fleckerl (kleine Teigquadrate von ca. 3 cm) in Salzwasser gar, aber nicht zu weich kochen. Dann abseihen, mit kaltem Wasser abschrecken und in etwas Fett schwenken. Das gekochte Rauchfleisch würfelig schneiden. Eine Auflaufform mit Schmalz oder Butter fetten und ausbrö-

seln. Abwechselnd Fleckerl, Fleischwürfel mit Fett beträufelt, wieder Fleckerl usw. einschichten. Die obere Fleckerlschicht ebenfalls mit Fett beträufeln und das Gericht in der Röhre kurz überbacken. Dann mit in Milch verquirlten Eiern übergießen und goldgelb backen. Dazu Essiggurken oder Gemüsesalat auftragen.

Nudeln mit Quark

400 g Nudeln, Salz, 4 l Wasser, 100 g trockener geriebener Quark, 100 g Butter.

Die Nudeln in siedendes Salzwasser streuen und 10 bis 15 Minuten kochen lassen. Abseihen und mit kaltem Wasser abschrecken, damit sie nicht zusammenkleben. Dann in flüssiger Butter schwenken, obenauf mit dem Quark bestreuen und mit zerlassener Butter beträufeln. Mit Kopfsalat auftragen. – Die Nudeln können auch mit gemahlenem Mohn und Staubzucker bestreut werden.

Spätzle mit Schafkäse

¼ l Milch, Salz, 1 Ei, 300 g griffiges Mehl, 150 g weicher Schafkäse, ⅛ l saure Sahne, Dill, 50 g Butter.

In der Milch Salz und Ei verquirlen, nach und nach Mehl zufügen und kräftig rühren, bis der Teig glatt und dick ist. Mit einem in kaltes Wasser getauchten Löffel Spätzle abstechen, in siedendes Wasser legen und etwa 5 bis 8 Minuten kochen lassen, bis sie hochkommen. Der Teig kann auch auf einem Brett in kleine Stücke geschnitten werden, die dann in siedendes Wasser geschoben werden. Die Spätzle mit einem Schaumlöffel zum Abtropfen auf einen Durchschlag heben und dann auf Teller verteilen. Den Schafkäse mit etwas Sahne verdünnen und die Spätzle damit übergießen, gehackten Dill darüberstreuen und mit zerlassener Butter beträufeln. Mit Kopfsalat auftragen.

Teigwaren mit eingebackenen Pilzen

*250 g Makkaroni oder andere Teigwaren,
Salz, etwa 2 l Wasser, 60 g Butter, 200 g
frische Pilze, 20 g Margarine, 100 g
Schinken, 20 g Semmelbrösel, 60 g geriebener
Käse, 2 Eier, ¼ l saure Sahne.*

Die Makkaroni in Salzwasser fast garkochen, abseihen und in etwas Butter
schwenken. Die Pilze putzen, in Scheiben
schneiden und mit der Margarine dünsten.
Den geschnittenen Schinken zufügen.
Eine Bratpfanne oder feuerfeste Schüssel
fetten und ausbröseln. Abwechselnd Makkaroni, Pilze mit Schinken, etwas geriebenen Käse usw. einschichten. Die letzte
Schicht (Makkaroni) mit Butter beträufeln
und alles kurz überbacken. Das Gericht
mit den in Sahne verquirlten Eiern übergießen, mit dem Rest geriebenen Käse
und Semmelbröseln bestreuen und goldgelb backen. Mit Gemüsesalat reichen.

Nocken mit Käse

*200 g Grieß, ¾ l Milch, Salz, 1 Prise
Muskat, 50 g geriebener Käse, 2 Eigelb,
60 g Butter.*

Den Grieß in die Milch quirlen, Salz,
Muskat und 1 Löffel geriebenen Käse zufügen. Unter ständigem Rühren zu einem
dicken Brei kochen. Dann die Eigelbe unterrühren. Den Brei auf einem gefetteten
Blech breitstreichen und erkalten lassen.
Davon Nocken oder kleine Quadrate abstechen, in eine feuerfeste Schüssel legen,
mit geriebenem Käse bestreuen und in der
Röhre überbacken. Mit Kopfsalat oder
gedünstetem Spinat reichen.

Speckknödel

*200 g Speck, 1 Zwiebel, Petersilie,
4 Semmeln, etwas Milch, 4 Eier, Salz, etwa
400 g griffiges Mehl, 60 g Schmalz.*

Den würfelig geschnittenen Speck in einer

Kasserolle zerlassen. Die gehackte Zwiebel, gewiegte Petersilie sowie 2 würfelig
geschnittene Semmeln zufügen und kurz
anrösten. Die restlichen geschnittenen
Semmeln mit Milch beträufeln und ausdrücken. Mit dem Speck die Eier, die ausgedrückten Semmeln, Salz und so viel
Mehl vermischen, daß sich aus dem Teig
kleine rundliche Knödel formen lassen.
Die Knödel 15 bis 20 Minuten kochen
und mit Schmalz beträufelt auftragen. Als
Beilage warmes gedünstetes Kraut reichen. – Statt Speck kann auch gekochtes
fettes Rauchfleisch verwendet werden.

Nudelauflauf mit Hühnerfleisch

*50 g Margarine, 150 g Tomaten, Salz,
1 Prise Pfeffer, 1 Glas Weißwein, 200 g
Nudeln, etwa 2 l Wasser, 3 Eier, 300 g
gekochtes oder gebratenes Hühnerfleisch,
Semmelbrösel, 50 g geriebener Käse.*

In der Hälfte der Margarine die in Scheiben geschnittenen Tomaten kurz dünsten,
salzen, pfeffern und den Wein aufgießen.
Die Nudeln in Salzwasser gar, aber nicht
zu weich kochen und abseihen. Die Eigelbe, das gehackte Hühnerfleisch und die
gedünsteten Tomaten zufügen. Zuletzt
steifgeschlagenen Eischnee locker unterheben. Die Masse nach Bedarf mit einigen
Semmelbröseln andicken. Alles in eine
gut gebutterte und ausgebröselte Form
geben, obenauf mit Käse bestreuen und in
der Röhre überbacken.

Eierkuchen mit Fleisch gefüllt

*Für den Teig: ½ l Milch, 1 Ei, Salz,
200 g Mehl, 50 g Öl.
Für die Fülle: ½ Zwiebel, 30 g Margarine,
10 g Mehl, ½ Tasse Milch, Salz, 1 Prise
Pfeffer, 250 g gekochtes oder gebratenes
Fleisch (Schweine-, Kalb- oder Geflügelfleisch), Petersilie.*

In der Milch Ei und Salz verquirlen, nach

und nach das Mehl zufügen und rühren, bis der Teig dünn und glatt ist. Dünne Eierkuchen in Öl ausbacken. Für die Fülle gehackte Zwiebel in Margarine anrösten, mit Mehl bestäuben und bräunen. Die Mehlschwitze mit Milch auffüllen, salzen, pfeffern und zu einem dicken Brei verkochen. Das kleingeschnittene Fleisch und die gehackte Petersilie daruntermischen. Die Eierkuchen damit füllen, zusammenrollen und zu gedünstetem Gemüse servieren. – Diese gefüllten Eierkuchen können auch in eine gefettete Form gelegt, mit etwas Milch, in der 2 Eier verquirlt wurden, übergossen und in der Röhre überbacken werden.

Gerichte aus Pilzen

Gedünstete Pilze mit Schinken und Eiern

500 g frische Pilze, 50 g Margarine,
½ kleine Zwiebel, Salz, ½ Teelöffel
Kümmel, 100 g magerer Schinken, 4 Eier,
Petersilie.

Die geputzten Pilze in Scheiben schneiden. Die gehackte Zwiebel in Margarine anrösten, Pilze, Salz und Kümmel zugeben und kurz dünsten. Den Schinken kleinschneiden, unter die Pilze mischen und erwärmen. Zum Schluß die verquirlten Eier unterziehen und rühren, bis sie gestockt sind. Mit gehackter Petersilie bestreuen und mit Brot, gekochten oder Bratkartoffeln reichen.

Gedünstete Pilze mit Sahne

500 g frische Pilze, Salz, ½ Teelöffel
Kümmel, 50 g Margarine, ⅛ l saure Sahne,
20 g Mehl, Petersilie.

Die geputzten, geschnittenen Pilze etwa 10 Minuten mit Salz und Kümmel in Margarine rösten. Die dicke Sahne, in der das Mehl verquirlt wurde, unterziehen und noch etwa 5 Minuten kochen lassen. Zuletzt gehackte Petersilie untermischen. Mit Salz- oder Pellkartoffeln auftragen.

Kuba (volkstümliches Weihnachtsgericht)

30 g Trockenpilze, 250 g Eiergräupchen,
30 g Gänsefett, 1 Zwiebel, Salz, 1 Knoblauchzehe, 1 Prise Majoran, 20 g Butter.

Die Trockenpilze eine Weile in Wasser einweichen und dann kurz aufkochen. Die Eiergräupchen mit Wasser abspülen, in Gänsefett zusammen mit gehackter Zwiebel leicht anrösten, siedendes Salzwasser aufgießen und das Gericht zugedeckt gardünsten. Zerriebenen Knoblauch und 1 Prise Majoran zugeben. In eine kleine Bratpfanne oder gut gefettete Auflaufform abwechselnd Eiergräupchen und gehackte Pilze schichten, so daß obenauf Eiergräupchen sind. Mit zerlassener Butter beträufeln, etwas Wasser oder Fleischbrühe aufgießen und in der Röhre 30 Minuten überbacken. Dazu Essiggurke reichen.

Pilzauflauf (Hubník – volkstümliches Gericht)

300 g frische Pilze, 100 g Margarine,
3 Semmeln, etwas Milch, 3 Eier, Salz,
2 Knoblauchzehen, 1 Prise Pfeffer,
20 g feiner Grieß.

Die geputzten Pilze in Scheiben schneiden und mit etwas Margarine kurz dünsten. Die Semmeln ebenfalls in Scheiben schneiden und mit Milch beträufeln. In einer Schüssel etwa 50 g Margarine verrühren. Die verquirlten Eier, die ausgedrückten Semmeln, die gedünsteten Pilze, in Salz zerriebenen Knoblauch und Pfeffer untermischen und dann mit Grieß andicken. Die Masse in eine gut gefettete

Pfanne oder Auflaufform geben, mit der restlichen zerlassenen Margarine beträufeln und in der Röhre goldbraun überbakken. Mit Kopf- oder Krautsalat reichen.

Pilzschmarren in der Röhre überbacken (volkstümliches Gericht)

100 g Margarine, etwa 400 g geriebenes altbackenes Brot, 300 g vorgedünstete Pilze, Salz, Pfeffer.

Eine kleine Pfanne oder Auflaufform fetten. Abwechselnd geriebenes Brot und zerschnittene, mit Salz und Pfeffer gewürzte Pilze einschichten. Mit zerlassener Margarine beträufeln. Die oberste Brotschicht mit Margarineflöckchen belegen. In der Röhre überbacken und mit einem frischen Salat auftragen.

Pilzklöße

300 g frische Pilze, 80 g Butter, 3 Eier, 250 g Semmelbrösel, 8 Eßlöffel Wasser oder Milch, Salz, 1 Prise Muskat, etwas abgeriebene Zitronenschale, Petersilie.

Die Pilze putzen, schneiden, mit 1 Eßlöffel Butter kurz dünsten und dann feinhakken. Die restliche Butter mit den Eiern gut verrühren, nach und nach Semmelbrösel und Wasser oder Milch zufügen. Mit Salz, Muskat und Zitronenschale würzen, gehackte Petersilie sowie die Pilze untermischen und die Masse gut verarbeiten. Daraus kleine Klöße formen, in siedendem Salzwasser etwa 7 Minuten kochen lassen und mit Spinat auftragen.

Pilzgulasch

500 g frische Pilze, 50 g Schmalz, 1 Zwiebel, Salz, 1 Prise edelsüßer Paprika, 1 Teelöffel Mehl.

Die Pilze putzen und in größere Stücke schneiden. Die gehackte Zwiebel in

Schmalz rösten, Salz, Paprika sowie Pilze zufügen und zugedeckt dünsten. Bei sehr trockenen Pilzen etwas Wasser zufügen. Wenn die Flüssigkeit eingedampft ist, Mehl darüberstäuben und bräunen. Dann Wasser zugießen und alles gardünsten. Den Pilzgulasch mit Gemüsesalat reichen. – Nach Belieben können in Stücke geschnittene Paprikafrüchte und Tomaten mitgedünstet oder gekochte, in Würfel geschnittene Kartoffeln zugefügt werden.

Gefüllte Pilzhüte

20 größere frische Pilze (Champignons, Steinpilze o. ä.), 1 Zitrone, 100 g Butter, 2 Eier, Salz, etwas Milch, 200 g Semmelbrösel, 50 g Schinken, Petersilie.

Die Pilze putzen, die Stiele abschneiden und feinhacken. Die Hüte der Champignons abziehen und sofort in etwas Wasser mit Zitronensaft legen, damit sie weiß bleiben. Die Hälfte der Butter mit den Eigelben und Salz verrühren, in Milch eingeweichte Semmelbrösel, feingehackten Schinken, gehackte Pilzstiele, gewiegte Petersilie und den steifen Eischnee zufügen. Die Fülle in 8 Portionen teilen, jede zu einem Kügelchen formen und in die abgetropften Pilzhüte hineinlegen. In eine mit der restlichen Butter gefettete Auflaufform oder kleine Bratpfanne die gefüllten Pilzhüte legen und in der Röhre braten. Mit Kartoffelbrei oder gedünstetem Butterreis servieren.

Pilzragout

400 g frische Pilze, 50 g Margarine, 1 Zwiebel, 40 g Mehl, Salz, 1 Prise Pfeffer, 1 Prise Zucker, Zitronensaft, 100 g Wurst.

Die geputzten Pilze in größere Stücke schneiden und in etwas Wasser kurz dünsten. Die gehackte Zwiebel in Margarine anrösten, mit Mehl bestäuben, bräunen, mit Pilzbrühe auffüllen und kurz aufkochen. Mit Salz, Pfeffer, Zucker und Zitronensaft abschmecken. Die gedünsteten Pilze sowie in Stückchen geschnittene Wurst zufügen und nur noch erwärmen. Dazu Reis oder Kartoffeln servieren. – Statt Wurst können auch kleine gekochte Hackfleischklöße zugefügt werden.

Kulajda (volkstümliches Gericht)

300 g frische Pilze, 5 große Kartoffeln, 1 l Wasser, Salz, ½ Teelöffel Kümmel, 1 Zwiebel, ¼ l Sahne, 40 g Mehl, 2 Eier, 2 Eßlöffel gehackter Dill.

Die geputzten Pilze in Scheiben schneiden. Die Kartoffeln schälen, in Stücke schneiden, mit Salzwasser übergießen, Kümmel, gehackte Zwiebel sowie Pilze zufügen und alles garkochen lassen. Die Sahne mit dem Mehl verquirlen, wenn nötig mit Kartoffelbrühe verdünnen, über die Kartoffeln gießen und kurz aufkochen. Die Eier einzeln aufschlagen und hineingleiten lassen (wie bei verlorenen Eiern). Den gehackten Dill zufügen und das Gericht nach Geschmack salzen.

Pilzmaultaschen

Für den Teig: 300 g halbgriffiges Mehl, 100 g Margarine, Salz, 3 Eier, etwas Milch. Für die Fülle: 400 g frische Pilze, 1 Zwiebel, 30 g Butter, Salz, 1 Prise Pfeffer, Petersilie.

Das Mehl sieben, in die Mitte 2 Eier, Salz und in Stücke gehackte Margarine geben. Bei Bedarf noch ein wenig Milch zufügen. Alles zu einem Teig verarbeiten und dünn ausrollen. Für die Fülle die Pilze putzen und ebenso wie die Zwiebeln streifig schneiden. Beides in Butter gardünsten. Mit Salz, Pfeffer und gehackter Petersilie abschmecken. Aus dem Teig größere Quadrate oder Plätzchen ausstechen, jeweils in die Mitte 1 Eßlöffel Fülle geben, zu Dreiecken oder Halbmonden zusammenklappen und die Ränder fest andrük-

ken. Mit verquirltem Ei bestreichen und in der Röhre goldgelb backen. Mit Tee als Abendessen reichen.

Pilzbratlinge

500 g frische Pilze, 30 g Margarine, 200 g gekochte Kartoffeln, Salz, Petersilie, 1 Ei, einige Semmelbrösel, etwa 150 g Öl oder Schmalz.

Die geputzten Pilze feinschneiden und in Margarine kurz dünsten. Geriebene gekochte Kartoffeln, Salz, gehackte Petersilie und verquirltes Ei zufügen. Die Masse mit Semmelbröseln andicken. Kleine Bratlinge oder längliche flache Klößchen formen und auf beiden Seiten in erhitztem Fett braten. Zu gedünstetem Spinat oder mit Kopfsalat servieren.

Pilzkuchen

Für den Teig: 300 g halbgriffiges Mehl, Salz, 120 g Margarine, 10 g Hefe, 1 Prise Zucker, 2 Eßlöffel Milch, 2 Eier. Für die Fülle: 4 hartgekochte Eier, 300 g gedünstete Pilze.

Das Mehl sieben, Salz und Margarineflöckchen auf dem Rand verteilen. In die Mitte eine Vertiefung drücken. Die zerbröckelte Hefe, Zucker, 1 Prise Mehl und lauwarme Milch verquirlen und warm stellen. Nach dem Aufgehen in die Vertiefung gießen und 1 Ei zufügen. Alles zu einem festen Teig verarbeiten, in eine in kaltes Wasser getauchte und ausgewrungene Serviette binden und 2 Stunden in den Kühlschrank stellen. Den Teig zu zwei runden Platten ausrollen. Die erste Platte in eine gefettete Springform drücken, mit den in Scheiben geschnittenen hartgekochten Eiern belegen, darauf gedünstete Pilze und wieder Eischeiben schichten. Mit der anderen Teigplatte bedecken, die Ränder ringsum fest andrücken. Obenauf mit Ei bestreichen und in der vorgewärmten Röhre goldgelb backen. Der Kuchen soll mürbe sein. Deshalb ist es wichtig, den Teig sehr schnell zu verarbeiten und in einer heißen Röhre zu backen. Den fertigen Kuchen in Portionen teilen und mit Kopfsalat oder gedünstetem warmem Gemüse (Spinat o. ä.) servieren.

Pilzsalat mit Eiern

200 g frische Pilze, Salz, Zitrone, 3 bis 4 hartgekochte Eier, 1 saure Gurke, 1 Teelöffel Öl, Essig, 1 Prise Zucker.

Die geputzten festen Pilze in dicke Scheiben schneiden und in Salzwasser mit etwas Zitronensaft kochen. Dann abseihen, die in Scheiben geschnittenen Eier und die würfelig geschnittene Gurke zufügen. Eine süßsaure Marinade aus Öl, Essig, Salz und Zucker zubereiten und locker unterheben. Im Sommer mit Brötchen als Abendbrot geeignet. – Statt der Marinade kann auch 50 g gut abgeschmeckte Mayonnaise verwendet werden.

Gerichte aus Kartoffeln

Kartoffelgulasch mit Knackwurst

1 Zwiebel, 100 g Schmalz, je 1 Prise Pfeffer, edelsüßer Paprika und Kümmel, Salz, 1 Knoblauchzehe, 250 g Knackwurst, 500 g Kartoffeln, 1 Teelöffel Mehl.

Die feingeschnittene Zwiebel in etwas Schmalz rösten, Gewürze und in Salz zerriebenen Knoblauch zugeben und die abgezogene, in Scheiben geschnittene Knackwurst einlegen. Etwas anbraten, dann Wasser aufgießen, die rohen, geschälten und in Scheiben geschnittenen Kartoffeln einlegen und gardünsten. Aus dem restlichen Schmalz und Mehl eine helle Mehlschwitze bereiten, mit Wasser auffüllen und zu einer Soße verkochen. Wurst und Kartoffeln zufügen und erwärmen.

Gedünstete Kartoffeln mit Sahnesoße

1 kg Kartoffeln, Salz, 100 g Schmalz, 1 Zwiebel, je 1 Prise Pfeffer und edelsüßer Paprika, 1 Tasse saure Sahne.

Die Kartoffeln schälen, würfelig schneiden, mit etwas Salzwasser übergießen, dann ½ Teelöffel Schmalz zufügen und fast gardünsten. In dem restlichen Schmalz die streifig geschnittene Zwiebel glasig werden lassen, die Kartoffeln einlegen, kurz rösten und mit der Sahne übergießen. So lange dünsten, bis die Sahne eingezogen ist. Mit Gemüse auftragen.

Gedünstete Kartoffeln mit Eiern

1 kg Kartoffeln, Salz, 2 Pfefferkörner, 1 Zwiebel, 100 g Margarine, 1 Tasse saure Sahne, 4 Eier, Petersilie.

Die Kartoffeln schälen, in dicke Scheiben schneiden, salzen, Pfefferkörner zufügen, mit siedendem Salzwasser übergießen und fast gardünsten. Die gehackte Zwiebel in Margarine glasig werden lassen, die abgeseihten Kartoffeln zufügen, rösten und mit den in der Sahne verquirlten Eiern übergießen. Mit gehackter Petersilie bestreuen und in der Röhre überbacken, bis die Eier gestockt sind. Mit Gemüsesalat auftragen.

Überbackene Kartoffeln mit Eiern und Käse

1 kg Kartoffeln, Salz, Pfeffer, 6 Eier, Petersilie, 100 g Butter, 100 g geriebener Käse, ¼ l Milch.

Die Kartoffeln fast garkochen, schälen, in Scheiben schneiden, salzen und pfeffern. 4 hartgekochte Eier feinhacken. In eine gefettete feuerfeste Form oder Pfanne Kartoffeln schichten, mit Eiern und gehackter Petersilie bestreuen und mit zerlassener Butter beträufeln. Abwechselnd weiterschichten. Die obere Kartoffelschicht mit zerlassener Butter beträufeln, mit geriebenem Käse bestreuen und kurz überbacken. Dann mit Milch, in der 2 Eier verquirlt wurden, übergießen und in der Röhre goldgelb backen.

Überbackene Kartoffeln mit Kraut

600 g Kartoffeln, Salz, Pfeffer, 500 g Weißkraut, Kümmel, 100 g Speck, 2 Zwiebeln, 1 Tasse saure Sahne.

Die Kartoffeln kochen, schälen, in Scheiben schneiden, salzen und pfeffern. Das Kraut feinhobeln, in Salzwasser mit Kümmel kurz dünsten, dann abseihen. Den Speck würfelig schneiden, auslassen, die Grieben herausnehmen und in dem Fett die gehackten Zwiebeln rösten. In eine gefettete Form abwechselnd Kartoffeln und Kraut schichten, mit Grieben und Zwiebelwürfeln belegen und mit Fett übergießen. Die obere Kartoffelschicht ebenfalls mit zerlassenem Speckfett beträufeln, etwas Sahne darübergießen und alles in der Röhre überbacken. Das Gericht mit Bratwurst oder anderen Würsten auftragen. – Unter das Kraut kann auch ein Stückchen geschnittenes Rauchfleisch gemischt werden.

Überbackene Kartoffeln mit Rauchfleisch

1 kg Kartoffeln, Salz, Kümmel, Pfeffer, 300 g Rauchfleisch, 100 g Schmalz, 1 Zwiebel, 4 Eier, 1 Tasse Milch.

Die Kartoffeln garkochen, schälen, in Scheiben schneiden, mit Salz, Kümmel und Pfeffer bestreuen. Das gekochte Rauchfleisch feinwürfelig schneiden und in etwas Fett mit der gehackten Zwiebel kurz braten. 2 hartgekochte Eier hacken. In eine gut gefettete Form Kartoffeln schichten, mit Fleisch, dann mit gehackten Eiern bestreuen und mit Fett beträufeln. Abwechselnd weiterschichten. Die obere Kartoffelschicht ebenfalls mit Fett beträu-

feln. Kurz überbacken, dann mit Milch, in der 2 Eier verquirlt wurden, übergießen und goldgelb überbacken.

Überbackene Kartoffeln mit Pilzen

1 kg Kartoffeln, 600 g frische Pilze, 50 g Margarine, Salz, Kümmel, 1 Zwiebel, etwas Fett, Semmelbrösel, ¼ l Sahne, 2 Eier.

Die Kartoffeln kochen, schälen und abgekühlt in Scheiben schneiden. Die Pilze vorbereiten und ebenfalls in Scheiben schneiden. In einer Kasserolle die Margarine zerlassen, die Pilze zufügen, mit Salz, Kümmel und gehackter Zwiebel bestreuen und dünsten. In eine eingefettete, mit Semmelbröseln ausgestreute Pfanne abwechselnd eine Schicht Kartoffelscheiben legen, salzen, darauf eine Schicht Pilze geben. Die letzte Schicht sind Kartoffeln. Kurz in der Röhre anbacken lassen, herausnehmen und mit den in Sahne verquirlten Eiern übergießen. So lange in der Röhre backen, bis sich eine goldgelbe Kruste bildet. Mit Gemüse oder Salat servieren.

Überbackene Kartoffeln mit Tomaten, Pilzen und Schinken

1 kg Kartoffeln, 150 g Pilze, 80 g Butter, Salz, Pfeffer, Kümmel, etwas Fett, Semmelbrösel, 200 g Tomaten oder etwas Tomatenketchup, 100 g Schinken, Petersilie, 50 g geriebener Käse, ⅛ l saure Sahne, 2 Eier.

Die Kartoffeln kochen, schälen und abgekühlt in Scheiben schneiden. Die Pilze vorbereiten, in Butter dünsten und mit Salz, Pfeffer und Kümmel bestreuen. In die eingefette und mit Semmelbröseln ausgestreute Pfanne abwechselnd eine Schicht Kartoffeln, Pilze, in Scheiben geschnittene Tomaten und feingehackten Schinken geben. Die letzte Schicht sind Kartoffeln. Mit feingewiegter Petersilie und geriebenem Käse bestreuen. Nach kurzem Anbacken in der Röhre mit den in der Sahne verquirlten Eiern begießen. So lange backen, bis sich eine goldgelbe Kruste bildet.

Überbackene Kartoffeln mit Heringen

1 kg Kartoffeln, 2 Salzheringe, ¼ l Milch, ⅛ l saure Sahne, etwas Fett, Semmelbrösel, 100 g Butter, Petersilie.

Die Kartoffeln kochen, schälen und abgekühlt in dickere Scheiben schneiden. Die Heringe ausnehmen, säubern, enthäuten und in Milch legen. Die Fischmilch mit der Sahne verquirlen und durch ein Sieb streichen. Die Heringe aus der Milch nehmen und in kleine Stücke schneiden. Eine Pfanne fetten und mit Semmelbröseln ausstreuen. Eine Schicht Kartoffeln und darauf die Heringsstücke einlegen. Alles mit der Marinade aus Fischmilch und Sahne übergießen. Obenauf wieder eine Schicht Kartoffeln legen, mit Butter beträufeln und mit feingewiegter Petersilie bestreuen. In der Röhre backen. Mit Salat servieren.

Überbackene Kartoffeln mit Quark

1 kg Kartoffeln, Salz, 250 g Quark, ¼ l saure Sahne, 2 Eßlöffel Tomatenmark, 1 Teelöffel edelsüßer Paprika, 3 Eier, 80 g Margarine.

Die Kartoffeln kochen, schälen, in Scheiben schneiden und salzen. Den Quark mit saurer Sahne, Tomatenmark, Paprika und Eigelben verrühren und den steifen Eischnee unterheben. In eine gefette Form abwechselnd Kartoffeln schichten, mit zerlassener Margarine beträufeln und den verrührten Quark darüber verteilen. Die obere Kartoffelschicht ebenfalls mit Margarine beträufeln und alles in der Röhre überbacken.
ken. Dazu reichlich Frischkost servieren.

Gebackene Kartoffeln mit Käse-Eier-Fülle

10 mittelgroße Kartoffeln, 200 g geriebener Käse, 40 g Butter, 50 g Schinken, 2 Eier, Salz, Pfeffer, 1 rote Paprikafrucht oder 1 Tomate.

Die gut gewaschenen Kartoffeln mit der Schale auf einem Blech in der Röhre garbacken, schälen, längs halbieren und mit einem Löffel etwas aushöhlen. Den geriebenen Käse mit der Hälfte der Butter, dem feingehackten Schinken, den Eigelben, Salz, Pfeffer und dem Ausgehöhlten der Kartoffeln vermischen. Zuletzt steifen Eischnee unterheben. Damit die halbierten Kartoffeln füllen, wieder aufs Blech legen, Butterflöckchen darauf verteilen und kurz überbacken. Mit Paprika- oder Tomatenstreifen garnieren und mit Kopfsalat reichen.

Gebackene Kartoffeln mit Fleischfülle

10 mittelgroße Kartoffeln, 200 g Hackfleisch, 1 Semmel, 1 Ei, Salz, abgeriebene Zitronenschale, Pfeffer, 1 Knoblauchzehe, 40 g Butter.

Die gewaschenen Kartoffeln mit der Schale auf dem Backblech garbacken, schälen, längs halbieren und vorsichtig aushöhlen. Die dabei ausgestochene Masse durch ein Sieb drücken, mit Hackfleisch, in Wasser eingeweichter und ausgedrückter Semmel sowie Ei vermischen. Mit Salz, Zitronenschale, 1 Prise Pfeffer und feinzerriebenem Knoblauch würzen und die Hälfte der Butter zufügen. Damit die ausgehöhlten Kartoffeln füllen, obenauf mit Butter beträufeln, in eine gefettete Form legen und etwas Wasser aufgießen. In der Röhre überbacken. Mit gedünstetem Gemüse oder Kopfsalat auftragen. – Statt Hackfleisch kann auch gehäutetes, mit Zwiebeln gedünstetes Hirn zugefügt werden. Dann den Knoblauch weglassen.

Gebackene Kartoffeln mit Schinken-Pilz-Fülle

10 mittelgroße Kartoffeln, 100 g Schinken, 150 g frische Pilze, 80 g Butter, 1 Eßlöffel Kapern, 2 Eigelb, Salz.

Die Kartoffeln mit der Schale auf dem Backblech garbacken, schälen und längs halbieren. Mit einem Löffel etwas aushöhlen. Die dabei ausgestochene Masse durch ein Sieb drücken, mit feingehacktem Schinken und gehackten, in der Hälfte der Butter gedünsteten Pilzen vermischen. Feingehackte Kapern und die Eigelbe ebenfalls zufügen. Die Masse nach Geschmack salzen und die ausgehöhlten Kartoffeln damit füllen. Obenauf mit Butter beträufeln, in eine feuerfeste Schüssel legen und in der Röhre überbacken. Mit Gemüse oder Kopfsalat reichen.

Gebackene Kartoffeln mit Knoblauch

750 g Kartoffeln, 40 g Öl, 6 bis 8 Knoblauchzehen, Salz.

Die sauber gewaschenen ungeschälten Kartoffeln in Scheiben schneiden, einzeln mit Öl bepinseln und mit in Salz zerriebenem Knoblauch einreiben. Die Scheiben auf ein Blech legen und in der Röhre langsam goldgelb backen. Mit Gemüse oder zu Tee, auch zu Wein servieren.

Gebackene Kartoffeln mit Käse-Speck-Fülle

10 mittelgroße Kartoffeln, 20 g Butter, 200 g Roquefort, Salz, Pfeffer, 30 g Speck, 2 Knoblauchzehen, Petersilie, etwas Fett.

Die gut gewaschenen Kartoffeln mit der Schale auf dem Kuchenblech in der Röhre backen. Dann der Länge nach aufschneiden und mit einem Löffel etwas aushöhlen. Butter und Roquefort verrühren. Das durchgedrückte Innere der Kartoffeln, Salz, Pfeffer und in kleine Würfel zerschnittenen und zerlassenen Speck zugeben. Die Knoblauchzehen mit Salz zerreiben und untermischen. Die ausgehöhlten Kartoffeln mit dieser Masse füllen, in eine gefettete feuerfeste Schüssel legen und in der Röhre backen. Mit Petersilie garnieren und mit Kopf- oder anderem Salat reichen.

Gebackene Kartoffeln mit Anchovis-Eier-Fülle

8 bis 10 mittelgroße Kartoffeln, 80 g Butter, 2 Anchovis, 4 Eier, 1 Eßlöffel Sahne, Pfeffer, Salz, einige Semmelbrösel, etwas Fett.

Die Kartoffeln mit der Schale nicht ganz weich kochen, schälen und längs halbieren. Das Innere etwas mit dem Löffel aushöhlen, durch ein Sieb drücken und mit der Hälfte der Butter und den entgräteten Anchovis verrühren. Die Eigelbe, Sahne, Pfeffer und etwas Salz zufügen. Die Masse nach Bedarf mit Semmelbröseln andikken. Die Kartoffelhälften damit füllen und auf ein gefettetes Kuchenblech legen. Obenauf jeweils ein Häubchen von geschlagenem Eiweiß setzen. Die gefüllten Kartoffeln in der Röhre backen und mit einem frischen Salat auftragen.

Gebackene Kartoffeln mit Weißwurstfülle

8 bis 10 mittelgroße Kartoffeln, Salz, 200 g Weißwürste, 30 g geriebener Käse, Petersilie, 30 g Butter, etwas Fett, Semmelbrösel.

Die gewaschenen Kartoffeln mit der Schale in der Röhre backen, schälen, der Länge nach aufschneiden, das Innere aushöhlen und die Kartoffeln salzen. Das Ausgehöhlte mit der Weißwurstmasse verrühren und damit die Kartoffelhälften füllen. Obenauf geriebenen Käse sowie gehackte Petersilie streuen und ein kleines Stück Butter daraufsetzen. Die Kartoffeln in eine gefettete, mit Semmelbröseln ausgestreute Pfanne legen und in der Röhre überbacken. Als Ergänzung einen Frischkostsalat dazu auftragen.

Gebackene Kartoffeln mit Schinken-Hirn-Fülle

8 bis 10 mittelgroße Kartoffeln, 100 g Hirn, ½ Zwiebel, 30 g Butter, Salz, 100 g Schinken, Pfeffer, Petersilie, 1 Teelöffel Sahne, 2 Eier, etwas Fett, 8 dünne Scheiben Räucherspeck, Semmelbrösel.

Die Kartoffeln garkochen, schälen, die „Spitzen" abschneiden und innen aushöhlen. Für die Fülle das Hirn brühen und enthäuten. Feingehackte Zwiebel in der Butter rösten, das Hirn zufügen, salzen, dünsten und dann abkühlen lassen. Gehackten Schinken, Pfeffer und gewiegte Petersilie zugeben. Zuletzt die Masse erwärmen, mit den in Sahne verquirlten Eiern übergießen und eindicken lassen. Die Kartoffeln mit der Masse füllen, obenauf 1 Scheibe Räucherspeck legen und in einer gefetteten und mit Semmelbröseln ausgestreuten Pfanne in der Röhre backen. Dazu einen Frischkost- oder Gemüsesalat reichen.

Gebackene Kartoffeln mit Quark

8 bis 10 mittelgroße Kartoffeln, 250 g Quark, 50 g Butter, etwas Milch, Salz, Petersilie oder Schnittlauch.

Die Kartoffeln sauber waschen, abtrocknen und auf ein Blech legen. Dann kreuzweise einschneiden, damit sie sich während des Backens öffnen können und garwerden. In der Zwischenzeit Quark mit Butter und etwas Milch schaumig schlagen. Salz und gehackte Petersilie oder Schnittlauch zufügen. Mit einem Spritzbeutel mit breiter Tülle die Quarkmasse in die garen, aufgerissenen Kartoffeln spritzen.

Gebackene Kartoffeln mit Knoblauch und Käse

8 bis 10 mittelgroße Kartoffeln, Salz, 4 Knoblauchzehen, 16 mittelgroße Scheiben Camembertkäse, Pfeffer, 50 g geriebener Käse, 20 g Butter.

Die sauber gewaschenen Kartoffeln mit der Schale in der Röhre garbacken, längs halbieren und mit in Salz zerriebenem Knoblauch bestreichen. Jede Kartoffelhälfte mit 1 Scheibe Camembertkäse belegen, pfeffern, obenauf etwas geriebenen Käse häufen und mit Butter beträufeln. Die Kartoffelhälften wieder auf ein Blech legen und in der Röhre kurz überbacken. Noch warm mit Kopfsalat auftragen.

Kartoffelnocken (Škubánky)

1 kg Kartoffeln, Salz, 150 g halbgriffiges Mehl, 100 g Schmalz, 125 g trockener geriebener Quark oder 80 g gemahlener Mohn, 50 g Staubzucker.

Die geschälten Kartoffeln vierteln, mit siedendem Salzwasser übergießen und gar, doch nicht zu weich kochen lassen. Das Kochwasser in einen anderen Topf abgießen. Die Kartoffeln im Topf stampfen, die Oberfläche glattstreichen und mit dem Quirlstiel 5- bis 8mal bis zum Topfboden durchlöchern. Das Mehl in die Löcher schütten und etwa die Hälfte des heißen Kochwassers hineingießen. Den Topf fest zudecken und am Rand der Herdplatte oder in der lauwarmen Backröhre etwa 20 Minuten stehen lassen, damit das Mehl durchdämpft wird. Dann die Kartoffeln und das Mehl mit der Rührkeule zu einem glatten, festen Teig verarbeiten und nach Geschmack salzen. Mit einem in heißes Schmalz getauchten Löffel größere Nocken abstechen und auf vorgewärmte Teller legen. Nach Belieben mit trockenem Quark und Zucker oder mit gemahlenem Mohn und Zucker bestreuen. Das restliche heiße Schmalz darübergießen. —

112

Die Kartoffelnocken können auch mit geriebenem Pumpernickel bestreut werden. Restliche Kartoffelmasse läßt sich, zu Nocken abgestochen, in heißem Fett rundherum braten und zu Gemüse als Abendessen servieren.

Klöße aus rohen Kartoffeln (Chlupaté knedlíky)

750 g Kartoffeln, ½ Tasse Milch, Salz, 1 Ei, 250 bis 300 g griffiges Mehl, 120 g Schmalz, 2 Zwiebeln.

Die rohen Kartoffeln schälen, reiben, ausdrücken (um den überschüssigen Kartoffelsaft und dadurch auch Stärke zu entfernen), in eine Schüssel geben. Mit etwas kochender Milch brühen, damit sich die Kartoffeln nicht verfärben. Salzen, das Ei zufügen und mit Mehl zu einem festeren Teig verarbeiten. Mit einem großen Löffel größere Klöße abstechen, in sprudelndes Wasser legen und 5 bis 8 Minuten (je nach Größe) ziehen lassen. Die Klöße zu Beginn der Kochzeit wenden, damit sie sich nicht am Topfboden festsetzen. Mit einem Sieblöffel herausnehmen. Auf den Tellern mit in Schmalz gerösteten Zwiebeln garnieren und mit heißem Schmalz begießen. – Die Klöße können auch mit Grieben und Sauerkraut serviert werden.

Panierte Kartoffelbuletten

500 g Kartoffeln, 1 Tasse Milch, 2 Semmeln, 1 Zwiebel, 20 g Margarine, 4 Eier, Salz, 1 Prise Majoran, etwas griffiges Mehl, 120 g Semmelbrösel, 150 g Schmalz oder Kokosfett.

Die Kartoffeln mit der Schale garkochen, schälen und durchpressen. Die in Milch eingeweichten, ausgedrückten Semmeln, gehackte und in Margarine geröstete Zwiebel, 2 Eier, Salz, Majoran und etwas Mehl zufügen. Alles zu einem Teig verarbeiten, kleine Buletten daraus formen,

flachdrücken, in verquirlten Eiern und gesiebten Semmelbröseln wenden. Auf beiden Seiten in heißem Fett braten. Mit Gemüse reichen.

Gekochte Kartoffelmaultaschen

800 g Kartoffeln, Salz, 2 Eier, 250 g griffiges Mehl.
Für die Fülle: 30 g Margarine, ½ Zwiebel, 200 g gekochtes Rauchfleisch, 2 bis 3 Eßlöffel Semmelbrösel.
Zum Bestreuen und Übergießen: 50 g geriebener Käse, 80 g Butter.

Einen Tag zuvor gekochte Kartoffeln schälen, reiben, Salz, Eier und so viel Mehl zufügen, daß ein fester Teig entsteht. Gut durcharbeiten, zu einer dicken Platte ausrollen, in etwa 8 große Quadrate teilen. Für die Fülle feingehackte Zwiebel in Margarine rösten, würfelig geschnittenes Rauchfleisch (oder Reste von gekochtem, geschmortem oder gebratenem Fleisch) zufügen und mit Semmelbröseln andicken. Jeweils in die Teigmitte 1 Eßlöffel Fülle geben, übereck zusammenklappen und die Ränder fest andrücken. Die Kartoffelmaultaschen etwa 6 bis 10 Minuten in Salzwasser kochen. Von einem Stück die Garprobe machen. Die Maultaschen mit dem Schaumlöffel herausnehmen, auf den Tellern mit geriebenem Käse bestreuen und mit zerlassener Butter beträufeln. – Auch süße Kartoffelmaultaschen schmecken gut. Sie werden mit Pflaumenmus (Powidl) oder gesüßtem Quark gefüllt, obenauf mit gerösteten Semmelbröseln bestreut und mit zerlassener Butter beträufelt.

Kartoffelnudeln (Šlejšky-šišky)

800 g gekochte Kartoffeln, Salz, 100 g Grieß, 2 Eßlöffel Essig, 2 Eier, 200 bis 250 g griffiges Mehl, 120 g Semmelbrösel, 150 g Schmalz.

113

Die gekochten, erkalteten Kartoffeln reiben. Salz, Grieß, Essig, Eier und Mehl nach Bedarf zufügen, zu einem festen Teig verarbeiten und Röllchen (dick und kurz) formen. In einer größeren Kasserolle in Salzwasser 6 bis 8 Minuten (je nach Größe) kochen lassen. Wenn sie schwimmen, abseihen und sofort in eine Bratpfanne legen, in der Semmelbrösel in Schmalz geröstet wurden. Die Röllchen in den Semmelbröseln wälzen, damit sie nicht zusammenkleben. In der Röhre kurz überbacken. Mit Kopfsalat, Spinat oder anderem Gemüse reichen. – Kartoffelnudeln werden auch gern süß gegessen. Sie werden dann nicht in Semmelbröseln gewälzt, sondern mit gemahlenem Mohn und Zucker bestreut und mit zerlassener Butter übergossen. Sie können auch nur mit gerösteten Semmelbröseln leicht bestreut und mit süßem zerkochtem Pflaumenmus (Powidl) oder Blaubeermus übergossen werden.

Gekochte Kartoffelteigtaschen (Buchterl) mit Krautfülle (Zelňáky)

800 g Kartoffeln, Salz, 2 Eier, etwa 250 g griffiges Mehl, 400 g Weißkraut, 2 bis 3 Würfel Zucker, 50 g Margarine, 1 Eiweiß, 50 g geröstete Semmelbrösel, 60 g Butter zum Übergießen.

Einen Tag zuvor gekochte, geschälte und geriebene Kartoffeln mit Salz, Eiern und Mehl zu einem geschmeidigen Teig verarbeiten, zu einer etwa ½ cm dicken Platte ausrollen, in Quadrate teilen und jeweils mit gedünstetem Kraut füllen. Dafür das Kraut feinhobeln, etwas Salz und Zucker zufügen und in Margarine dünsten, bis es ganz weich und richtig breiig ist. Die Zipfel der Quadrate mit Eiweiß bestreichen und fest andrücken. Die Buchterl in Salzwasser etwa 15 Minuten garkochen. Ein Stück probeweise zerschneiden, um festzustellen, ob es schon gar ist. Die Teigta-

schen mit dem Schaumlöffel herausheben, mit gerösteten Semmelbröseln bestreuen und mit zerlassener Butter beträufeln. Buchterl sind ein beliebtes, altes volkstümliches Gericht.

Kartoffelknödel mit Speck

800 g Kartoffeln, Salz, 100 g Grieß, 1 bis 2 Eier, etwa 140 g griffiges Mehl, 3 Semmeln, 150 g Speck, 60 g Butter oder Schmalz.

Die gekochten, geschälten, erkalteten Kartoffeln reiben. Salz, Grieß, Eier und Mehl nach Bedarf zufügen. Semmeln und Speck würfelig schneiden. Den Speck zerlassen, darin die Semmelwürfel rösten und erkaltet mit dem Kartoffelteig verarbeiten. 4 bis 6 kleinere Knödel formen, in siedendes Salzwasser legen und etwa 25 Minuten garen. Die abgetropften Knödel sofort mit einem Zwirnsfaden in Scheiben schneiden, mit Butter oder Schmalz beträufeln und mit gedünstetem Kraut servieren.

Kartoffelknödel mit Rauchfleischfülle

800 g Kartoffeln, Salz, 50 g Grieß, 2 Eier, 250 g griffiges Mehl.
Für die Fülle: 30 g Butter, 40 g Semmelbrösel, 200 g gekochtes Rauchfleisch.
Zum Übergießen und Bestreuen: 100 g Schmalz, 2 Zwiebeln.

Die gekochten, geschälten und erkalteten Kartoffeln reiben. Grieß, Eier und Mehl nach Bedarf zufügen. Den festen Teig zu einer dicken Platte ausrollen und in Quadrate teilen. Jeweils in die Mitte etwas Fülle geben. Dafür in der Butter Semmelbrösel und würfelig geschnittenes Rauchfleisch rösten. Die Knödel zu Kugeln formen und in mäßig gesalzenem Wasser etwa 10 Minuten garen. Einen Knödel probeweise mit 2 Gabeln aufreißen, um festzustellen, ob er schon gar ist. Dann auch die übrigen Knödel mit dem Schaumlöffel herausnehmen und sofort mehrmals durchstechen oder mit 2 Gabeln aufreißen, damit der Dampf entweichen kann und die Knödel locker bleiben. Mit Schmalz übergießen und mit in Schmalz gerösteten Zwiebeln bestreuen. Zusammen mit Kraut, Spinat oder Kopfsalat auftragen.

Kartoffelstrudel mit Rauchfleisch

800 g gekochte Kartoffeln, Salz, 100 g Grieß, 3 Eier, 150 g oder auch mehr griffiges Mehl (nach Bedarf).
Für die Fülle: 250 bis 300 g gekochtes Rauchfleisch, 50 g Butter, 80 g Semmelbrösel.
Zum Übergießen: 80 g Schmalz oder Butter, 50 g Zwiebeln.

Die gekochten Kartoffeln schälen, erkalten lassen und reiben. Salz, Grieß, Eier und Mehl nach Bedarf zufügen. Alles zu einem festen Teig verarbeiten und zu einem dicken Rechteck ausrollen. Mit würfelig geschnittenem Rauchfleisch und in Butter gerösteten Semmelbröseln bestreuen. Die Platte aufrollen, die Rouladenenden fest andrücken, damit die Fülle nicht heraustreten kann. Dann in ein in kaltes Wasser getauchtes und ausgewrungenes Tuch wickeln, beide Enden fest zubinden, in eine Kasserolle mit siedendem Wasser legen und ½ Stunde kochen lassen. Das Tuch aufbinden und lösen. Die Roulade in Scheiben schneiden, auf einer Platte oder auf Tellern anrichten, mit in Fett gerösteten Zwiebeln bestreuen und mit Fett übergießen. Dazu gedünstetes Kraut oder Spinat servieren. – Statt Rauchfleisch können auch geschmortes, würfelig geschnittenes Kochfleisch und gedünstete Champignons für die Fülle verwendet werden. Auf dem Lande ist ein mit Kraut (in Speck gedünstetem und mit Knoblauch und Pfeffer abgeschmecktem

Kraut) gefüllter Kartoffelstrudel besonders beliebt.

Kartoffelplätzchen mit Fleischfülle

500 g Kartoffeln, 50 g Butter, 3 Eier, Salz, 4 Eßlöffel Milch, 50 g griffiges Mehl, 80 g Schmalz.
Für die Fülle: ½ Zwiebel, 30 g Butter, 200 g Fleischreste (auch Wurst, Leberpastete o. ä.), Semmelbrösel.

Die Kartoffeln mit der Schale garkochen, schälen und durchpressen. Die Butter mit den Eigelben verrühren, Salz, Milch, etwas Mehl und die Kartoffeln zufügen. Zuletzt steifen Eischnee untermischen. Den Teig löffelweise in einer gefetteten Pfanne verteilen, breitstreichen und die Plätzchen auf beiden Seiten braten. Gehackte Zwiebel in Butter rösten, mit dem kleingehackten Fleisch vermischen und mit einigen Semmelbröseln andicken. Damit die Plätzchen füllen, aufrollen und erwärmen. Mit Gemüse reichen.

Kartoffelplätzchen aus rohen Kartoffeln (Bramborák, Cmunda)

1 kg rohe Kartoffeln, ½ Tasse Milch, 2 Eier, je 1 Prise Pfeffer und Majoran, 2 Knoblauchzehen, 150 bis 200 g halbgriffiges Mehl, 200 g Öl, Schmalz oder Kokosfett.

Die rohen Kartoffeln schälen und in kaltes Wasser legen, damit sie sich nicht verfärben. Dann abtropfen lassen und reiben oder in Stücke schneiden, etwas Wasser aufgießen und im Mixer zerkleinern. Die Masse leicht ausdrücken, den überschüssigen Kartoffelsaft abgießen und Milch nachfüllen. Die Eier, Gewürze und in Salz zerriebenen Knoblauch zufügen. Den Teig mit Mehl andicken. In einer Pfanne jeweils etwas Fett erhitzen, ein Häufchen Kartoffelteig hineingeben und mit einem breiten Messer zu einem Plätzchen streichen. Auf beiden Seiten knusprig gold-gelb braten und sofort heiß servieren. Plätzchen, die längere Zeit aufgeschichtet sind, nehmen Feuchtigkeit auf, werden weich und sind nicht mehr schmackhaft. Kartoffelplätzchen werden als selbständiges Abendessen verzehrt. Auf dem Lande gibt es dazu Milchkaffee, in der Stadt Tee oder Bier. – Unter den Plätzchenteig kann auch ein Stückchen feingeschnittenes gekochtes Rauchfleisch oder etwas gehacktes Sauerkraut gemischt werden. Wird der Teig in der Bratpfanne in der Röhre gebacken, geht das Backen schneller. Der gebackene Teig wird dann in Quadrate geschnitten.

Kartoffelplätzchen aus gekochten Kartoffeln

800 g Kartoffeln, Salz, 1 Ei, 150 bis 200 g griffiges Mehl, 200 g Schmalz, Öl oder Kokosfett.

Die Kartoffeln mit der Schale garen, heiß schälen und sofort durchpressen. Salz, Ei und Mehl zugeben und zu einem festen Teig verarbeiten. Dann in Stücke teilen, jeweils zu einem Plätzchen ausrollen und auf beiden Seiten in heißem Fett braten. Die Plätzchen aufrollen, mit Fett beträufeln und zu Gemüse, Kopfsalat, Tee oder Bier servieren. – Auch mit Pflaumenmus (Powidl) oder leicht gesüßtem Apfelmus gefüllt sind die Kartoffelplätzchen sehr beliebt.

Kartoffelpfanne (Prejt) mit Gemüse

300 g gekochte Kartoffeln, 200 g rohe Kartoffeln, 100 g Schmalz, 2 Zwiebeln, 1 Kopf Weißkraut, Salz, 3 Knoblauchzehen, Pfeffer, Majoran, ½ Tasse Milch, 3 Eier, 2 bis 3 Eßlöffel Semmelbrösel.

Die gekochten und rohen Kartoffeln reiben. Die gehackten Zwiebeln in der Hälfte des Fettes rösten. Gekochtes, fein-

streifig geschnittenes Kraut mit in Salz zerriebenem Knoblauch, Pfeffer und Majoran vermischen. Die Milch, in der die Eier verquirlt wurden, aufgießen und nach Bedarf auch mit einigen Semmelbröseln andicken. Das restliche Fett in der Bratpfanne zerlassen, die Pfanne ausbröseln, den Kartoffelteig hineinschütten und in der Röhre goldgelb backen. Dann in Quadrate schneiden und mit Kopfsalat auftragen.

Kartoffelspezialitäten

Kartoffeln mit Pilzaufstrich

1 kg neue Kartoffeln, Salz, 10 g Butter, Kümmel, Petersilie.
Für den Pilzaufstrich: 500 g frische Pilze, 50 g Butter, Salz, je 1 Prise Pfeffer, Paprika und Kümmel, 250 g Schafkäse oder Quark, 2 Eier.

Die Kartoffeln schaben und in Salzwasser mit Butter, etwas Kümmel und Petersilie kochen. Dann abseihen und mit Pilzaufstrich reichen. Dafür die geputzten Pilze in dünne Scheiben schneiden, in Butter dünsten, Salz und Pfeffer zugeben. Wenn die Pilze gar sind, den zerkrümelten Käse und die schaumig gerührten Eier zufügen. Die Kartoffeln entweder mit dem Aufstrich bestreichen oder die zerschnittenen Kartoffeln auf einer Platte anrichten und mit dem Aufstrich garnieren.

Kartoffelnocken mit Fleischsoße

500 g Kartoffeln, 20 g Butter, 1 Ei, 150 g griffiges Mehl, Salz, 50 g geriebener Käse.
Für die Soße: 200 g gehacktes Fleisch, 1 Zwiebel, 60 g Margarine, 30 g Speck, Salz, 1 Prise edelsüßer Paprika, 2 Eßlöffel Tomatensaft oder -ketchup.

Die gekochten Kartoffeln schälen und noch warm durch eine Kartoffelpresse drücken. Butter, Ei, Mehl und Salz zugeben und zu einem Teig verarbeiten. Mit einem Löffel Nocken abstechen und in Salzwasser 5 bis 6 Minuten kochen. Sobald sie an die Oberfläche steigen, eine zur Probe zerschneiden. Die garen Nocken herausnehmen, mit geriebenem Käse bestreuen und die Fleischsoße darübergießen. Dafür das Fleisch und die gehackte Zwiebel in Margarine rösten. Den in Würfel geschnittenen und ausgelassenen Speck, Salz, Paprika und die restliche Margarine sowie Tomatensaft oder -ketchup zugeben. Alles gut durchkochen lassen.

Panierte Kartoffelroulade

800 g Kartoffeln, 2 Eier, Salz, 100 g geriebener Käse, 40 g Butter, 1 Prise Muskat, 100 g griffiges Mehl, 200 g Öl oder Margarine.
Zum Panieren: 2 Eßlöffel Milch, 2 Eier, etwa 200 g Semmelbrösel.

Die gekochten, abgekühlten Kartoffeln schälen und reiben. Eier, Salz, geriebener Käse, Butter, Muskat und griffiges Mehl nach Bedarf zugeben und zu einem Teig verarbeiten. Zu einer ovalen Platte ausrollen und zu einer festen Roulade zusammenrollen. Diese in fingerdicke Schnitten schneiden, in mit Milch verquirltem Ei und anschließend in Semmelbröseln wenden. In Öl oder Fett braten. Die Schnitten mit Gemüse oder Salat servieren.

Kartoffelroulade mit Pilzen

800 g Kartoffeln, 100 g Grieß, 150 g griffiges Mehl, 2 Eier, Salz, 30 g geriebener Käse, 50 g Fett.
Für die Fülle: 300 g frische Pilze, 50 g Butter, ½ Zwiebel, Salz, Pfeffer, 2 hartgekochte Eier.

Die gekochten Kartoffeln abkühlen lassen und reiben. Grieß, Mehl, Eier und Salz zugeben und zu einem festeren Teig verarbeiten. Für die Fülle die Pilze putzen, in Scheiben schneiden und in Butter mit feingehackter Zwiebel rösten. Dann Salz und Pfeffer zugeben und gardünsten. Aus dem Kartoffelteig eine Platte ausrollen, mit der Fülle bestreichen, noch feingehackte Eier daraufstreuen und zu einer festen Roulade aufrollen. In einer feuchten Serviette eingebunden 45 Minuten kochen. In Scheiben schneiden, mit geriebenem Käse bestreuen und mit etwas Fett beträufeln.

Kartoffelpastete mit Leber

250 g Kartoffeln, 250 g Leber, 1 Zwiebel, 30 g Schmalz, 2 Eier, je 1 Prise Pfeffer und Ingwer, 60 g Speck, etwas Fett, Semmelbrösel.

Die gekochten erkalteten Kartoffeln reiben. Die Leber durch den Wolf drehen. Gehackte Zwiebel in Schmalz rösten, Eier, Gewürze und in kleine Würfel geschnittenen Speck zugeben. Die Lebermasse mit den Kartoffeln vermengen, Salz zugeben und den Teig in eine gefettete und mit Semmelbrösel ausgestreute Pastetenform geben. Im Wasserbad 1 ½ Stunden kochen. Dann stürzen und warm mit Gemüse oder auch kalt mit Tatarensoße oder nur mit Salat reichen. Die Pastete muß schnell verbraucht werden.

Kartoffelpastete mit Fleisch und Bohnen

400 g Kartoffelbrei, 1 Ei, 50 g Margarine, Salz, ½ Päckchen Backpulver, 250 g griffiges Mehl, etwas Fett, 150 g Schnittbohnen oder grüne Erbsen (aus der Konserve), 1 Eiweiß.
Für die Fülle: 250 g Brat- oder Grillhuhn, 150 g Schinken, 30 g Butter, 30 g Mehl, ⅛ l Milch, Salz, Pfeffer, Semmelbrösel, 1 Ei.

Auf dem Kuchenbrett Kartoffelbrei, Ei, Margarine, Salz und mit Backpulver vermischtes Mehl zu einem festen Teig verarbeiten. Für die Fülle das Fleisch von den Knochen lösen, feinhacken oder durch den Wolf drehen und gehackten Schinken zugeben. Aus Butter und Mehl eine helle Mehlschwitze bereiten, mit Milch und etwas Wasser aufkochen. Das Fleisch, Salz, Pfeffer, einige Semmelbrösel und Ei untermischen. Den Teig ausrollen und 2 Drittel davon in eine Pastetenform oder in eine feuerfeste Schüssel legen. Mit Fleisch bedecken, darauf Schnittbohnen schichten und wieder Fleisch. Obenauf eine Teigplatte legen, mit Eiweiß bestreichen und mit der Gabel anstechen, damit der Dampf entweichen kann. Die Pastete in der Röhre goldgelb backen und warm mit Salat servieren.

Kartoffeltaschen mit Gemüsefülle

800 g Kartoffeln, Salz, 2 Eier, 240 bis 300 g griffiges Mehl, 30 g geriebener Käse, 50 g Butter,
Für die Fülle: 300 g Wirsing, 250 g frische Pilze, 50 g Butter, 1/2 Zwiebel, Salz, 2 Eier.

Die gekochten Kartoffeln abgekühlt schälen, dann reiben, salzen, Eier und Mehl zugeben und zu einem festen Teig verarbeiten. Für die Fülle den Wirsing kochen und in Streifen schneiden. Die geputzten Pilze kleinhacken, in Butter mit Zwiebel rösten. Wenn sie gar sind, salzen, mit Ei andicken und den Kohl untermischen. Aus dem Kartoffelteig eine Platte ausrollen, in Vierecke aufteilen, jedes davon mit der Fülle bestreichen, zu Dreiecken zusammenlegen und die Ränder andrücken. Die Taschen in siedendes Salzwasser legen und garen. Wenn sie an die Oberfläche steigen, probieren, ob sie gar sind. Dann abseihen, auf den Tellern mit geriebenem Käse bestreuen und mit flüssiger Butter beträufeln. – Die Kartoffeltaschen können auch in Fett gebacken werden.

Überbackener Kartoffelsterz mit Gemüse

150 g Möhren, 150 g Sellerie, 100 g Petersilie, 40 g Margarine, 300 g gekochte und 200 g rohe Kartoffeln, 1 Zwiebel, 1 kleiner Kopf Wirsing, Salz, Pfeffer, Majoran, 2 Knoblauchzehen, 1/4 l Milch, 3 Eier, etwa 50 g griffiges Mehl, Semmelbrösel, 100 g Schmalz.

Das geputzte Wurzelgemüse reiben, in Margarine dünsten und auskühlen lassen. Die kalten gekochten und die rohen Kartoffeln reiben, feingehackte Zwiebel und gekochten, feingehackten Wirsing zugeben. Salz, Gewürze sowie zerriebene Knoblauchzehen zufügen und alles mit Milch, verquirlten Eiern und Mehl vermischen. Der Teig soll dicker sein als für Kartoffelpuffer. Gegebenenfalls mit einigen Semmelbröseln andicken. Eine Pfanne gut mit Fett ausstreichen und mit Semmelbröseln bestreuen, den Teig einfüllen, obenauf mit Schmalz beträufeln und in der Röhre backen. Dann in Scheiben schneiden, mit Kopfsalat oder anderen Salaten anrichten.

Kartoffelkuchen mit Fleischfülle

250 g Kartoffeln, 500 g Mehl, 1/2 Päckchen Backpulver, 50 g Öl oder Schmalz, 2 Eigelb, Salz, etwas Milch, Fett, 1 Eiweiß.
Für die Fülle: 300 g gekochtes Rind- oder Schweinefleisch (auch Bratenreste, Schmorfleisch, Schinken oder Wurst), 1 Zwiebel, 50 g Butter, Salz, Pfeffer, 1 Prise Curry, 2 Eßlöffel Fleischbrühe, 2 Eier.

Die gekochten erkalteten Kartoffeln reiben, mit Mehl und Backpulver vermischen. Zerlassenes Fett, Eigelbe, Salz und nach Bedarf etwas Milch zugeben. Zu einem festen Teig verarbeiten. Entweder 2 runde Platten für die Tortenform oder 2 längliche Platten für das Kuchenblech ausrollen. Für die Fülle das Fleisch zweimal durch den Wolf drehen. Feingehackte

Zwiebel in Butter rösten, Fleisch, Salz, Gewürze, etwas Fleischbrühe und zuletzt die Eier zugeben. Die Teigplatte in die gefettete Form oder auf das Blech legen, mit Fülle bestreichen und mit der zweiten Platte zudecken, am Rand andrücken und die Oberfläche mit Eiweiß bestreichen. In gut vorgewärmter Röhre goldbraun backen. Zu Schnitten aufschneiden und mit Gemüse, Salat oder zum Tee reichen.

Kartoffelauflauf

500 g Kartoffeln, 50 g Butter, 3 Eier, ⅛ l Sahne, Salz, Pfeffer, 40 g geriebener Käse, 30 g Mehl, etwas Fett, 20 g Butter.

Die Kartoffeln mit der Schale kochen oder in der Röhre backen, dann schälen und durch ein Sieb streichen. Die Butter mit den Eigelben recht schaumig rühren, Kartoffeln, Sahne, Salz, Pfeffer, geriebenen Käse und zuletzt steifen Eischnee und etwas Mehl zugeben. Den Teig leicht verrühren und in eine gut gefettete, mit Mehl ausgestreute Auflaufform füllen. In der Röhre etwa 30 Minuten backen. Warm mit zerlassener Butter beträufeln und mit einem Salat reichen.

Kartoffelpudding mit Schweinefleisch

500 g Kartoffeln, 50 g Margarine oder Schmalz, 1 Zwiebel, 2 Eier, Salz, etwas Fett, Semmelbrösel, 30 g geriebener Käse, 30 g Butter.
Für die Fleischfülle: 400 g gehacktes Schweinefleisch, 40 g Schmalz, ½ Zwiebel, Salz, Pfeffer, 1 Semmel, einige Semmelbrösel.

Die Kartoffeln mit der Schale kochen, schälen und noch warm durch ein Sieb streichen. Feingehackte Zwiebel in Fett rösten, Eier und Salz zugeben. Für die Fülle das Hackfleisch und die Zwiebel in Schmalz leicht rösten, Salz, Pfeffer und eingeweichte Semmel zugeben. Wenn die Fülle zu dünnflüssig ist, mit einigen Semmelbröseln andicken. Die Puddingform gut einfetten und mit Semmelbröseln ausstreuen. Zuerst eine Schicht Kartoffeln einlegen, dann die Fülle und obenauf wieder eine Kartoffelschicht. Den Pudding in geschlossener Form im Wasserbad etwa 1 Stunde kochen. Dann stürzen, mit einem Faden in Scheiben schneiden, mit geriebenem Käse bestreuen und mit zerlassener Butter beträufeln.

Würstel im Schlafrock

500 g Kartoffeln, Salz, 2 Eier, 50 bis 80 g Mehl, 6 Würstel (auch Bockwurst), 50 g Fett.

Die Kartoffeln mit der Schale kochen, schälen und noch warm durch ein Sieb streichen. Salz, Eier und Mehl zugeben und zu einem festeren Teig verarbeiten. Dann eine dünne Platte ausrollen und in Vierecke aufschneiden. In jedes Viereck 1 Würstel oder gehäutete Wurst einrollen. In eine gefettete Pfanne schichten, die einzelnen Teigrollen gleichfalls einfetten und in der Röhre goldgelb backen. Noch warm mit Spinat oder anderem Gemüse auf den Tisch bringen.

Gefüllte Kartoffelplätzchen mit Pilzsoße

200 g Kartoffeln, 60 g Butter, 3 Eier, Salz, Fett.
Für die Fülle: ½ Zwiebel, 30 g Butter, 250 g Bratenreste, Schinken oder Wurst, 1 Ei, einige Semmelbrösel.
Für die Soße: 150 g Champignons, 60 g Butter, Salz, Pfeffer, Muskat, ½ Zwiebel, 20 g Mehl, ⅛ l Fleisch- oder Suppenwürfelbrühe.

Die mit der Schale gekochten Kartoffeln schälen und warm durch ein Sieb streichen. Butter mit Eigelben und Salz schaumig rühren, die Kartoffeln zugeben und zuletzt steifen Eischnee unterziehen. In einer gefetteten Bratpfanne größere Plätzchen backen. Für die Fülle feingehackte Zwiebel in Butter rösten, das feingehackte Fleisch zugeben, leicht dünsten, dann mit Ei und Semmelbröseln andikken. Die Kartoffelplätzchen mit der Fülle bestreichen, einrollen und auf dem Teller mit der Soße übergießen. Dafür die gut geputzten, in Scheiben geschnittenen Champignons in 2 Drittel der Butter mit Salz, Pfeffer und Muskat dünsten. Von der restlichen Butter mit Zwiebel und Mehl eine helle Mehlschwitze bereiten, mit Brühe aufgießen, kochen lassen und die Pilze zugeben.

Kartoffelbuletten mit Schinken

500 g Kartoffeln, Salz, 1 Prise Muskat, 2 Eier, etwa 120 g Mehl, 150 g Rauchfleisch oder gekochter Schinken, Margarine oder Schmalz.
Zum Panieren: 50 g Mehl, 2 Eier, 1 Eßlöffel Milch, 150 g Semmelbrösel.

Die gekochten und geschälten Kartoffeln passieren und mit Salz, Muskat, Eiern und Mehl zu einem Teig verarbeiten. Das Fleisch feinhacken und unter den Teig kneten. Daraus kleine flache Buletten formen, in Mehl, in mit Milch verquirlten Eiern und in durchgesiebten Semmelbröseln wenden. Die Buletten auf beiden Seiten in Fett braten und zu Gemüse oder Salat reichen.

Panierte Kartoffelomeletts

300 g gekochte Kartoffeln, Salz, 50 g Grieß, 80 g Mehl, 1 Ei, 1 Prise Backpulver, Öl.
Für die Fülle: ½ Zwiebel, 50 g Butter, 250 g Reste von Braten, Schmor- oder Kochfleisch, 1 Ei, abgeriebene Zitronenschale.
Zum Panieren: 50 g Mehl, 2 Eier, etwa 120 g Semmelbrösel.

Die gekochten und geschälten Kartoffeln

warm durch ein Sieb streichen, Salz, Grieß, Mehl, Ei und Backpulver zugeben und zu einem Teig verarbeiten. Daraus in heißem Öl Omeletts backen. Für die Fülle feingehackte Zwiebel in Butter rösten, das feingehackte Fleisch, Ei, einige Semmelbrösel und abgeriebene Zitronenschale zugeben. Die Omeletts mit der Fülle bestreichen und fest aufrollen. Dann in Mehl, Eiern und Semmelbröseln wenden und in erhitztem Öl auf beiden Seiten goldbraun braten. Mit Gemüse servieren.

Panierte Kartoffelkrapfen

500 g Kartoffeln, Salz, 5 Eigelb, 50 g halbgriffiges Mehl, 1 Prise Muskat, 3 bis 4 Eiweiß, Semmelbrösel, etwa 200 g Schmalz oder Margarine.
Für die Fülle: 150 g Rauchfleisch oder Schinken, 1 Ei, einige Semmelbrösel.

Die Kartoffeln mit der Schale kochen, schälen und noch warm durch ein Sieb streichen. Salz, die Eigelbe, das Mehl und Muskat zugeben und zu einem lockeren Teig verarbeiten. Auf dem Kuchenbrett zu einer Platte ausrollen und Plätzchen ausstechen. Die Hälfte der Plätzchen mit Fülle bestreichen und mit den leeren Plätzchen bedecken, am Rand andrücken und erneut ausstechen (so wie bei Pfannkuchen). Für die Fülle das Fleisch feinhacken, mit Ei und einigen Semmelbröseln vermengen. Die Krapfen in verrührtem Eiweiß und durchgesiebten Semmelbröseln wenden. In heißem Schmalz auf beiden Seiten goldgelb braten. Als Beilage zu Gemüse oder Salat oder nur zu Tee reichen.

Piroshki aus Kartoffelteig

600 g Kartoffeln, Salz, 2 Eigelb, 3 Eßlöffel Milch, etwa 200 bis 250 g Mehl, etwas Fett, 1 Ei.
Für die Fülle: 30 g Margarine, 20 g Mehl, ⅛ l Milch, 200 g Leberpastete, einige Semmelbrösel.

Die gekochten Kartoffeln schälen und abgekühlt reiben, salzen, mit den Eigelben, der Milch und Mehl zu einem festeren Teig verarbeiten. Aus dem Teig eine Platte ausrollen und mit einem Glas runde Plätzchen ausstechen. Für die Fülle aus Fett und Mehl eine helle Mehlschwitze bereiten, mit Milch oder Fleischbrühe aufgießen und zu einer dicken Soße aufkochen. Die Leberpastete hineinrühren und gegebenenfalls einige Semmelbrösel zugeben. Die Plätzchen mit der Fülle bestreichen, zur Hälfte, wie einen Halbmond, zusammenschlagen und den Rand andrücken. Die kleinen Piroshki auf ein gefettetes Kuchenblech legen, mit Fett bestreichen und nach kurzem Anbacken mit zerqirltem Ei bepinseln und goldgelb backen. Zum Tee oder auch als Beilage zu Gemüse reichen.

Gerichte aus Gemüse
Gedünstetes Gemüse

Blumenkohl in gestockten Eiern

1 Blumenkohl (etwa 600 g) Salz, 100 g Speck, 2 Zwiebeln, 6 Eier, 1 Prise Pfeffer, Schnittlauch.

Den in Salzwasser gekochten Blumenkohl in Röschen zerlegen. Würfelig geschnittenen Speck zerlassen, gehackte Zwiebeln zufügen, glasig werden lassen, Blumenkohlröschen einlegen und erwärmen. Mit verquirlten, mit Salz und Pfeffer gewürzten Eiern übergießen und rühren, bis die Eier gestockt sind. Das Gericht mit gehacktem Schnittlauch bestreuen. Dazu Salzkartoffeln reichen.

Karotten mit Schweinskoteletts

4 Schweinskoteletts, Salz, 50 g Schmalz, 20 g Mehl,
500 g Karotten, 50 g Butter, ⅛ l saure Sahne, Petersilie.

Die Koteletts klopfen, salzen, die Ränder einschneiden und das Fleisch sofort auf beiden Seiten in Schmalz anbraten. Den Bratsaft mit Mehl bestäuben, bräunen, etwas Wasser aufgießen und kurz aufkochen . Die geputzten Karotten feinstreifig schneiden, ein wenig Salzwasser aufgießen, die Butter zufügen und kurz dünsten. Die garen Karotten mit angedicktem Fleischsaft übergießen, die Koteletts einlegen, Sahne aufgießen und alles garen. Mit gehackter Petersilie bestreuen. Dazu Bratkartoffeln servieren.

Paprikafrüchte mit Hammelfleisch

500 g Hammelfleisch, Salz, 50 g Schmalz, 2 Zwiebeln, 4 grüne Paprikafrüchte, 4 Tomaten, 1 Prise Pfeffer, 2 Eßlöffel Sahne, Petersilie.

Das Hammelfleisch würfelig schneiden, salzen und in Schmalz anbraten. Die gehackten Zwiebeln zufügen, etwas Wasser aufgießen und dünsten, bis die Zwiebeln gar sind. Von den Paprikafrüchten den Stengelansatz herausschneiden, den Samenstand mit einem Teelöffel lösen, die Früchte in Streifen schneiden und zum Fleisch geben. Die Sahne unterziehen und das Gericht mit gehackter Petersilie bestreuen. Mit Brot oder Reis auftragen.

Gefülltes Gemüse

Sellerie mit Fleisch-Pilz-Fülle

4 kleinere Sellerieknollen (etwa 600 g), Salz, Saft von ½ Zitrone, 80 g Margarine, 1 Zwiebel, 300 g gehacktes Schweinefleisch, 1 Prise Pfeffer, 30 g Trockenpilze, Petersilie, 1 Ei, 2 bis 3 Eßlöffel Semmelbrösel, 30 g geriebener Käse.

Die geputzten, geschälten Sellerie in Salzwasser mit Zitronensaft kurz aufkochen. Abtropfen lassen, oben ein Deckelchen abschneiden und die Knollen vorsichtig aushöhlen. In der Hälfte der Margarine die gehackte Zwiebel rösten, das Fleisch zugeben, salzen, pfeffern und kurz braten. Das ausgehöhlte Selleriefleisch feinhacken und eingeweichte, feingehackte Pilze, gewiegte Petersilie und Ei zufügen, nach Bedarf mit Semmelbröseln andicken und unter das Gehackte mischen. Die Selleries damit füllen, in eine mit der restlichen Margarine gefettete feuerfeste Schüssel legen, etwas Wasser aufgießen, geriebenen Käse darüberstreuen und in der Röhre überbacken. Mit gedünstetem Reis und Tatarensoße servieren. ·

Kohlrabi mit Karotten-Erbsen-Fülle

8 junge Kohlrabi, 100 g Margarine, Salz, 150 g Karotten, 150 g grüne Erbsen, 1 Prise Zucker, 30 g Mehl, 2 Eßlöffel Sahne, 2 Eigelb, Petersilie.

Die Kohlrabi schälen, oben ein Deckelchen abschneiden, die Knollen mit einem Teelöffel oder Messer aushöhlen und in etwas Margarine und wenig Salzwasser kurz dünsten. Das ausgehöhlte Kohlrabifleisch würfelig schneiden, die ebenfalls würfelig geschnittenen Karotten sowie die grünen Erbsen zufügen und in etwas Margarine mit Salz und Zucker kurz dünsten. Dann mit Mehl bestäuben, bräunen, die mit Sahne verrührten Eigelbe zugießen und kurz dünsten. Mit diesem Gemüse die vorbereiteten Kohlrabi füllen und in eine gefettete feuerfeste Schüssel legen. Die restliche Margarine zerlassen, mit Mehl bestäuben, bräunen, mit dem Kohlrabidünstsud auffüllen, gut verschlagen und kurz aufkochen. Die Kohlrabi mit der Soße übergießen und in der Röhre gardünsten. Mit Bratkartoffeln reichen.

Wirsingwickel

1 großer Kopf Wirsing (etwa 600 g), Salz, 50 g Schmalz, ⅛ l Brühe.

Für die Fülle: 400 g gehacktes Schweine- oder Rindfleisch, 1 Zwiebel, 1 Semmel, Salz, 1 Knoblauchzehe, 1 Prise Pfeffer, 1 Ei.

Von dem Wirsing die beschädigten und verwelkten Blätter entfernen und das ganze Kraut in Salzwasser kurz aufkochen. Abgetropft in einzelne Blätter zerlegen, die dicken Blattrippen etwas flachklopfen und an mehreren Stellen anschneiden, damit sich die Blätter besser aufrollen lassen. Das Fleisch mit feingehackter Zwiebel sowie der eingeweichten und ausgedrückten Semmel vermischen. In Salz zerriebenen Knoblauch und 1 Prise Pfeffer zufügen und mit dem Ei binden. Aus dem Fleisch kleine Rollen formen, in die Krautblätter wickeln und feststecken. Die Wickel in eine mit Schmalz gefettete Pfanne legen, mit Brühe übergießen und in der Röhre garen lassen. Die Wirsingwickel mit gedünstetem Reis oder Pellkartoffeln servieren.

Gurken mit Fleischfülle

4 dicke kurze Gurken, 50 g Margarine, 20 g Mehl.
Für die Fülle: 250 g gehacktes Schweinefleisch, 80 g Margarine, Salz, 1 Prise Pfeffer, 2 Semmeln, 1 Ei, 2 Eßlöffel Sahne, 50 g frische Pilze.

Die Gurken schälen, längs halbieren und das Kernfleisch ausschaben. Für die Fülle das Gehackte in Margarine braten, salzen, pfeffern, mit den in Wasser eingeweichten und gut ausgedrückten Semmeln, mit Ei und Sahne binden. Blättrig geschnittene Pilze, in eigenem Saft gedünstet, zufügen. Die Gurkenhälften mit der Masse füllen und zusammenbinden. In der Margarine anbraten, Wasser nachgießen und die Gurken garschmoren. Dann herausnehmen, den eingedampften Saft mit Mehl bestäuben, bräunen, Wasser zugießen und zur Soße verkochen. Die Gurken damit übergießen, mit Bratkartoffeln reichen.

Weißkrautwickel

1 großer Kopf Weißkraut, Salz, ¼ l Tomatensaft, 200 ml saure Sahne, etwa 10 g Mehl.
Für die Fülle: 400 g Rauch- oder Schweinefleisch, 1 Ei, Salz, 1 Prise Pfeffer, Semmelbrösel.

Den Weißkrautkopf überbrühen, in einzelne Blätter zerlegen und die dicken Blattrippen etwas flachklopfen. Das durch den Wolf gedrehte Fleisch mit dem Ei vermischen, salzen, pfeffern und gegebenenfalls mit Semmelbröseln andicken. Die Fleischmasse portionsweise in gesalzene Weißkrautblätter wickeln. Die Wickel in eine Bratpfanne legen, mit Tomatensaft auffüllen und 1 Stunde dünsten lassen. Dann mit Mehl verquirlte Sahne darübergießen und in der Röhre überbacken. Reis oder Brot dazu auftragen.

Gefüllte Tomaten mit Eiern

8 feste große Tomaten, Salz, 1 Prise Pfeffer, 80 g Butter, 80 g geriebener Käse, 8 Eier, Schnittlauch.

Von den Tomaten oben ein Deckelchen abschneiden, die Früchte aushöhlen. Das Innere salzen und pfeffern. Die Tomaten jeweils mit 1 Stückchen Butter und etwas geriebenem Käse füllen und in eine gefettete feuerfeste Schüssel legen. Die Eier einzeln aufschlagen und in die ausgehöhlten Tomaten gleiten lassen. Obenauf mit geriebenem Käse und gehacktem Schnittlauch bestreuen, mit Butter beträufeln und in der Röhre überbacken, bis die Eier gestockt sind. Die gefüllten Tomaten mit Kartoffelbrei, Reis oder nur mit Brot reichen.

Gefüllte Tomaten mit Fleisch

8 große feste Tomaten, Salz, Pfeffer, 50 g Margarine, ⅛ l saure Sahne, 30 g geriebener Käse.

Für die Fülle: 30 g Margarine, ½ Zwiebel, 200 g gehacktes Schweinefleisch, 200 g gehacktes Rindfleisch, Salz, 1 Prise Pfeffer, abgeriebene Zitronenschale, 2 Eier, 30 g Semmelbrösel.

Von den Tomaten oben ein Deckelchen abschneiden. Die Tomaten vorsichtig mit einem Teelöffel aushöhlen, das Innere etwas salzen und pfeffern. Für die Fülle feingehackte Zwiebel in Margarine rösten, das Hackfleisch, Salz, Pfeffer und etwas Zitronenschale zufügen. Kurz braten lassen, die Eier untermischen und gegebenenfalls mit einigen Semmelbröseln andicken. Mit der Masse die vorbereiteten Tomaten füllen, die Deckelchen auflegen und in einer gebutterten Pfanne in der Röhre gardünsten. Mit saurer Sahne übergießen und mit geriebenem Käse bestreuen. Dazu Kartoffelbrei auftragen.

Überbackenes Gemüse

Überbackenes Weißkraut mit Rauchfleisch

500 g Weißkraut, 50 g Speck, 1 Zwiebel, 1 Knoblauchzehe, Salz, je 1 Prise Pfeffer und Muskat, 30 g Schmalz, 100 g gekochtes Rauchfleisch.
Für den Teig: ¼ l Milch, 2 Eier, Salz, etwa 100 g halbgriffiges Mehl.

Das geputzte Weißkraut in Stücke schneiden und kurz aufkochen. Dann abtropfen lassen und feinhacken. Die gehackte Zwiebel in würfelig geschnittenem Speck bräunen, Weißkraut und in Salz zerriebenen Knoblauch sowie die Gewürze zufügen, etwas Wasser aufgießen und zugedeckt eine Weile dünsten. Eine feuerfeste Schüssel mit Schmalz fetten, Kraut und kleingeschnittenes Rauchfleisch hineinfüllen und erwärmen. Das Kraut mit dem dünnflüssigen Teig, aus Milch, Eiern, Salz und Mehl zubereitet, übergießen. In der

Röhre so lange überbacken, bis der Teig gestockt und goldgelb ist. Mit Brot auftragen.

Überbackener Sellerie mit Eiern und Käse

500 g Sellerie, Salz, etwas Essig, 1 Prise Pfeffer, 80 g Margarine, 4 Tomaten, 100 g Semmelbrösel, 100 g geriebener Käse, 3 Eier, ⅛ l Joghurt, 1 Eigelb.

Den geschälten Sellerie in Salzwasser mit etwas Essig fast garkochen. Nach dem Erkalten in Scheiben schneiden und leicht pfeffern. In eine gefettete feuerfeste Schüssel eine Schicht vorbereiteten Sellerie legen, darauf in Scheiben geschnittene Tomaten geben, mit in Margarine gerösteten Semmelbröseln sowie geriebenem Käse bestreuen und mit Scheiben von hartgekochten Eiern belegen. Zuletzt noch einmal Selleriescheiben aufschichten. Mit Joghurt, in dem 1 Eigelb verquirlt wurde, überziehen, geriebenen Käse darüberstreuen und in der Röhre goldgelb überbacken.

Überbackener Blumenkohl in Béchamelsoße

1 großer Blumenkohl (etwa 800 g), Salz, 80 g Margarine, 50 g Mehl, ¼ l Milch, 2 Eigelb, Petersilie, 30 g geriebener Käse.

Den geputzten Blumenkohl in Salzwasser kurz kochen, in Röschen zerlegen und erkalten lassen. Eine feuerfeste Form gut einfetten und die Blumenkohlröschen hineinlegen. Aus 50 Gramm Margarine und dem Mehl eine helle Mehlschwitze bereiten, nach und nach mit Milch auffüllen und zu einer dicken Soße verkochen. Dann salzen, die Eigelbe zufügen und mit gehackter Petersilie würzen. Mit der Soße den Blumenkohl überziehen, obenauf geriebenen Käse streuen und in der Röhre etwa ½ Stunde überbacken. Mit Pellkartoffeln oder nur mit Semmeln servieren. – Der Blumenkohl kann auch mit grünen Erbsen oder Streifen von roten Paprikafrüchten garniert werden.

Überbackener Rosenkohl mit Eiern

500 g Rosenkohl, Salz, 50 g Speck, 1 Zwiebel, 5 Eier, 1 Prise edelsüßer Paprika.

Das Gemüse vorbereiten und die Röschen in Salzwasser fast garkochen. In einer feuerfesten Schüssel würfelig geschnittenen Speck zerlassen, darin die gehackte Zwiebel rösten, die Röschen zugeben und anrösten. Darüber die Eier einzeln aufschlagen und nebeneinander hineingleiten lassen, damit sie wie Setzeier aussehen. Die Eigelbe mit Paprika bestäuben und die Eier in der Röhre stocken lassen. Das Gericht in der feuerfesten Schüssel auftragen. Als Beilage Bratkartoffeln reichen.

Überbackenes Gemüse in Muschelschalen

3 Kohlrabi, 2 Porreestangen, 3 Eßlöffel grüne Erbsen, 1 kleiner Blumenkohl, Salz, 80 g Margarine, 40 g Mehl, 1 Tasse Sahne, 100 g Schinken oder Bratenreste, Zitronensaft, 2 Eigelb, Semmelbrösel, 40 g geriebener Käse, Petersilie.

Das geputzte Gemüse in Salzwasser kurz dünsten. Den Blumenkohl in Röschen zerlegen und das übrige Gemüse in Stücke schneiden. Aus der Hälfte der Margarine und Mehl eine helle Mehlschwitze bereiten, mit Sahne und nach Geschmack auch mit etwas Dünstwasser auffüllen und gut durchkochen lassen. Den feingehackten Schinken und das vorbereitete Gemüse zufügen, mit Salz und Zitronensaft abschmecken und die Eigelbe unterziehen. Wenn die Masse zu dünn ist, mit einigen Semmelbröseln andicken. Gefettete, ausgebröselte Muschelschalen oder kleine feuerfeste Förmchen mit der Masse füllen, obenauf mit geriebenem Käse bestreuen, mit der restlichen Margarine beträufeln und in der Röhre überbacken. Dann mit gewiegter Petersilie bestreuen und mit Weißbrotscheiben servieren.

Überbackene Krautfülle

500 g Weißkraut, Salz, 1 Knoblauchzehe, 1 Prise Muskat, 5 Semmeln, ¼ l Milch, 6 Eier, Petersilie, 80 g Margarine, abgeriebene Zitronenschale, einige Semmelbrösel.

Das geputzte Kraut in Salzwasser kurz aufkochen, abtropfen lassen und feinhakken. In Salz zerriebenen Knoblauch und 1 Prise Muskat zufügen. Die würfelig geschnittenen Semmeln mit Milch, in der die Eigelbe und 1 Prise Salz verquirlt wurden, beträufeln. Eine Weile stehen lassen. Gehackte Petersilie, die Hälfte der zerlassenen Margarine, etwas abgeriebene Zitronenschale und das gehackte Kraut untermischen. Wenn die Masse zu dünn ist, mit Semmelbröseln andicken. Zuletzt den steifen Eischnee unterheben. Eine Bratpfanne einfetten, ausbröseln, mit der Masse füllen, obenauf mit der restlichen zerlassenen Margarine beträufeln und in der Röhre überbacken. Das Gericht stürzen, in Scheiben oder Quadrate schneiden und mit Kartoffelbrei sowie mit Kopf- oder anderem Salat servieren.

Überbackenes Sauerkraut mit Rauchfleisch und Kartoffeln

300 g Sauerkraut, 50 g Speck, 1 Zwiebel, Salz, 1 Prise Zucker, 1 Apfel, 50 g Margarine, 500 g gekochte Kartoffeln, 300 g gekochtes Rauchfleisch oder Wurst, ⅕ l saure Sahne.

Das Sauerkraut zerkleinern. Den würfelig geschnittenen Speck zerlassen, darin die gehackte Zwiebel anrösten. Sauerkraut, Salz, Zucker sowie geraspelten Apfel zu-

fügen und kurz dünsten. Eine Auflaufform mit Margarine ausstreichen, gedünstetes Sauerkraut, in Scheiben geschnittene gekochte Kartoffeln, in dünne Scheiben geschnittenes Fleisch und schließlich wieder Sauerkraut einfüllen. Die Sahne darübergießen und in der Röhre etwa ½ Stunde überbacken.

Ausgebackenes Gemüse

Ausgebackener Sellerie

1 große Sellerieknolle (etwa 600 g), ½ Zitrone, Salz, 1 Prise Pfeffer, 1 Schuß Tomatenketchup, etwa 50 g Mehl, 2 Eier, 120 g Semmelbrösel, etwa 120 g Öl oder Kokosfett.

Den Sellerie putzen, schälen, in gleichmäßig dicke Scheiben schneiden, mit Zitronensaft beträufeln, salzen, pfeffern. Auf einen Teller legen, mit einem anderen Teller bedecken und etwa ½ Stunde rasten lassen. Älterer Sellerie muß kurz vorgekocht werden. Je 2 Selleriescheiben mit dickem Tomatenketchup binden und in Mehl, verquirlten Eiern und Semmelbröseln wenden. In heißem Fett goldgelb ausbacken. Dazu Kartoffelbrei auftragen. – Die Selleriescheiben können auch vor dem Panieren mit etwas Senf bestrichen werden.

Ausgebackener Wirsing in Teig

600 g Wirsing, Salz, etwa 120 g Öl. Für den Teig: ⅛ l Milch, 2 Eier, Salz, 100 g Mehl.

Den vorbereiteten Wirsing in Salzwasser kurz aufkochen, gut abtropfen lassen und vierteln. Aus Milch, Eiern, Salz und Mehl einen dickflüssigen Teig rühren. Die Wirsingviertel einzeln in den Teig tauchen und sofort in heißem Öl ausbacken. Mit Semmeln oder Kartoffelbrei servieren.

Ausgebackener Blumenkohl in Weinteig

1 großer Blumenkohl (etwa 600 g), Salz,
etwa 120 g Öl oder Kokosfett.
Für den Teig: ⅛ l Weißwein, 2 Eier, Salz,
etwa 100 g Mehl.

Den Blumenkohl in Salzwasser kurz kochen, abtropfen und erkalten lassen und in Röschen zerlegen. Aus Wein, Eiern, Salz und Mehl einen Teig rühren. Die Röschen einzeln hineintauchen und sofort in gut erhitztem Fett ausbacken. Mit Kartoffelbrei oder -salat servieren.

Ausgebackene Blumenkohlplätzchen

1 Blumenkohl (etwa 400 g), Salz, 100 g
Wurst, 3 Eier, 60 g griffiges Mehl, etwa
150 g Öl oder Kokosfett.

Den Blumenkohl in Salzwasser kurz kochen, abtropfen lassen und feinhacken. Die Wurst würfelig schneiden oder durch den Wolf drehen. Die Eigelbe mit Salz verrühren, Blumenkohl, Wurst, nach und nach Mehl und zuletzt steifen Eischnee zugeben. Die Masse mit einem Löffel abstechen, in heißes Fett geben, zu Plätzchen glattstreichen und auf beiden Seiten goldgelb ausbacken. Mit Pellkartoffeln oder Kartoffelbrei anrichten.

Ausgebackene Porreeplätzchen

600 g große Porreestangen, Salz, etwa
120 g Öl oder Kokosfett.
Für den Teig: ⅛ l helles Bier oder Milch,
100 g Mehl, 2 Eier, Salz.

Von den Porreestangen die verwelkten Blätter entfernen. Die Stangen in Salzwasser kurz kochen, abtropfen lassen und in kleine Stücke schneiden. In den aus Bier oder Milch, Eiern, Salz und Mehl gerührten Teig tauchen und sofort in erhitztem Fett ausbacken. Die Porreeplätzchen mit gekochten Hülsenfrüchten oder Kartoffelbrei reichen.

Gemüsespezialitäten

Gefüllte Kohlrabi

8 Kohlrabi, Salz.
Für die Fülle: 30 g Butter, ½ Zwiebel,
50 g frische Steinpilze oder Champignons,
250 g Bratenreste (Kalb- oder Schweine-
fleisch), Salz, Pfeffer, 1 Ei, Semmelbrösel.
Für die Soße: 20 g Butter, 20 g Mehl, ¼ l
Fleisch- oder Suppenwürfelbrühe, Petersilie.

Die geschälten Kohlrabi in Salzwasser halbgar kochen. Von jedem Kohlrabi oben ein Deckelchen abschneiden. Die Kohlrabi aushöhlen, mit Fleischfülle ausstreichen und die Deckelchen wieder daraufsetzen. Für die Fülle feingehackte Zwiebel in Butter rösten. Die Pilze putzen, in Scheiben schneiden, daraufgeben und kurz dünsten lassen. Dann das kleingeschnittene Fleisch sowie Salz, Pfeffer und Ei zugeben, mit einigen Semmelbröseln andicken. Für die Soße die Butter schaumig rühren und in einer Kasserolle eine helle Mehlschwitze bereiten, mit Fleischbrühe verdünnen und feingewiegte Petersilie zugeben. Die gefüllten Kohlrabi in eine Pfanne schichten, mit Soße übergießen und dünsten oder in der Röhre braten. Mit Kartoffeln servieren.

Sellerie in Sahne

2 Sellerie (etwa 500 g), Salz, Zitrone, 100 g
Margarine, Pfeffer, 50 g Mehl, ¼ l saure
Sahne, 50 g geriebener Käse.

Die Selleries schälen, in Würfel schneiden und in Salzwasser mit etwas Zitronensaft halbgar dünsten. In einer Kasserolle Margarine zerlassen, abgetrofe Selleries, Salz und Pfeffer zugeben und das Gemüse gardünsten. Mit Mehl bestreuen, etwas rösten und Sahne zugießen. Alles gut aufkochen lassen. Dick mit geriebenem Käse bestreuen und als Beilage zu Bratenfleisch oder Pfannengerichten reichen.

Überbackener Sellerie mit Käse und Tomatenmark

2 Selleries (etwa 500 g), Salz, 1 Teelöffel Essig, 60 g Butter, Pfeffer, 50 g Tomatenmark, 2 Eiweiß, 40 g geriebener Käse, Petersilie, 2 Eßlöffel Öl.

Die Selleries putzen, schälen und in Scheiben schneiden. Mit Salzwasser garkochen, dabei etwas Essig zufügen. Eine feuerfeste Schüssel mit Butter ausstreichen und die Selleriescheiben hineinlegen. Jede Scheibe mit Salz und Pfeffer bestreuen, flüssige Butter und mit Wasser verdünntes Tomatenmark daraufträufeln. Die Eiweiße steifschlagen, geriebenen Käse und gehackte Petersilie unterziehen. Die Selleries damit bedecken. Öl daraufträufeln und in der Röhre überbacken. Mit Kartoffeln oder Toastscheiben reichen.

Panierte Sellerienocken

500 g Sellerie, Salz, Paprika, ½ Zwiebel, ⅛ l Milch, 3 Eier, 20 g Butter, 30 g Mehl, Semmelbrösel, Schmalz oder Margarine.

Den Sellerie schälen und roh reiben, mit Salz, Paprika und feingehackter Zwiebel vermischen. Die Eier in Milch verquirlen, zerlassene Butter und Mehl zugeben und den Sellerie unterziehen. Alles gut vermischen, gegebenenfalls mit Semmelbröseln eindicken. Mit einem Teelöffel kleine Nocken abstechen und auf beiden Seiten in erhitztem Fett goldbraun braten. Als Beilage Kartoffelbrei reichen.

Gedünstete Zwiebeln

400 g größere Zwiebeln, 200 g Tomaten, 200 g Äpfel, 100 g grüne Paprikafrüchte, 50 g Margarine oder Öl, Salz, Pfeffer, 2 Eier.

Die Zwiebeln schälen, in dünne Scheiben schneiden und auf einem Sieb mit heißem Wasser übergießen, damit sie ihre Schärfe verlieren. Die Tomaten überbrühen, abziehen, in Viertel schneiden und die Kerne entfernen. Die Äpfel schälen und ebenfalls in Scheiben, den geputzten Paprika in Streifen schneiden. In Margarine oder Öl zuerst die abgetropften Zwiebeln rösten, dann Paprika zugeben und zuletzt die Äpfel. Wenn die Äpfel gar sind, dann die Tomaten zufügen. Das Gericht würzen, mit verquirlten Eiern übergießen und stocken lassen. Als Beilage zu kurzgebratenem Fleisch oder mit Brot als selbständige Mahlzeit reichen.

Panierte Zwiebeln

5 bis 6 große Zwiebeln, Salz, 100 g Mehl, 2 Eier, 2 Eßlöffel Milch, etwa 150 g feine Semmelbrösel, Schmalz, Öl oder Margarine.

Die geschälten Zwiebeln in dicke Scheiben schneiden, salzen und vorsichtig in Mehl wälzen. Dann in mit Milch verquirlten Eiern und in Semmelbröseln wenden. Die Semmelbrösel können mit etwas geriebenem Käse vermischt werden. Die Zwiebelscheiben auf beiden Seiten in Fett braten. Zu Kartoffel- oder Hülsenfruchtpüree reichen.

Gefüllte Zwiebeln

8 große Zwiebeln, Salz, 40 g Butter, ¼ l Fleischbrühe.
Für die Fülle: 400 g Fleischreste (Koch-, Braten- oder Schmorfleisch), 40 g Butter, 1 Semmel, Salz, Pfeffer, 1 Knoblauchzehe, 2 Eier.

Die geschälten Zwiebeln kurz in Salzwasser kochen, dann eine Spitze abschneiden, vorsichtig die inneren Schichten herausnehmen, so daß nur noch zwei Schichten übrigbleiben. Mit der Fleischmasse füllen. Dafür Fleischreste durch den Wolf drehen, in Butter dünsten, eingeweichte und ausgedrückte Semmel, Salz, Pfeffer, zerriebenen Knoblauch und Eier zugeben. Die gefüllten Zwiebeln in eine mit Butter ausgestrichene Pfanne schichten, mit Fleischbrühe begießen und zugedeckt garschmoren. Sie können auch in der Röhre gebraten werden.

Püree aus roten Rüben

500 g rote Rüben, 60 g Butter, 40 g Semmelbrösel, Salz, Zitronensaft, ¼ l Sahne, 50 g Räucherspeck.

Die roten Rüben waschen und garkochen, dann schälen und durch den Fleischwolf drehen. Die Semmelbrösel in Butter anrösten, die roten Rüben untermischen, etwas salzen, mit Zitronensaft beträufeln und mit Sahne abschmecken. So lange dünsten, bis das Püree eingedickt ist. In einer Schüssel mit Räucherspeckscheiben garnieren, die vorher auf beiden Seiten etwas angebraten wurden. Das Püree zu Rinderbraten oder Rauchfleisch reichen.

Panierte Schwarzwurzeln in Teig

600 g Schwarzwurzeln, ⅛ l Milch, Zitronensaft, 1 Eßlöffel Öl, Salz, Pfeffer, Margarine oder Öl.
Für den Teig: ⅛ l Weißwein, 2 Eier, Salz, ½ Teelöffel Öl, 100 g Mehl.

Die Schwarzwurzeln putzen und in Wasser mit Milch legen, damit sie nicht dunkel anlaufen. Dann herausnehmen, mit Zitronenwasser übergießen und garkochen. Abtropfen lassen, in größere Stücke schneiden, mit Zitronensaft und Öl beträufeln, mit Salz und Pfeffer bestreuen. Zugedeckt etwa 1 Stunde kühl stehen lassen. Für den Teig Wein und Eier schaumig schlagen, Salz, Öl und etwas Mehl zugeben, damit ein glatter Teig (wie Tropfteig) entsteht. Die Schwarzwurzelstücke aus der Marinade nehmen und in dem Teig wenden. In heißem Fett auf beiden Seiten goldgelb braten. Mit Kartoffelbrei oder Reis servieren.

Grüne Erbsen in Sahne

400 g ausgehülste grüne Erbsen, Salz, 50 g Butter, 1 Würfel Zucker, Petersilie, ⅛ l Sahne, 20 g Mehl, 50 g Schinken.

Die Erbsen kurz in Salzwasser dünsten, abseihen und dann in Butter schwenken. Zucker und gehackte Petersilie zugeben und zuletzt Sahne, die mit Mehl verquirlt wurde, zugießen. Die Erbsen etwas dünsten lassen und dünne Schinkenstreifen zufügen. – Im Frühling oder im Sommer können auch mehrere Spargelköpfe, einige Blumenkohlröschen oder eine feingeschnittene Karotte dazukommen.

Wirsing mit Pilzen und Reis

500 g Wirsing, Salz, 1 Zwiebel, 60 g Schmalz, 1 Knoblauchzehe, Pfeffer, 1 Prise Majoran, 150 g frische oder 20 g getrocknete Pilze (zu den getrockneten ⅛ l Milch geben), 180 g Reis, ½ l Fleisch- oder Suppenwürfelbrühe, 40 g geriebener Käse.

Den Wirsing in Viertel schneiden, mit siedendem Salzwasser überbrühen und kurz dünsten. Dann abtropfen lassen und in Streifen schneiden. Kleingehackte Zwiebel in Schmalz rösten, den Wirsing, die mit Salz zerriebene Knoblauchzehe, Pfeffer und Majoran zugeben. Anschließend die geputzten und in Scheiben geschnittenen Pilze untermischen. Werden getrocknete Pilze verwendet, sind sie zuvor in Milch einzuweichen und dann kleinzuhacken. Den überbrühten Reis zugeben und Fleischbrühe aufgießen. Je Tasse Reis 1 ½ Tassen Brühe rechnen. Zugedeckt in der Röhre garen, bis der Reis weich ist. Mit geriebenem Käse bestreuen und servieren.

Krautwickel mit Wurst

1 größerer Kopf Wirsing (etwa 500 g), 4 Bockwürste, 30 g Schmalz, 30 g Speck, 10 g Mehl, ½ Zwiebel, ⅛ l Fleisch- oder Suppenwürfelbrühe, Salz, Pfeffer.

Überbackener Rosenkohl mit Eiern

Kartoffelstrudel mit Rauchfleisch

Kolatschen

Rehmedaillons am Spieß

Mit Omelett gefüllte Rinderroulade

Eier mit Anchovisfülle, Roastbeefbrote

Überbackenes Gemüse in Schälchen

Liwanzen

Den geputzten Wirsing mit heißem Wasser überbrühen, den unteren Strunk abschneiden und die Blätter auf einem Brett ausbreiten. Dickere Rippen klopfen. In jedes Krautblatt ½ Bockwurst einwickeln und mit dem Faden zubinden. Eine Pfanne mit Schmalz ausstreichen, mit zerlassenen Speckwürfeln ausstreuen, darauf die Wickel schichten, etwas Wasser zugeben und in der Röhre garen. Die Krautwickel herausnehmen und warm stellen. Den Saft eindampfen, mit Mehl anschwitzen, gehackte Zwiebel zugeben. Mit der Brühe zu einer dicken Soße aufkochen lassen und würzen. Die Krautwickel in der Soße erwärmen und mit Kartoffeln reichen.

Krautbuletten

300 g Wirsing, Salz, 1 Zwiebel, 2 Knoblauchzehen, 200 g gehacktes Schweinefleisch, 2 Eier, 1 Prise Majoran, Salz, 2 Eßlöffel Milch, Semmelbrösel, Schmalz oder Margarine.

Den geputzten Wirsing zerschneiden und mit siedendem Salzwasser überbrühen. Zusammen mit Zwiebel und Knoblauch durch den Wolf drehen und alles mit dem Gehackten vermischen. Eier, Majoran, Salz, Milch und nach Bedarf Semmelbrösel zugeben. Den Teig gut durchkneten, mit angefeuchteten Händen Buletten formen und auf beiden Seiten in heißem Fett braten. Als Beilage Kartoffelbrei oder Kartoffeln reichen.

Krautpalatschinken

400 g Wirsing, Salz, ¾ l Milch, 2 Eier, etwa 200 g Mehl, 1 Messerspitze Backpulver, 50 g Fett, 50 g Räucherspeck, 40 g geriebener Käse.

Den geputzten Wirsing in Salzwasser kochen, dann hacken oder durch den Wolf drehen. Die Eier in der Milch verquirlen, Salz und so viel Mehl zugeben, daß ein

Teig wie für Palatschinken (Eierkuchen) entsteht. Den Wirsing und etwas Mehl, mit dem Backpulver vermischt, zugeben. In erhitztem Fett dickere Palatschinken backen. Jede zusammenrollen, mit zerlassenem Speck bestreichen und mit geriebenem Käse bestreuen. Die Krautpalatschinken können warm und auch kalt serviert werden.

In Palatschinkenteig eingebackener Wirsing

500 g Wirsing, 1 Zwiebel, 50 g Schmalz oder Speck, Salz, 1 Knoblauchzehe, 1 Prise Muskat, 20 g Mehl, 100 g Rauchfleisch, etwas Fett, 20 g Butter.
Für den Palatschinkenteig: ¼ l Milch, 3 Eier, Salz, etwa 100 g Mehl.

Den geputzten Wirsing garkochen, abtropfen lassen und feinwiegen oder durch den Wolf drehen. Feingehackte Zwiebel in Schmalz oder Speck glasig werden lassen. Den Wirsing, mit Salz zerriebenen Knoblauch und 1 Prise Muskat zugeben. Etwas dünsten, mit Mehl bestäuben und nochmals dünsten, dann das gekochte und kleingehackte Rauchfleisch sowie den Wirsing untermischen. Aus Milch, Eiern, Salz und Mehl den Palatschinkenteig (wie für Eierkuchen) zubereiten. In eine gefettete Form den Wirsing füllen, mit dem Teig übergießen und in der Röhre backen. Während des Backens mit flüssiger Butter bestreichen.

Krautpudding mit Rauchfleisch

400 g Wirsing oder Weißkraut, Salz, 60 g Butter, 4 Eier, Pfeffer, 120 g Rauchfleisch oder Wurst, ⅛ l saure Sahne, 30 g Mehl, einige Semmelbrösel, etwas Fett, 30 g Butter, 40 g geriebener Käse.

Das Kraut in Salzwasser kochen und feinwiegen oder durch den Wolf drehen. Die Butter mit den Eigelben und etwas Salz schaumig rühren, Pfeffer und in Würfel geschnittenes Rauchfleisch, den Kohl sowie die saure Sahne zugeben. Zuletzt festen Eischnee und das Mehl unterziehen. Falls notwendig, mit einigen Semmelbröseln andicken. Den Teig in eine gut gefettete und mit Semmelbröseln ausgestreute Form füllen und schließen. Den Pudding 45 Minuten im Wasserbad kochen. Dann stürzen, in Scheiben schneiden, mit Käse bestreuen und mit zerlassener Butter beträufeln. – Ist keine Puddingkochform vorhanden, kann die Masse auch in ein großes Einkochglas gefüllt, mit Ring, Deckel und Bügel verschlossen und so gekocht werden.

Blumenkohlomeletts

400 g Blumenkohl, Salz, 50 g Margarine, ½ Zwiebel, Pfeffer, 2 Eier, Speck.
Für den Omeletteig: ¼ l Milch, 4 Eier, Salz, Petersilie, 10 g geriebener Käse, etwa 60 g Mehl.

Den Blumenkohl in Salzwasser kochen, in Röschen zerpflücken und feinwiegen oder durch den Wolf drehen. Die feingehackte Zwiebel in Margarine rösten, den Blumenkohl, Salz und Pfeffer zugeben und alles dünsten. Wenn der Blumenkohl weich ist, mit den Eiern andicken. Für die Omeletts die Eigelbe in der Milch verquirlen, Salz, gewiegte Petersilie, geriebenen Käse und so viel Mehl zugeben, daß ein leichter Teig entsteht. Zuletzt steifen Eischnee unterziehen. Eine Pfanne mit zerlassenem Speck einfetten und 8 Omeletts backen, die mit der Blumenkohlmasse gefüllt werden. Die Omeletts aufrollen und warm mit Salat reichen.

Blumenkohlbuletten

500 g Blumenkohl, Salz, 40 g Margarine, ½ Zwiebel, 1 Semmel, 40 g Butter, 2 Eigelb, Pfeffer, 100 g gare Pilze, einige Semmelbrösel, 50 g Mehl, Öl oder Margarine.

Den Blumenkohl in Salzwasser garkochen und feingehackt in Margarine mit gehackter Zwiebel rösten. Die Semmel einweichen, abgetropft mit Butter und Eigelben schaumig rühren, Salz, Pfeffer, gehackte Pilze sowie den Blumenkohl zugeben. Wenn nötig, mit einigen Semmelbröseln andicken. Aus der Masse kleine Buletten formen, in Mehl wenden und in heißem Fett auf beiden Seiten braten. Mit Kopfsalat reichen.

Blumenkohlpudding mit Hackfleisch

600 g Blumenkohl, Salz, 400 g Hackfleisch, 1 Semmel, 2 Eier, 90 g Butter, 1 Prise Muskat, etwas Fett, 50 g Semmelbrösel, 50 g Butter.

Den Blumenkohl in Salzwasser kochen und in kleine Röschen zerlegen. Den Strunk in kleine Würfel schneiden. Das Hackfleisch mit eingeweichter, abgetropfter Semmel verrühren, die Eigelbe, 40 Gramm Butter, Salz, Muskat und den Blumenkohl zugeben. Zuletzt steifen Eischnee unterziehen. Damit eine gut gefettete und ausgebröselte Puddingform füllen und schließen. Im Wasserbad 45 Minuten kochen. Dann stürzen, in Scheiben schneiden, mit gerösteten Semmelbröseln bestreuen und mit zerlassener Butter beträufeln. – Ist keine Puddingform vorhanden, kann ein Einkochglas genommen werden (siehe Rezept „Krautpudding mit Rauchfleisch").

Gedünstete Möhren mit Meerrettich und Schweinefleisch

600 g Möhren, Salz, 60 g Butter, ½ Zwiebel, 400 g mageres Schweinefleisch (Schlegel oder Schulter), ⅛ l saure Sahne, 15 g Mehl, 2 Eßlöffel geriebener Meerrettich.

Die geputzten Möhren in kleine Streifen schneiden, salzen, die Hälfte der Butter zugeben, etwas Wasser aufgießen und fast gardünsten. In der restlichen Butter feingehackte Zwiebel und das in Würfel geschnittene Schweinefleisch dünsten. Die Möhren zugeben, alles mit Sahne übergießen, die mit Mehl verquirlt wurde. Den Meerrettich untermischen und das Gericht dünsten, so daß Fleisch und Möhren gleichzeitig gar werden; dazu Kartoffeln.

Gebratene Paprikafrüchte mit Käsefülle

8 Paprikafrüchte, 40 g Öl, 250 g Schafkäse, Salz, Petersilie, 4 Eier, Semmelbrösel, Mehl, Butter.

Die Paprikafrüchte vorbereiten, das Innere herausnehmen und den Paprika behutsam auf beiden Seiten in Öl anbraten. Weichen Schafkäse mit etwas Salz verrühren, gehackte Petersilie und die Eier zugeben, gegebenenfalls auch einige Semmelbrösel. Damit die Paprikafrüchte füllen, dann in Mehl wenden und in Butter auf beiden Seiten goldbraun braten. Mit Brot und Tomaten- oder anderem Salat reichen.

Überbackener Porree mit Käsesoße

16 große Porreestangen, Salz, Fett, Semmelbrösel.
Für die Soße: 40 g Butter, 30 g Mehl, Salz, Pfeffer, Zitronensaft, 2 Eigelb, 40 g geriebener Käse.

Den geputzten Porree in Salzwasser kochen und abtropfen lassen. Eine feuerfeste Schüssel einfetten und mit Semmelbröseln austreuen. Den Porree einschichten und mit Soße übergießen. Dafür Butter und Mehl leicht anschwitzen, mit dem Kochwasser des Porrees verdünnen und zu einer glatten Soße verkochen lassen. Mit Salz, Pfeffer und Zitronensaft abschmecken. Zuletzt die Eigelbe und die Hälfte des geriebenen Käses unterziehen. Das Gericht mit dem restlichen Käse bestreuen. In der Röhre goldbraun backen. Dazu Semmeln reichen.

Tomatentoasts

4 bis 8 kleine Scheiben Weißbrot, ⅛ l Milch, 50 g Öl, 10 Tomaten, ½ Zwiebel, 30 g Butter, 50 g geriebener Käse, Schnittlauch, Salz, 5 Eier.

Das Brot mit Milch anfeuchten und in heißem Öl braten. Die Tomaten überbrühen, abziehen und die Kerne entfernen. Kleingehackte Zwiebel in Butter rösten, die kleingeschnittenen Tomaten zugeben und dünsten, die Hälfte des geriebenen Käses zugeben, Schnittlauch, Salz und Eier unterrühren. Wenn die Eier gestockt sind, das Gemisch auf die Weißbrotscheiben streichen und diese auf ein gefettetes Backblech legen. Obenauf mit dem restlichen Käse bestreuen. Kurz in der Röhre überbacken und warm zu Tee oder Wein reichen.

Gefüllte Tomaten mit Reis

8 Tomaten, 200 g frische Pilze, 30 g Butter, Salz, Kümmel, Zitronensaft, 200 g Reis, 40 g geriebener Käse, 50 g Butter, etwas Fett, ⅛ l Milch, 1 Prise Muskat.

Die Tomaten waschen, oben ein Häubchen abschneiden, die Früchte vorsichtig aushöhlen. Das Mark aufkochen und durchpassieren. Die Pilze putzen und in Scheiben schneiden, in Butter mit Salz und Kümmel dünsten. Das Tomatenmark dann mit den Pilzen und gedünstetem Reis verrühren, alles mit Zitronensaft beträufeln. Die Masse in die Tomaten füllen. Geriebenen Käse darüberstreuen, Butterflöckchen aufsetzen und mit den abgeschnittenen Tomatenhäubchen bedecken. In einer eingefetteten feuerfesten Schüssel oder Pfanne in der Röhre backen. Den restlichen geriebenen Käse unter ständigem Rühren mit Milch, etwas Salz und Muskat zerlaufen lassen. Die Tomaten mit der Soße übergießen und mit Kartoffeln oder Kartoffelpüree auf den Tisch bringen.

Überbackene Tomaten mit Käse und Pilzen

8 kleine feste Tomaten, 2 Eigelb, 15 g Stärkemehl, 50 g geriebener Käse, Salz, Schnittlauch, ⅛ l Milch, 200 g frische Champignons oder andere Pilze, 20 g Fett, ¼ Zitrone, Semmelbrösel.

Von den Tomaten einen Deckel abschneiden, die Früchte vorsichtig aushöhlen. Eigelbe, Stärkemehl, geriebenen Käse, das durchpassierte Innere der Tomaten, Salz und Schnittlauch in Milch verrühren. Im Wasserbad mit dem Schneebesen schlagen, bis eine dicke Creme entsteht. Die vorbereiteten Pilze in Scheiben schneiden und in Fett dünsten, mit Zitronensaft beträufeln und in die Creme rühren. Die Tomaten damit füllen, die Tomatendeckel wieder aufsetzen, in eine eingefettete und ausgestreute Pfanne schichten und in der Röhre überbacken. Mit Weißbrot servieren.

Spinatpalatschinken

1 Paket gefrorener Spinat (250 g), ½ Zwiebel, 40 g Margarine, Salz, 1 Knoblauchzehe, ⅛ l Milch, 20 g Mehl, einige Semmelbrösel, etwas Fett, ⅛ l Milch, 2 Eier, Öl oder Margarine.
Für den Palatschinkenteig: ¼ l Milch, Salz, 1 Ei, abgeriebene Zitronenschale, 100 g Mehl.

Den leicht aufgetauten Spinat in kleinere Stücke zerteilen. Die feingehackte Zwiebel in Margarine rösten, den Spinat zugeben und dünsten, bis er ganz aufgetaut ist. Dann in Salz zerriebenen Knoblauch zufügen, mit Milch, in die etwas Mehl verrührt wurde, andicken. Alles dünsten und, falls der Spinat zu dünnflüssig ist, mit 1 Teelöffel Semmelbrösel dicken. Für den Palatschinkenteig Milch, Salz, Ei sowie abgeriebene Zitronenschale mit dem Schneebesen schlagen und löffelweise Mehl zugeben. In heißem Öl dünne Palatschinken backen, mit der Spinat-

masse bestreichen, fest zusammenrollen und in 2 Hälften schneiden. In eine ausgestrichene Pfanne oder feuerfeste Schüssel schichten, mit den in der Milch verquirlten Eiern übergießen und überbacken.

Überbackener Kürbis mit Fleisch

400 g Kürbis, Salz, 50 g Mehl, 2 Eier, Bratfett, 350 g Kalbfleisch, 2 Zwiebeln, 60 g Margarine, Pfeffer.

Den Kürbis schälen, zerschneiden, das innere Mark und die Kerne entfernen und den Kürbis in Scheiben schneiden. Die Scheiben salzen, in Mehl und Eiern wenden und in heißem Fett auf beiden Seiten braten. Das Fleisch in kleinere Stücke schneiden, zusammen mit glasiger Zwiebel in Margarine und wenig Wasser garen. Dann würzen, in eine mit Fett ausgestrichene Pfanne eine Schicht der gebratenen Kürbisscheiben legen, darauf das gare Fleisch und obenauf wieder Kürbisscheiben. In der Röhre überbacken.

Panierter Kürbis

1 kleiner Kürbis, Salz, 100 g Mehl, 2 Eßlöffel Milch, 2 Eier, 120 g Semmelbrösel, Schmalz oder Margarine.

Den Kürbis schälen, Kerne und Mark entfernen und den Kürbis in Scheiben schneiden. Salzen und zugedeckt zwischen zwei Tellern eine Weile stehen lassen. Dann in Mehl, in mit Milch verquirlten Eiern und Semmelbröseln wenden und wie Schnitzel in heißem Fett braten. Mit Kartoffelbrei und Salat servieren.

Überbackenes Kraut mit Teigwaren

400 g Weißkraut, Salz, 60 g Margarine, Pfeffer, 1 Würfel Zucker, 200 g mittelgroße Teigfleckchen oder Nudeln, 2 Eier, etwas Fett, Semmelbrösel, 30 g Speck.

Das Kraut putzen, raspeln, in Salzwasser kochen, durchseihen und abtropfen lassen. Dann das Kraut in heiße Margarine geben, salzen, pfeffern, mit Zucker abschmecken und dünsten, bis es bräunt. Die Teigflecken in Salzwasser kochen, abgetropft unter das Kraut mischen, die Eigelbe und den steifen Eischnee zugeben. Die Masse in eine gut gefettete und ausgebröselte Pfanne schichten. Obenauf mit zerlassenem Speck beträufeln und in der Röhre goldbraun backen.

Krautwickel mit Käse

1 kleiner Kopf Weißkraut, Salz, 400 g Schnittkäse, Öl oder Fett.

Vom Kraut den Strunk ausschneiden, die Blätter lösen und kurz in Salzwasser abbrühen. Abtropfen lassen und auf einem Brett ausbreiten. Harte Blattrippen ausschneiden oder weichklopfen. In jedes Krautblatt eine dicke Käsescheibe einwickeln und alles mit einem Zahnstocher fest zusammenstecken. Die Krautwickel auf beiden Seiten in Fett oder Öl braten und mit Kartoffelbrei reichen.

Überbackenes Sauerkraut

40 g Speck, 1 Zwiebel, 1 Würfel Zucker, 400 g Sauerkraut, Salz, 300 g Kartoffeln, 300 g Rauchfleisch, 50 g Butter, Semmelbrösel, ¼ l saure Sahne.

Den Speck in Würfel schneiden, damit feingehackte Zwiebel rösten, Zucker, kleingeschnittenes, abgetropftes Sauerkraut und Salz zugeben. Alles dünsten, bis das Kraut weich ist. Die Kartoffeln in Salzwasser fast garkochen und in Scheiben schneiden. Das Fleisch ebenfalls kochen und in Würfel schneiden. In eine gut gefettete und ausgebröselte Pfanne eine Schicht Kartoffeln legen, darauf Kraut, dann Fleisch und die Schichten wiederholen. Als letzte Schicht Kraut auflegen. Die Oberfläche mit Sahne begießen, mit flüssiger Butter beträufeln und etwa 45 Minuten in der Röhre backen.

Gemüseplinsen (Liwanzen)

½ kleiner Kopf Wirsing, ½ Blumenkohl, 1 Kohlrabi, 1 Möhre, ½ kleine Sellerieknolle, Salz, 1 Zwiebel, 50 g Margarine, 2 Eier, Petersilie, ¼ l Milch, etwa 200 g halbgriffiges Mehl, Öl oder Margarine, 300 g geriebener Käse.

Alles Gemüse in Salzwasser kochen, dann feinwiegen oder durch den Wolf drehen. Den entstandenen Brei mit der feingehackten Zwiebel in Margarine rösten. Eigelbe, Salz und Petersilie in Milch verrühren und löffelweise abwechselnd Mehl und Gemüsebrei zugeben, bis ein dicker Teig entsteht. Zuletzt steifen Eischnee unterziehen. In eine gefettete Pfanne jeweils 1 Eßlöffel Teig gießen und auf beiden Seiten goldgelb backen. Warm dick mit geriebenem Käse bestreuen. Zu Kartoffelbrei oder nur mit Salat reichen.

Gemüsekloß in der Serviette gekocht

4 Semmeln, ⅛ l Milch, 3 Eier, 150 g gekochtes Rauchfleisch oder Bratenreste, 50 g Speck, 1 Blumenkohl, ½ kleiner Kopf Wirsing, 1 Möhre, 4 Eßlöffel grüne Erbsen, 100 g frische Pilze, Salz, Pfeffer, Petersilie, etwa 30 g griffiges Mehl, Semmelbrösel, etwas Fett, 50 g Butter.

Die Semmeln in Würfel schneiden und mit in Milch verquirlten Eigelben übergießen, Fleischwürfel und zerlassene Speckwürfel zugeben. Das Gemüse halbgar kochen und kleinhacken. Pilze in Scheiben schneiden und dünsten. Alles vermischen, salzen, würzen und nach Bedarf etwas griffiges Mehl oder Semmelbrösel zugeben, damit der Teig fester wird. Zuletzt steifen Eischnee unterziehen. Eine angefeuchtete Serviette mit Fett bestreichen, in ein rundes Sieb legen und mit dem Teig füllen. Die Serviette locker zubinden. Den Kloß 1 Stunde in der Serviette kochen, dann die Serviette vorsichtig abnehmen, den Kloß mit einem festen Faden in Scheiben schneiden, mit gerösteten Semmelbröseln bestreuen und mit Butter beträufeln.

Gemüsebuletten

1 kleiner Kopf Wirsing, 1 kleiner Blumenkohl, 1 Möhre, Salz, 150 g Rauchfleisch, 4 Semmeln, 3 Eier, Pfeffer, 50 g Grieß, etwa 90 g Mehl, 30 g Semmelbrösel, Schmalz oder Margarine.

Das Gemüse kurz in Salzwasser kochen, abtropfen lassen und feinhacken oder durch den Wolf drehen. Das Rauchfleisch in Würfel schneiden, die Semmel einweichen, Eier, Gewürz, Grieß und nach Bedarf Mehl zugeben und zu einem Teig verarbeiten. Kleine Buletten formen, in Mehl und Semmelbrösel wenden und braten. Mit Kartoffeln servieren.

Gemüseauflauf aus Brandteig

600 g Gemüse (Wirsing, Blumenkohl, Sellerie, Möhren, Erbsen), ¼ l Milch, Salz, 70 g Butter, 100 g Mehl, 4 Eiweiß, Pfeffer, etwas Fett, 50 g Butter, Petersilie.

Das Gemüse in Salzwasser garkochen und ausgekühlt feinhacken. Die Milch mit Salz und Butter aufkochen. Dann vom Feuer nehmen, das Mehl zuschütten und rasch rühren, damit keine Klümpchen entstehen. Auf kleiner Flamme so lange rühren, bis der Teig nicht mehr am Boden klebt. Nach dem Auskühlen das Gemüse und den festen Eischnee unterziehen. Eine Schüssel oder Pfanne mit Fett ausstreichen, den Teig einfüllen, mit Butter beträufeln und in der Röhre 25 Minuten goldgelb backen. Vor dem Servieren mit feingehackter Petersilie bestreuen und flüssige Butter darübergießen.

Weißkrautbuletten

500 g Weißkraut, Salz, 100 g Schinken oder Wurst, ⅛ l Milch, 2 Semmeln, 2 Eier, 1 Knoblauchzehe, 1 Prise Pfeffer, Semmelbrösel, etwa 120 g Öl.

Den geviertelten Weißkrautkopf in Salzwasser kurz dünsten und abtropfen lassen. Leicht ausdrücken und mit Schinken oder Wurst durch den Wolf drehen. Die in Milch eingeweichten und ausgedrückten Semmeln, die Eier, in Salz zerriebenen Knoblauch und Pfeffer untermischen. Gegebenenfalls mit einigen Semmelbröseln andicken. Aus der Masse kleine flache Buletten formen und auf beiden Seiten ausbacken. Zu Kartoffelbrei oder mit Senf bestrichen auf Brotscheiben servieren.

Weißkrautplätzchen (volkstümliches Gericht)

250 g Weißkraut, Salz, 100 g Schweinsgrieben, etwa 350 g halbgriffiges Mehl.

Das gehackte und gesalzene Weißkraut kurz dünsten. Erkaltet mit gehackten oder durch den Wolf gedrehten Schweinsgrieben, Salz und Mehl zu einem festeren Teig verkneten. Zu einer etwa 3 mm dicken Platte ausrollen, Plätzchen ausstechen und auf einem Blech in der Röhre goldgelb backen. Warm zu Tee oder Bier auftragen.

Gemüsespießchen

400 g Schweinefleisch (Kamm oder Keule), Salz, Öl, 1 Zwiebel, 3 Tomaten, 2 grüne Paprikafrüchte, 100 g Speck, 2 Champignons, edelsüßer Paprika, 1 Eiweiß.

Das Fleisch leicht klopfen, in Würfel schneiden, salzen, mit Öl beträufeln und ruhen lassen. Fleischwürfel, Zwiebelscheiben, Tomatenviertel, halbierte Paprikafrüchte, Speckscheiben und halbierte, geputzte Champignons abwechselnd auf Spieße reihen. Mit Salz und Paprika bestreuen, mit Eiweiß bestreichen und grillen oder in einer Pfanne in erhitztem Öl ausbacken. Die Gemüsespießchen mit Senf und Brot servieren.

Spinatroulade mit Hirn und Rühreiern

250 g Spinat, 2 Eßlöffel Milch, 3 Eier,
1 Prise Salz, etwa 60 g halbgriffiges Mehl,
30 g Margarine.
Für die Fülle: 30 g Butter, 100 g Hirn,
4 Eier, Salz.

Den Spinat in einer Bratpfanne in der Röhre durchdämpfen lassen. Durch den Wolf drehen, Milch mit verquirlten Eigelben, Salz und Mehl unterrühren. Zuletzt steifen Eischnee unterheben und aus der Masse auf einem gefetteten Blech in der Röhre ein Omelett backen. In der Butter das Hirn braten, die mit Salz verquirlten Eier darübergießen und unter Rühren stocken lassen. Das Omelett damit füllen, noch warm aufrollen, in Scheiben schneiden und mit Kopfsalat auftragen.

Gurkenragout mit Fleisch

80 g Margarine, 1 Zwiebel, 250 g Kalb-
fleisch, Salz, 20 g Mehl, etwa 100 ml Sahne,
300 g Salatgurken, 100 g Champignons,
1 Eigelb, gehackter Dill, Zitronensaft.

In etwas Margarine die gehackte Zwiebel rösten, das würfelig geschnittene Fleisch zufügen, salzen und mit etwas Wasserzugaben garen. Das Fleisch herausnehmen, den Saft bis aufs Fett eindampfen, mit Mehl anschwitzen, mit Sahne auffüllen und kurz aufkochen. Die Gurken schälen und das Kernfleisch ausschaben. Die Gurken in Stücke schneiden und in der restlichen Margarine zusammen mit den geputzten, in Scheiben geschnittenen

Champignons gardünsten. Das Fleisch mit dem Gemüse vermischen und mit dem Eigelb binden, das mit 1 Teelöffel Wasser und mit gehacktem Dill verquirlt wurde. Kurz aufkochen und das Gericht mit Zitronensaft abschmecken. Dazu Pellkartoffeln oder kleine Semmelklöße servieren.

Beilagen

In der ČSSR sind hauptsächlich zwei traditionelle Beilagen üblich: Kartoffeln und Semmelknödel. Kartoffeln gibt es gekocht, gebraten oder ausgebacken. Aus Kartoffelteig lassen sich Nocken, Klöße und verschiedenartige Plätzchen zubereiten. Mehlklöße (Knödel) gibt es eine ganze Menge, von den einfachen festen bis zu den lockeren, mit Triebmitteln wie Selterswasser, Hefe oder Backpulver verarbeiteten. Auch die Form ist unterschiedlich. Manche werden zu kleinen Kugeln gedreht, andere wie eine große Nocke geformt und später mit einem Zwirnsfaden oder dem Knödelschneider in Scheiben geschnitten.

Früher waren als Beilage auch gedünstete Graupen und Grütze sehr beliebt. Heute wird statt dessen öfter Reis, gedünstet und verschiedenartig abgeschmeckt, serviert. Breie aus Hülsenfrüchten passen zu Rauchfleisch.

Teigwaren kauft man meist fertig. Nur von älteren Hausfrauen werden noch hausgemachte Nudeln oder Fleckerl bevorzugt, obwohl ihre Zubereitung etwas umständlich und zeitraubend ist.

Zu Eier- und Pilzgerichten gibt es oft Vollkornbrot, Semmeln oder Hörnchen. Diese Beilagen haben den Vorteil, immer griffbereit und somit zeitsparend zu sein. Sättigende Hauptgerichte und nährwertreiche Speisen werden gern mit Beilagen vervollständigt, die einen erfrischenden Bestandteil der Mahlzeit darstellen sollen. Dabei handelt es sich meistens um verschiedene Gemüsesorten – gekocht, gedünstet oder auch gebacken serviert – oder um kalte Salate aus rohem oder gekochtem Gemüse. Gemüsebeilagen sind wichtige Vitamin- und Mineralstofflieferanten. Bevorzugt werden bunte, also gemischte Gemüseschälchen. Weniger ansprechende Gemüsesorten können als Salat mit einer pikanten Marinade sehr appetitlich abgeschmeckt werden. Wird die Marinade noch mit etwas Sahne gebunden, erhöht sich jedoch der Nährwert. Eine für die tschechische Küche typische Beilage verschiedener Fleischgerichte ist Sauerkraut – gedünstet, warm oder kalt bzw. als Salat zubereitet. Sehr beliebt sind kleine saure Gurken, Salatgurken und Kopfsalat. Von den warmen Gemüsebeilagen werden Spinat, gedünstete Karotten und Kohlrabi bevorzugt. In letzter Zeit ißt man auch gern grüne oder rote Paprikafrüchte und Tomaten. Nicht nur Fleischgerichte, sondern auch Gerichte aus Kartoffeln, Hülsenfrüchten und Teigwaren werden durch Gemüse und vor allem durch Salate vervollständigt.

Geflügelgerichte und Wildbret trägt man mit verschiedenen Kompotten auf. Sehr beliebt sind Preiselbeer-, Pflaumen-, Kirsch- und Aprikosen- oder auch Mischobstkompotte.

Beilage aus Reis

Gedünsteter Reis

300 g Reis, 30 g Fett (Öl), ½ kleine Zwiebel, 2 Nelken, ¾ l Wasser, Salz.

Den Reis verlesen, auf einem Sieb zweimal mit heißem Wasser gut überspülen, um die überschüssige Stärke zu entfernen, abtropfen lassen. In erhitztem Öl kurz anschwitzen, die mit den Nelken bestecke Zwiebel zugeben und das siedende Salzwasser aufgießen. Der Reis muß 2 Finger breit unter dem Wasser stehen, da er während des Dünstens stark ausquillt (etwa 2 ½fach). Zugedeckt in der Röhre oder bei ganz schwacher Hitze langsam 18 bis 20 Minuten dünsten. Während des Garens nicht rühren, nur ganz zuletzt einmal mit einer grobzinkigen Gabel leicht lokkern. Den garen Reis aufgedeckt eine Weile zum Abdampfen stehen lassen. Dann ist er körnig und trocken. – Statt Wasser kann auch gesalzene Fleisch- oder Knochenbrühe oder auch schwache Suppenwürfelbrühe verwendet werden. Der Reis läßt sich verschieden abschmecken, z. B. mit Pfeffer, Curry, Petersilie, geriebenem Käse oder einem Hauch Knoblauch. Mit gedünsteten Pilzen oder abgetropften grünen Erbsen garniert, ist der Reis besonders verlockend.

Beilagen aus Mehl

Selbstgemachte Nudeln (Teigfleckerl)

350 g griffiges oder halbgriffiges Mehl, 2 Eier, etwa ⅛ l Wasser.

Das Mehl auf ein Holzbrett sieben, in die Mitte eine Vertiefung drücken. Die Eier mit etwas Mehl und Wasser hineingeben und zu einem dünnflüssigen Teig verrühren. Nach und nach mit dem übrigen Mehl verarbeiten und den Teig so lange kneten, bis er fest und geschmeidig ist und nicht mehr klebt. Den Nudelteig nicht salzen, sonst nimmt er Feuchtigkeit auf! Aus dem Teig 3 Kugeln formen und zugedeckt ½ Stunde rasten lassen. Dann jedes Teigstück zu einem dünnen Fladen (etwa 1 mm) ausrollen und auf ein bemehltes Tuch zum Trocknen legen, später wenden und danach in lange Streifen scheiden, übereinanderlegen und gleichmäßig quer in breitere oder schmalere Nudeln schneiden. Diese Nudeln noch zum Trocknen breitstreuen. Nudelteig darf nie am Ofen trocknen, weil er dann zu trocken und bröcklig würde. In Salzwasser 10 bis 15 Minuten (je nach Größe und Dicke der Nudeln) kochen lassen, dann abseihen, mit kaltem Wasser abschrecken und in etwas Fett schwenken, damit sie nicht

kleben. Aus diesem Nudelteig lassen sich auch kleine Teigfleckerl schneiden. Zu weich gekochte Teigwaren sind schliffig, breiig und nicht mehr appetitlich.

Gekochter Reibteig

300 g griffiges Mehl, ⅛ l Wasser, 1 Ei, Salz, 50 g Butter oder Schmalz.

Das Mehl auf ein Holzbrett sieben und in die Mitte eine Vertiefung drücken. Wasser mit Ei und 1 Eßlöffel Mehl zu dünnflüssigem Teig verquirlen und in die Vertiefung gießen. Zunächst mit einem Messer, dann mit der Hand nach und nach mit dem übrigen Mehl zu einem sehr festen Reibteig verarbeiten und grobreiben. Den geriebenen Teig auf einem Brett breitstreuen und am besten über Nacht trocknen lassen. In einer Kasserolle Fett zerlassen, den geriebenen Teig darin leicht bräunen und siedendes Salzwasser oder schwache Fleischbrühe aufgießen, so daß das Wasser etwa 1 Finger hoch über dem Teig steht. Die Kasserolle zudecken und den geriebenen Teig in der Röhre gardünsten. Zu Schmor- oder Bratfleisch reichen.

Grießnocken

300 g feiner Grieß, ¾ l Milch oder saure Sahne, 80 g Butter, 3 Eier, Salz.

Den Grieß in der Milch eine Weile quellen lassen. Butter mit den Eigelben verrühren, Salz und nach und nach den Grieß zufügen. Zu einem festen Teig verarbeiten und zuletzt steifen Eischnee unterziehen. Mit einem nassen Löffel kleine Nocken abstechen, in siedendes Salzwasser legen und 7 bis 10 Minuten (je nach Größe) kochen lassen. Die garen Nocken abseihen und in etwas Butter schwenken. Zu Schmor- oder Bratfleisch oder auch zu gedünstetem Gemüse reichen. – Die Nokken können vor dem Anrichten noch mit geriebenem Käse oder gerösteten Semmelbröseln bestreut werden.

Nocken aus Brandteig

½ l Milch, 100 g Butter, Salz, 300 g Mehl,
5 Eier, Petersilie, 1 Prise Muskat,
50 g geriebener Käse.

Die Milch mit etwa 70 Gramm zerlassener Butter und Salz verrühren und aufkochen. Das Mehl zuschütten und auf kleiner Flamme so lange rühren, bis sich die Masse als Kloß vom Topfboden löst. Vom Feuer nehmen und gut rühren, bis der Teig glatt ist. Wieder durchdämpfen lassen und dann gut rühren, bis der Teig weder am Topf noch an der Rührkelle klebt. Zunächst 1 Ei unterrühren und erst dann nacheinander die übrigen Eier, Muskat und etwas geriebenen Käse dazugeben. Den gut verarbeiteten Teig mit einem nassen Löffel glattstreichen und kleine Nocken abstechen. In siedendes Salzwasser geben und 5 bis 8 Minuten kochen. Wenn die Nocken schwimmen, eine probeweise zerschneiden, ob sie gar ist. Dann abseihen, mit geriebenem Käse und feingehackter Petersilie bestreuen und mit der restlichen Butter beträufeln. Die Nocken können zu Geflügel- und Fleischgerichten mit Soßen oder auch zu Rinderbraten u. ä. serviert werden.

Knödel aus Rührteig

120 g Butter, 4 Eier, etwa ¼ l Milch, Salz,
500 g griffiges Mehl, 200 g Semmeln,
30 g Fett.

Die Butter schaumig rühren, die Eigelbe einzeln zugeben und verrühren. Lauwarme Milch mit Salz verrühren und abwechselnd mit Mehl unter die Masse mischen. Die Milch darf nicht kalt sein, weil sonst die Butter gerinnt. Den Teig gut durcharbeiten, dann würfelig geschnittene, in Fett geröstete Semmeln zugeben.

Zuletzt den steifen Eischnee unterheben. Eine in kaltes Wasser getauchte und ausgewrungene Serviette in einen Durchschlag geben, mit dem Teig füllen und die Zipfel der Serviette locker binden. An einem Quirlstiel in siedendes Salzwasser hängen und 1 Stunde kochen. Den garen Knödel mit einem Zwirnsfaden in Scheiben schneiden. Als Beilage zu Bratfleisch servieren.

Knödel aus Semmeln

500 g Semmeln, ⅜ l Milch, 4 Eigelb, Salz,
100 g Butter oder Speck, 60 g griffiges Mehl.

Die Semmeln würfelig schneiden, mit Milch, in der die Eigelbe und etwas Salz verquirlt wurden, übergießen, lauwarmes zerlassenes Fett zufügen. (Den Speck zuvor würfelig schneiden). Eine Weile ziehen lassen, dann Mehl zugeben und gut verarbeiten. Auf bemehltem Brett zitronengroße Knödel formen. Den Teig gut zusammenkneten, damit die Knödel nicht zerkochen. In Salzwasser etwa 20 Minuten garziehen lassen. Wenn sie gar sind, abseihen und mit zwei Gabeln aufreißen, damit der Dampf entweichen kann. – Ein einziger großer Knödel ist in einer ausgewrungenen Serviette etwa ½ Stunde zu kochen.

Einfache Semmelknödel

500 g griffiges Mehl, Salz, ⅜ l Milch,
2 Eigelb, 200 g Semmeln, 30 g Butter oder
Kokosfett.

Das Mehl in eine Schüssel sieben, Salz und nach und nach die in Milch verrührten Eigelbe zufügen. Den Teig so lange mit dem Rührlöffel schlagen, bis er geschmeidig und blasig ist. Die Semmeln in Würfelchen schneiden, in Fett anrösten und abgekühlt unter den Teig mischen. Eine Weile rasten lassen. Mit nasser Hand zwei kleinere Rollen formen, in sprudelndes

138

Wasser geben und 20 Minuten garziehen lassen. Mit einem breiten Schaumlöffel herausnehmen und mit einem Zwirnsfaden (oder dem Knödelschneider) in Scheiben schneiden. Die Knödel zu Bratfleisch oder Schmorfleisch mit Soße servieren. – Statt Milch kann auch Selterswasser verwendet werden, weil die darin enthaltene Kohlensäure den Teig locker macht. Werden weiche und lockere Knödel bevorzugt, dem Teig 1 Prise Backpulver zufügen.

Beilagen aus Teigwaren und Semmeln

Ausgebackene Plätzchen von Nudeln

5 Eier, Salz, 3 Tassen gekochte Suppennudeln oder gare Nudelreste, 80 g geriebener Käse, 30 g Speck, 120 g Öl oder Kokosfett.

Eier und Salz mit einer Gabel verschlagen, gekochte, abgeseihte Nudeln, geriebenen Käse und würfelig geschnittenen zerlassenen Speck untermischen. Die Masse mit einem Eßlöffel abstechen, in erhitztes Fett geben und jeweils zu einem Plätzchen glattstreichen. Auf beiden Seiten ausbacken. Zu Fleisch oder Gemüse servieren.

Semmelkrapfen

5 große Semmeln oder 500 g Weißbrot, ¼ l Milch, 4 Eier, Salz, 200 g geriebener Käse, etwa 50 g halbgriffiges Mehl, etwa 150 g Öl oder Kokosfett.

Die Semmeln in Scheiben schneiden. Die Eier in Milch verschlagen, Salz, geriebenen Käse sowie Mehl nach Bedarf zugeben und zu einem Teig (wie Tropfteig) verrühren. Die Semmelscheiben in den Teig tauchen und sofort auf beiden Seiten in Fett ausbacken. Zu Bratfleisch oder Gemüse reichen.

Beilagen aus Kartoffeln

Kartoffelbrei mit Sauerkraut (Lepenice – volkstümliches Gericht)

1 kg Kartoffeln, Salz, 5 Eßlöffel Milch, 500 g Sauerkraut, 100 g Schmalz, 1 Zwiebel.

Die Kartoffeln schälen, in Viertel schneiden, in siedendem Salzwasser ansetzen, garkochen und stampfen oder passieren. Heiße Milch zugießen und abgetropftes, zerkleinertes Sauerkraut untermischen. Den Brei schaumig schlagen, in einer Schüssel anrichten und mit Schmalz, in dem feinstreifig geschnittene Zwiebel geröstet wurde, übergießen. Zu gekochtem Rauchfleisch, Eisbein oder Würstchen reichen.

Kartoffelknödel mit Semmeln

800 g gekochte Kartoffeln, Salz, 100 g Grieß, 160 g Stärkemehl, 1 Messerspitze Backpulver, 2 Eier, 150 g Semmeln, 60 g Schmalz oder Butter.

Die erkalteten gekochten Kartoffeln auf ein Brett reiben, salzen, mit Grieß und Stärkemehl bestreuen, Backpulver zugeben und mit verquirlten Eiern binden. Zu einem Teig verarbeiten. Die Semmeln würfelig schneiden, in etwas Fett anrösten und erkaltet unter den Teig mischen. Kleine Kugeln formen und in Salzwasser je nach Größe 10 bis 15 Minuten garen. Dann abseihen, jeden Knödel sofort mit 2 Gabeln aufreißen und mit Fett übergießen. Zu Schmorfleisch, Brat- oder Rauchfleisch und Kraut servieren.

Kartoffelknödel

800 g gekochte Kartoffeln, Salz, 100 g Grieß, etwa 200 g griffiges Mehl, 2 Eier, 2 Eßlöffel Essig, 50 g Schmalz oder Butter, ½ Zwiebel.

Die erkalteten gekochten Kartoffeln auf ein Brett reiben, salzen, mit Grieß und Mehl bestreuen. In die Mitte eine Vertiefung drücken, die aufgeschlagenen Eier hineingleiten lassen und Essig zugeben. Zunächst mit einem Messer, dann mit den Händen zu einem festen Teig verarbeiten und 2 Rollen formen. In siedendes Salzwasser legen und 20 Minuten garen lassen. Herausnehmen, mit einem Zwirnsfaden in Scheiben schneiden, mit den in Schmalz oder Butter gerösteten Zwiebelwürfelchen bestreuen und mit Schmalz übergießen. Paßt zu Schweinebraten, Rauchfleisch oder Gulasch.

Bratkartoffeln mit Nudeln (volkstümliches Gericht)

750 g Kartoffeln, Salz, 200 g mittelbreite Nudeln, 100 g Butter, 1 Zwiebel, 1 Prise edelsüßer Paprika, Kümmel, 30 g geriebener Käse.

Die Kartoffeln schälen, in dicke Streifen schneiden, in siedendem Salzwasser ansetzen und garkochen. Die Nudeln gesondert in Salzwasser garen, abseihen und in etwas Butter schwenken. Zwiebelwürfel in Butter glasig werden lassen, die gekochten Kartoffeln einlegen und goldgelb braten. Dabei Paprika und Kümmel zugeben. Die abgetropften Nudeln vorsichtig untermischen. Auf den Tellern mit geriebenem Käse bestreuen. Zu Koch- oder Schmorfleisch oder zu Rauchfleisch reichen.

Kartoffelklöße mit Grieß

800 g gekochte Kartoffeln, Salz, 200 g Grieß, ¼ l Milch, 2 Eier, 2 Semmeln, 30 g Margarine, 100 bis 150 g griffiges Mehl, 1 Zwiebel, 40 g Schmalz.

Die Kartoffeln einen Tag vorher kochen, schälen, ausgekühlt in eine Schüssel reiben, salzen und mit dem Grieß vermen-gen. Die kochende Milch zugießen und etwa 20 Minuten stehen lassen, bis der Grieß aufquillt. Dann die Eier zufügen und alles zu einem Teig verarbeiten. Die in Würfel geschnittenen Semmeln in Margarine rösten, unter den Teig mischen und nach Bedarf Mehl zugeben. Kleine runde Klöße formen und etwa 10 Minuten in Salzwasser kochen lassen. Einen Kloß herausnehmen, mit der Gabel zerreißen und feststellen, ob die Klöße schon gar sind. Dann alle Klöße herausheben, mit gerösteter Zwiebel und Schmalz übergießen. Die Klöße als Beilage zu Rauchfleisch, Schweine- oder Hammelbraten mit Kraut oder auch als selbständiges Gericht servieren.

Kartoffelnocken

600 g gekochte Kartoffeln, 1 Tasse Wasser, 110 g Butter, 60 g griffiges Mehl, Salz, Pfeffer, 3 Eier, 40 g geriebener Käse.

Die erkalteten gekochten Kartoffeln in eine Schüssel reiben. In einem Topf 80 Gramm Butter in Wasser zerlassen und mit Mehl verquirlen. Auf kleiner Flamme einige Minuten verrühren, bis der Teig eingedickt ist. Vom Feuer nehmen und weiterrühren, bis er glatt ist. Salz, Pfeffer und die Eier einzeln zugeben. Alles gut verarbeiten und zuletzt die Hälfte des geriebenen Käses und die Kartoffeln untermischen. Falls der Teig zu dünn ist, mit etwas Mehl andicken. Von dem Teig kleine Nocken abstechen, in siedendes Wasser legen und 4 bis 6 Minuten kochen lassen. Wenn sie schwimmen, herausnehmen, mit Butter beträufeln und mit geriebenem Käse bestreuen. Zu Pfannengerichten, Bratfleisch und Tomaten- oder anderer Soße reichen.

Kartoffelpfanne mit Äpfeln

500 g Kartoffeln, 300 g Äpfel, 100 g Butter, Salz.

Die Kartoffeln kurz vor dem Garwerden schälen und in Scheiben schneiden. Die geschälten Äpfel ebenfalls in Scheiben schneiden. In eine gefettete Pfanne abwechselnd Kartoffel- und Apfelscheiben schichten, salzen, mit Butter beträufeln und in der Röhre überbacken. Die Kartoffelpfanne eignet sich besonders als Beilage zu Schweine- oder Kalbsbraten, auch zu Rauchfleisch und Pfannengerichten.

Kartoffelpfanne mit Knoblauch

800 g Kartoffeln, 150 g Butter, Salz,
8 Knoblauchzehen, Petersilie, ¼ l Milch.

Die Kartoffeln fast garkochen, schälen und in Scheiben schneiden. Eine Pfanne fetten, schichtweise die Kartoffelscheiben hineinlegen, jeweils salzen, mit gehacktem Knoblauch und gewiegter Petersilie bestreuen und mit Butter beträufeln. Die oberste Kartoffelschicht nur mit Petersilie bestreuen und mit Fett beträufeln. Die Kartoffeln in der Röhre garbacken, mit Milch beträufeln und goldgelb werden lassen. Zusammen mit Brat- oder Schmorfleisch servieren.

Ausgebackene Kartoffeln mit Knoblauch

1 kg Kartoffeln, 50 g Mehl, Salz, 200 g Öl,
1 Knoblauchzehe, Petersilie.

Die rohen Kartoffeln schälen, in Scheiben schneiden, kurz in kaltes Wasser tauchen und zwischen sauberen Tüchern trocknen. Die Scheiben in mehrere Portionen aufteilen und jeweils in etwas Mehl und Salz wenden. In erhitztes Öl geben, in dem zerkleinerter Knoblauch und gehackte Petersilie geröstet wurden. Die Kartoffeln werden dadurch besonders schmackhaft. Auf einer Seite ausbacken, wenden, wieder goldgelb ausbacken und abtropfen lassen. Zu Bratfleisch und Pfannengerichten auftragen.

Ausgebackene Kartoffelplätzchen

600 g Kartoffeln, 1 Ei, 4 bis 5 Eßlöffel
Milch, Salz, 2 Knoblauchzehen, 2 Semmeln,
80 bis 100 g Mehl, 150 g Schmalz oder
Kokosfett.

Die rohen Kartoffeln schälen, raspeln und den Kartoffelsaft zum Teil ausdrücken. Das Ei zugeben und warme Milch aufgießen. In Salz zerriebenen Knoblauch, würfelig geschnittene Semmeln und Mehl nach Bedarf untermischen. Zu einem Teig verarbeiten und etwa 30 Minuten rasten lassen. Kellenweise abstechen und in erhitztes Fett geben, mit einer Gabel zu Plätzchen drücken und auf beiden Seiten ausbacken. Die Kartoffelplätzchen zu Gemüse und Fleisch servieren.

Kartoffelsalate

Kartoffelsalat

1 kg Kartoffeln, 1 Tasse Essigwasser, Salz,
Pfeffer, 1 Prise Zucker, 1 Teelöffel Senf,
½ Tasse Öl, Petersilie, 3 Zwiebeln,
150 g Gewürzgurken.

Die Kartoffeln mit der Schale garkochen, schälen und in Scheiben schneiden. In dem Essigwasser Salz, Pfeffer, Zucker, Senf und Öl verquirlen und feingehackte Petersilie zufügen. Die noch heißen Kartoffeln mit der Marinade übergießen, gehackte Zwiebeln und Essiggurken vorsichtig untermengen und den Salat etwa 1 Stunde durchziehen lassen. Den Kartoffelsalat zu Rauchfleisch, Hackbraten, Geflügelgerichten usw. reichen. – Der Salat wird noch schmackhafter, wenn statt Wasser Fleischbrühe verwendet wird.

Kartoffelsalat mit Dill und Nüssen

800 g Kartoffeln, Salz, 2 Knoblauchzehen,
100 g Walnußkerne, 2 Eßlöffel Essigwasser,
1 Bund Dill, ¼ l saure Sahne.

Die mit der Schale gekochten Kartoffeln abkühlen lassen, schälen und in kleine Würfel schneiden. Den Knoblauch mit Salz zerreiben, die Walnußkerne feinwiegen, zum Schluß feingehackten, in Essigwasser gedünsteten Dill und saure Sahne zugeben. Alles gut vermischen und kühl gestellt durchziehen lassen. Ein erfrischender Salat, der an heißen Tagen zu kaltem oder warmem Fleisch gereicht wird.

Kartoffelsalat mit Räucherspeck und Roquefort

800 g Kartoffeln, Salz, Pfeffer, 8 Scheiben Räucherspeck, ⅛ l Wasser, ⅛ l Essig, 4 Eßlöffel Öl, 100 g Roquefort, Petersilie, ⅛ l Sahne.

Die gekochten Kartoffeln schälen und in Scheiben schneiden. Salz und Pfeffer zugeben. Den Räucherspeck in kleine Würfel schneiden, in einer Kasserolle auslassen, das Fett abgießen und mit den Speckwürfeln die Kartoffeln bestreuen. Das Wasser mit Essig und Öl gut vermischen. Feingeriebenen Roquefort, etwas Salz, Pfeffer, gehackte Petersilie und zum Schluß die Sahne zugeben. Die Kartoffeln mit der Marinade übergießen und kühl gestellt durchziehen lassen. Dieser Kartoffelsalat eignet sich vorzüglich als Beigabe zu Pfannengerichten.

Kartoffelsalat mit Currymayonnaise

800 g Kartoffeln, 1 Zwiebel, 2 Teelöffel Öl, 1 Teelöffel edelsüßer Paprika, 1 Teelöffel Curry, ⅛ l Tomatensaft, ¼ Zitrone, Salz, 2 Teelöffel Aprikosenkonfitüre, 200 g Mayonnaise.

Die Kartoffeln mit der Schale kochen, schälen und kalt in Scheiben schneiden. Die feingehackte Zwiebel in Öl rösten, Paprika und Curry zugeben. Tomatensaft, etwas abgeriebene Zitronenschale, Zitro-

nensaft, Salz und Aprikosenkonfitüre zufügen. Alles gut vermischen und die Mayonnaise unterziehen. Kartoffeln damit übergießen und den Salat im Kühlschrank durchziehen lassen.

Kartoffelsalat mit Gemüse und Eiern

500 g Kartoffeln, 250 g Sellerie, 1 Bund Radieschen, 150 g Gurke, 3 Zwiebeln, 2 hartgekochte Eier, Petersilie, ⅛ l Rotwein, 100 g Tomatenketchup, 50 g Öl, Salz, 1 Teelöffel Senf, ½ Teelöffel Paprika, 1 Prise Zucker, 1 Knoblauchzehe, ⅛ l Sahne.

Die gekochten, abgekühlten Kartoffeln schälen und in kleine Würfel schneiden. Den Sellerie kochen und ebenso wie die Radieschen in Würfel schneiden. Die Gurke, die Zwiebeln und die Eier feinhacken. Alles vermischen und mit gewiegter Petersilie bestreuen. Für die Marinade Rotwein mit Tomatenketchup und Öl schaumig rühren, Salz, Senf, Paprika, Zucker und mit Salz zerriebenen Knoblauch zufügen. Den Salat damit übergießen und zuletzt die Sahne unterziehen. Kühl gestellt durchziehen lassen.

Kartoffelsalat mit Anchovis

800 g Kartoffeln, ¼ l Fleischbrühe, 4 Eßlöffel Essig, Salz, Pfeffer, 2 Zwiebeln, 100 g Gurke, 1 Dose Anchovis, 150 g Mayonnaise, Zucker, 1 Teelöffel Senf, Zitronensaft, Petersilie.

Die gekochten Kartoffeln schälen und abgekühlt in Scheiben schneiden. In der Fleischbrühe Essig, Salz und Pfeffer verrühren. Die Kartoffeln damit übergießen und durchziehen lassen. Die Zwiebeln, die Gurke und die Anchovis, alles feingehackt, zugeben. Zuletzt die Mayonnaise unterziehen und den Salat mit etwas Salz, Zucker, Senf und Zitronensaft abschmecken. Vor dem Auftragen mit Petersilie garnieren.

Kartoffelsalat mit Radieschen und grünen Bohnen

500 g Kartoffeln, 150 g gare grüne Bohnen, Schnittlauch, 1 Bund Radieschen, 200 g Möhren, Salz, ⅛ l Essig, 100 g Mayonnaise, 1 Prise Zucker, 1 Kopfsalat.

Die gekochten, geschälten kalten Kartoffeln in Würfel schneiden und die kleingeschnittenen Bohnen zugeben. Den Schnittlauch feinwiegen, die Radieschen in kleine Würfel schneiden und die Möhren feinreiben. Alles vermischen, Salz zugeben, Essig darüberträufeln und die Mayonnaise unterziehen. Nach Bedarf mit etwas Zucker oder noch etwas Essig abschmecken. Den Kartoffelsalat mit geputztem und in Streifen geschnittenem Kopfsalat garnieren.

Kartoffelsalat mit Thunfisch

600 g Kartoffeln, 150 g garer Sellerie, 1 Zwiebel, 1 Dose Thunfisch in Öl, ⅛ l Weißwein, ⅛ l Rotwein, 1 Teelöffel Senf, Salz, Pfeffer, 1 Knoblauchzehe, Petersilie, Zitronensaft.

Die gekochten Kartoffeln schälen und abgekühlt in Scheiben schneiden. Den Sellerie in kleine Würfel schneiden, Zwiebel und Thunfisch feinhacken. Das Öl aus der Konserve, Weiß- und Rotwein, Senf, Salz, Pfeffer und mit Salz zerriebenen Knoblauch zufügen. Gegebenenfalls noch etwas Öl zusätzlich verwenden. Zum Schluß feingehackte Petersilie zugeben und mit Zitronensaft abschmecken. Die Marinade gut verrühren und dann über den Salat gießen.

Kartoffelsalat mit Sellerie und Sahne

1 kg Kartoffeln, 1 kleiner Sellerie, Salz, 2 Äpfel, Zitronensaft, ½ Tasse Essigwasser, 1 Prise Zucker, 2 Eßlöffel Öl, 100 g Mayonnaise, Pfeffer, ½ Teelöffel Senf, 50 g Sahne.

Die Kartoffeln und den Sellerie garkochen, schälen und in Scheiben schneiden. Die Äpfel würfelig schneiden und mit Zitronensaft beträufeln. Beides unter die Kartoffeln mischen, Essigwasser mit Salz, 1 Prise Zucker und Öl verrührt darübergießen und alles durchziehen lassen. Die Mayonnaise mit Salz, Pfeffer und Senf abschmecken und zum Schluß die steife Sahne unterheben. Den Salat vorsichtig mit der Mayonnaise vermischen. Zu Bratfleisch und Pfannengerichten servieren.

Kartoffelsalat mit Champignons und Wein

1 kg Kartoffeln, Salz, Pfeffer, 150 g Champignons, ⅛ l Fleischbrühe, 4 Eier, 1 Zwiebel, 1 Apfel, 100 g Mayonnaise, 3 Eßlöffel Weißwein, 1 Prise Zucker, ½ Teelöffel Senf, Petersilie.

Die mit der Schale gekochten Kartoffeln erkalten lassen, schälen, in Scheiben schneiden, salzen und pfeffern. Die geputzten Champignons in Scheiben schneiden und in der Brühe dünsten. Die würfelig geschnittenen hartgekochten Eier, feingehackte Petersilie und den geschälten, würfelig geschnittenen Apfel unter die Kartoffeln mischen. Mit der Mayonnaise, die mit Wein, Salz, Zucker, Senf und gehackter Petersilie abgeschmeckt wurde, binden. Zu Kalbfleisch und Geflügelgerichten sowie zu panierten und ausgebackenen Gerichten servieren.

Beilagen aus Gemüse

Kohlrabi mit Dill

6 kleine junge Kohlrabi, Salz, 1 Eßlöffel gehackter Dill, 100 g Butter.

Die gewaschenen Kohlrabi schälen (die feinen Blättchen werden mit verwendet), in Scheiben schneiden, mit siedendem

Salzwasser übergießen und etwa 8 Minuten kochen lassen. Abseihen, mit gehacktem Dill und feingehackten frischen Kohlrabiblättern bestreuen und mit zerlassener Butter übergießen. Die Kohlrabi werden mit Kartoffeln zu Koch- und Schmorfleisch serviert. Sie können auch noch mit gerösteten Semmelbröseln oder geriebenem Käse bestreut aufgetragen werden.

Sellerie mit Tomatenketchup und Pilzen

1 Sellerie (500 g), Salz, Zitronensaft, ½ Zwiebel, 50 g Margarine, 100 g Champignons oder Steinpilze, 100 g Tomatenketchup.

Den Sellerie schälen, in Scheiben schneiden, mit Salzwasser und etwas Zitronensaft übergießen und garkochen. In Ringe geschnittene Zwiebel in Margarine anrösten, geputzte, blättrig geschnittene Pilze und Salz zugeben und mit Zitronensaft beträufeln. Gardünsten, Tomatenketchup untermischen und den Sellerie damit übergießen. Zu Fleisch servieren.

Auf Speck gedünsteter Sellerie

500 g Sellerie, Zitronensaft, Salz, 50 g Speck, Pfeffer, ¼ l Sahne, 30 g Mehl, 1 Eigelb, 30 g geriebener Käse.

Den Sellerie putzen, schälen, in dickere Streifen schneiden und sofort mit Zitronensaft beträufeln, damit er sich nicht verfärbt. Mit siedendem Salzwasser übergießen, halbgar kochen lassen und abseihen. Unter den Sellerie den würfelig geschnittenen, zerlassenen Speck und Pfeffer mischen und damit gardünsten. Sahne, in der Mehl verquirlt wurde, auffüllen. Wenn das Gericht dick wird, das rohe Eigelb, mit einigen Eßlöffeln kalter Sahne verschlagen, locker unterheben. Den Sellerie auf einer Platte anrichten und mit geriebenem Käse bestreuen. Zu Pfannengerichten reichen.

Grüne Bohnen mit Eigelbsoße

800 g junge grüne Bohnen, Salz, Pfeffer, 60 g Butter, 1 Eigelb, 20 g Mehl, Saft von ¼ Zitrone, etwas Fleischbrühe.

Die geputzten grünen Bohnen in Stücke schneiden, mit siedendem Salzwasser übergießen und gardünsten. Abseihen, salzen, pfeffern und in zerlassener Butter schwenken. In einem Topf das Eigelb mit Mehl und Zitronensaft verquirlen, auf kleiner Flamme nach und nach Brühe auffüllen. Im Wasserbad zu einer dicken Soße quirlen. Die Bohnen in einer Schüssel anrichten und mit der Soße übergießen. Zu Kochfleisch oder auch zu Pfannengerichten reichen.

Rote Rüben mit Mayonnaise

500 g rote Rüben, Salz, 2 Äpfel, Zitronensaft, 1 Zwiebel, 3 Eßlöffel geriebener Meerrettich, 100 g Mayonnaise, Salz, 1 Prise Zucker.

Die roten Rüben putzen, die Wurzeln jedoch nicht abschneiden, damit der Saft während des Garens nicht ausläuft. Die Rüben in siedendes Salzwasser legen und in etwa 45 Minuten garkochen. Mit kaltem Wasser abschrecken, schälen und in dicke Streifen oder Scheiben schneiden. Geschälte Äpfel ebenfalls in Streifen oder Scheiben schneiden und mit Zitronensaft beträufeln, damit sie sich nicht verfärben. Unter die Rüben mischen, mit gehackter Zwiebel und geriebenem Meerrettich bestreuen und mit Mayonnaise, die mit Salz, Zucker und Zitronensaft abgeschmeckt wurde, übergießen. Den Salat zu Fleisch servieren.

Wirsing mit Käse

1 großer Kopf Wirsing (etwa 500 g), Salz, ½ l Fleischbrühe, 50 g geriebener Käse oder geröstete Semmelbrösel, Pfeffer, 100 g Butter.

Den sauber geputzten, gewaschenen Wirsing in Viertel schneiden, dabei den dicken Strunk ausschneiden. Den Wirsing mit gesalzener Brühe übergießen und garkochen. Dann abseihen, in einer Schüssel anrichten, mit geriebenem Käse oder gerösteten Semmelbröseln und Pfeffer bestreuen und mit zerlassener Butter beträufeln. Zu Koch- oder Bratfleisch oder auch zu Rauchfleisch servieren.

Porreestangen mit Käsemayonnaise

500 g junge Porreestangen, Salz, 100 g Mayonnaise, Pfeffer, 1 Prise Zucker, Zitronensaft, 1 Eßlöffel Sahne, 50 g geriebener Käse.

Die Porreestangen gut waschen, putzen, die schlechten grünen Blätter oben entfernen, siedendes Salzwasser aufgießen und den Porree garkochen. Abseihen und auf einer Platte anrichten. Die Mayonnaise mit Salz, Pfeffer, Zucker und Zitronensaft abschmecken und die Sahne zufügen. Die Porreestangen mit geriebenem Käse bestreuen und mit der Soße übergießen. Zu gekochtem Rindfleisch reichen. – Der Porree kann mit Käse oder gehackten hartgekochten Eiern oder gerösteten Semmelbröseln bestreut werden.

Zwiebeln mit Äpfeln und Paprikafrüchten

300 g Zwiebeln, 150 g Äpfel, Zitronensaft, 100 g grüne Paprikafrüchte, 50 g Margarine, Pfeffer, 1 Prise Zucker, Salz.

Die Zwiebeln schälen, in dünne Ringe schneiden, mit Wasser übergießen und dünsten. Die Äpfel schälen, in Scheiben schneiden und mit Zitronensaft beträufeln. Die vorbereiteten grünen Paprikafrüchte in Streifen schneiden und in Margarine dünsten. Wenn sie gar sind, gedünstete abgetropfte Zwiebeln, Apfelscheiben, Pfeffer, Zucker und Salz zufügen. In

Fett eine Weile dünsten, in einer Schüssel anrichten und zu Pfannengerichten oder Bratfleisch reichen.

Süßsaure grüne Bohnen

800 g grüne Bohnen, Salz, 1 Zwiebel, 30 g Speck, 40 g Margarine, 30 g Mehl, ¼ l saure Sahne, 10 g Zucker, 1 Teelöffel Essig, 1 Eßlöffel gehackter Dill.

Die grünen Bohnen putzen, waschen und in kleine Stücke schneiden. Mit siedendem Salzwasser übergießen und fast gardünsten. Die feingehackte Zwiebel in würfelig geschnittenem, zerlassenem Speck anrösten, Margarine zufügen, mit Mehl bestäuben und anschwitzen. Den Dünstsud mit Sahne auffüllen. Die Bohnen einlegen, mit Zucker und Essig abschmecken und feingehackten Dill untermischen. Die süßsauren Bohnen werden zu Schmor- oder Bratfleisch oder auch zu Kartoffelgerichten gereicht.

Paprikafrüchte und Tomaten in Sahne

400 g grüne Paprikafrüchte, 40 g Speck, 50 g Margarine, 2 Zwiebeln, Salz, 200 g Tomaten, Pfeffer, 1 Prise edelsüßer Paprika, ¼ l Sahne, 30 g Mehl.

Die Paprikafrüchte putzen, entkernen und in Streifen schneiden. Den Speck würfelig schneiden, in Margarine zerlassen, in Scheiben geschnittene Zwiebeln und Paprikastreifen einlegen, etwas Salzwasser aufgießen und alles gardünsten. Die Tomaten kurz brühen, häuten, entkernen, zerkleinern und zu den Paprikafrüchten geben. Mit Pfeffer und Paprika abschmecken, mit Sahne, in der Mehl verquirlt wurde, auffüllen und kurz dünsten lassen. Zu Fleisch-, Kartoffel- oder Mehlgerichten reichen. – Das Gericht kann auch mit einigen blättrig geschnittenen, gedünsteten Pilzen verfeinert werden.

Grüne-Erbsen-Püree

500 g grüne Erbsen, Salz, 50 g Margarine, 30 g Mehl, 2 bis 4 Eßlöffel dicke Sahne, 1 Würfel Zucker, 1 Prise Pfeffer, 40 g Speck, ½ Zwiebel.

Die Erbsen in Salzwasser gardünsten, abseihen und durch ein Sieb streichen. Aus Margarine und Mehl eine helle Mehlschwitze bereiten, mit Gemüsesud und Sahne auffüllen. Die Erbsen zufügen und zu einem dicken Brei verrühren. Mit Salz, Zucker und Pfeffer abschmecken. In einer Schüssel anrichten, mit würfelig geschnittenem, zerlassenem Speck beträufeln und mit darin gerösteter Zwiebel bestreuen. Zu Pfannengerichten und gekochtem Rindfleisch oder zu Rauchfleisch servieren.

Kürbis in Sahne

500 g jungen Kürbis, Salz, 2 Eßlöffel gehackter Dill, 1 Eßlöffel Essig, 40 g Margarine, 30 g Mehl, ⅛ l Fleischbrühe, ¼ l saure Sahne, ¼ Zitrone.

Jungen Kürbis schälen und das Kernfleisch entfernen. Das feste Fleisch würfelig schneiden, siedendes Salzwasser aufgießen und alles gardünsten. Den gehackten Dill in je 1 Eßlöffel Essig und Wasser kurz aufkochen. Aus Margarine und Mehl eine helle Mehlschwitze bereiten, mit Brühe und Sahne auffüllen und zu einer dicken glatten Soße kochen. Den Dill untermischen und nochmals kurz aufkochen. Die Soße mit Zitronensaft abschmecken, den Kürbis hineinlegen und erwärmen. Zu Kochfleisch servieren.

Gedünstetes Weißkraut (tschechische Zubereitungsweise)

600 g Weißkraut, Salz, 2 Zwiebeln, 80 g Schmalz, Kümmel, 3 bis 4 Würfel Zucker, 30 g Mehl, Essig.

Das Weißkraut feinhobeln, mit siedendem Salzwasser übergießen und kurz dünsten. Die feingehackten Zwiebeln in Schmalz leicht bräunen abgetropftes Weißkraut, Kümmel und Zucker zufügen und gardünsten. Den Saft eindampfen, das Kraut mit Mehl bestäuben, anschwitzen, Essig und Wasser zugießen und kurz dünsten. Das Gericht darf nicht breiig sein und soll süßsauer schmecken. – Statt Essig kann auch Zitronensaft oder ein wenig Weißwein verwendet werden.

Gedünstetes Weißkraut (mährische Zubereitungsweise)

600 g Weißkraut, Salz, 2 Zwiebeln, 80 g Schmalz, 50 g Mehl, 2 säuerliche Äpfel, Kümmel, 2 bis 3 Würfel Zucker, Essig nach Geschmack.

Das Weißkraut feinhobeln oder schneiden und in siedendem Salzwasser kurz dünsten. Die feingehackten Zwiebeln in Schmalz anbraten, mit Mehl anschwitzen, Dünstsud auffüllen und zu einer dicken Soße verkochen. In die Soße das abgetropfte Weißkraut geben, geschälte, streifig geschnittene Äpfel und Kümmel zufügen – mit Zucker und Essig abschmecken und gardünsten. Das Kraut soll etwas breiig aussehen und süßsauer schmecken. Es kann auch mit einer feingeriebenen Kartoffel eingedickt werden. Zu Schweinefleisch, Kochfleisch und Kartoffelgerichten servieren.

Rotkraut mit Äpfeln und Wein

600 g Rotkraut, Salz, 30 g Speck, 50 g Margarine, 1 Zwiebel, 30 g Mehl, Kümmel, ⅛ l Rotwein, 2 Äpfel, 2 Würfel Zucker, Zitronensaft oder Essig.

Das feingehobelte Rotkraut mit Salzwasser übergießen und gardünsten, Speckwürfel zerlassen, Margarine zugeben, zerkleinerte Zwiebel darin anrösten und das abgetropfte Kraut zufügen. Kurz dünsten, mit Mehl bestäuben und anschwitzen, dann Kümmel und Wein zufügen. Die geschälten, feinstreifig geschnittenen Äpfel sowie den Zucker untermischen und nach Geschmack mit Zitronensaft oder Essig abschmecken. Alles zu einer breiigen Masse gardünsten. Das Kraut soll süßsauer schmecken. Obenauf kann es noch mit einigen gehackten Nußkernen bestreut werden. Zu gebratenem Rebhuhn oder Fasan, aber auch zu Wildfleisch, Gänsebraten und Pfannengerichten servieren.

Mischgemüse in Sahne

800 g geputztes Gemüse (Karotten, Kohlrabi, Blumenkohl, grüne Bohnen, grüne Erbsen), Salz, 80 g Butter, 20 g Zucker, 30 g Mehl, 1 Tasse Sahne, Petersilie.

Karotten und Kohlrabi feinstreifig schneiden, mit Salzwasser übergießen und kurz dünsten. Den in Röschen zerlegten Blumenkohl, abgezogene, geschnittene grüne Bohnen, auch grüne Erbsen in Salzwasser kurz aufkochen und abtropfen lassen. In Butter andünsten, Zucker zugeben, mit Mehl bestäuben, anschwitzen, Dünstsud und Sahne aufgießen. Noch mal kurz dünsten und mit gehackter Petersilie bestreuen. Das Mischgemüse zu Koch- und Bratfleisch sowie zu ausgebackenem Fleisch servieren. – Entsprechend dem Marktangebot können auch Tomaten, grüne Paprikafrüchte, Kürbis und andere Gemüsesorten verwendet werden.

Gemüsesalate

Kohlrabisalat mit Speck

5 kleine Kohlrabi, Salz, 1 Apfel, Kümmel, ½ Zwiebel, ½ Tasse Wasser mit Weißwein, 1 Würfel Zucker, Zitronensaft oder Essig, 40 g Paprikaspeck.

Die geschälten Kohlrabi in Salzwasser kurz dünsten, abtropfen lassen und in Stifte schneiden. Den geschälten, in Stifte geschnittenen Apfel, Kümmel sowie gehackte Zwiebel untermischen und mit der Marinade aus Wasser, Wein, Zucker, Salz und Zitronensaft binden. Einige Stunden durchziehen lassen und vor dem Auftragen mit würfelig geschnittenem, zerlassenem Speck bestreuen (das Fett zurücklassen). Der Salat paßt vor allem zu Pfannengerichten. – Statt Paprikaspeck können auch 2 bis 3 Eßlöffel Öl für die Marinade verwendet werden.

Weihnachtssalat aus Sellerie

1 großer Sellerie (etwa 500 g), ¼ l Wasser, Salz, 2 Eßlöffel Essig, 2 Würfel Zucker, 1 Zwiebel, 1 Prise Pfeffer, 3 Eßlöffel Öl, Zitronensaft, 20 g Nußkerne.

Den gut gewaschenen Sellerie schälen und in Scheiben schneiden. Sofort mit siedendem Salzwasser übergießen, Essig und Zucker zufügen und gardünsten. Dann abseihen, in eine Schüssel geben, mit gehackter Zwiebel und Pfeffer bestreuen. Den Selleriesud mit Öl und Zitronensaft verrühren und damit den Sellerie übergießen. Mit Nußkernen garnieren. Zu paniertem Fisch servieren. – Der Salat schmeckt besser, wenn er 24 Stunden durchziehen kann.

Chinakohlsalat

1 Chinakohl, 4 Eßlöffel Wasser, Salz, 1 Prise Zucker, 2 Eßlöffel Essig, 2 Eßlöffel Öl.

Den Chinakohl in Blätter zerlegen, einzeln gut abspülen und feinstreifig schneiden. Wasser mit Salz, Zucker, Essig und Öl verrühren, gut durchschütteln und über den Salat gießen. – Statt Öl kann auch würfelig geschnittener, zerlassener Speck verwendet werden. Der Salat muß dann sofort aufgetragen werden, sonst fällt er zusammen und wird unansehnlich.

Selleriesalat mit Mayonnaise

400 g Sellerie, 150 g Mayonnaise, Salz, 1 Prise Zucker, Zitronensaft, 2 Äpfel, 2 Eßlöffel geriebener Meerrettich.

Den geputzten rohen Sellerie feinhobeln, sofort mit Mayonnaise binden, die mit Salz Zucker und Zitronensaft abgeschmeckt wurde. Die geschälten, feingehobelten Äpfel und den geriebenen Meerrettich locker untermischen. Zu Pfannengerichten und Bratfleisch servieren oder auch zu paniertem, gebratenem Fisch.

Rote-Rüben-Salat mit Joghurt

300 g rohe rote Rüben, 2 Äpfel, 1 Tasse Joghurt oder dicke saure Sahne, Salz, 1 Prise Zucker, Zitronensaft, 50 g Mayonnaise, 1 Zwiebel oder 2 Eßlöffel geriebener Meerrettich.

Die geputzten, geschälten roten Rüben feinhobeln und die ebenfalls geschälten, gehobelten Äpfel zufügen. Joghurt oder Sahne mit Salz, Zucker und Zitronensaft abschmecken, mit Mayonnaise binden und damit den Salat vermischen. Mit gehackter Zwiebel oder geriebenem Meerrettich bestreuen.

Zwiebelsalat

4 große Zwiebeln, ½ Tasse Essigwasser, Salz, 2 Würfel Zucker, 2 Eßlöffel Öl, Petersilie.

Die Zwiebeln schälen und quer in dünne Ringe schneiden. Mit heißem Wasser abbrühen, damit sie etwas Schärfe verlieren. Sofort mit Marinade aus Essigwasser, Salz, Zucker und Öl beträufeln. Obenauf mit gehackter Petersilie bestreuen. Der Salat ist besonders zu Brat-, Schmor- oder gegrilltem Fleisch im Winter geeignet. – Der Salat kann auch mit 1 gehobelten Karotte, 1 Stück roher roter Rübe oder grünen Paprikastreifen garniert werden.

Möhrensalat (gekocht)

500 g Möhren oder Karotten, Salz, ½ Tasse Wasser mit Essig, 1 Würfel Zucker, 2 Eßlöffel Öl, 2 Eßlöffel geriebener Meerrettich.

Die Möhren putzen, in Salzwasser garkochen und feinstreifig schneiden. Das Essigwasser salzen, Zucker zufügen, mit Öl vermengen und damit den Salat übergießen. Mit geriebenem Meerrettich bestreuen. – Statt Meerrettich können auch feingehackte Zwiebeln mit Petersilie verwendet werden.

Möhrensalat (roh)

300 g Möhren oder Karotten, 1 Apfel, 2 Eßlöffel Wasser, 2 Eßlöffel Zitronensaft, 2 Eßlöffel Öl, Salz, Zucker, Petersilie.

Die geputzten Möhren feinreiben und den geschälten, geraspelten Apfel untermischen. Das Wasser mit Zitronensaft, Öl, Salz und Zucker nach Geschmack verrühren. Die Möhren und Äpfel damit vermischen und obenauf gehackte Petersilie streuen. – Der Salat kann mit etwas geriebenem Meerrettich oder einem Stück geriebenem rohem Sellerie abgeschmeckt oder mit Schlagsahne verfeinert werden. – Statt Zitronensaft läßt sich Apfelsinensaft verwenden. Soll der Salat süß sein, kann er mit Obststückchen (von Äpfeln, Aprikosen, Bananen) vervollständigt werden. Er kann zu Koch- und Bratfleisch oder auch zu paniertem Fleisch gereicht werden.

Blumenkohlsalat

1 großer Blumenkohl, Salz, 3 Eßlöffel Essig, ¼ l Wasser, 1 Würfel Zucker, ½ Zwiebel, 3 Pfefferkörner, 1 Lorbeerblatt, einige Senfkörner, 2 Eßlöffel Öl.

Den gut abgespülten Blumenkohl in Röschen zerlegen, mit Salzwasser und 1 Eßlöffel Essig übergießen und gar, aber nicht zu weich kochen. Das Wasser mit Essig, Salz, Zucker, Zwiebel und Gewürzen getrennt kurz aufkochen, durchseihen, erkalten lassen. Das Öl zufügen und den abgetropften Blumenkohl mit der Marinade übergießen. Mindestens ½ Tag durchziehen lassen.

Blumenkohlsalat mit Mayonnaise

1 großen Blumenkohl, Salz, 1 Bund Radieschen, Petersilie, 150 g Mayonnaise, 1 Prise Zucker, Zitronensaft.

Den Blumenkohl mit heißem Salzwasser überbrühen, abtropfen lassen und grobreiben. Gehobelte Radieschen und gehackte Petersilie untermischen. Mit Mayonnaise, die mit Salz, Zucker und Zitronensaft abgeschmeckt wurde, binden. Zu Pfannengerichten oder auch als Vorspeise servieren.

Kopfsalat mit Joghurt

2 Stauden Kopfsalat, 2 Eier, 1 Eßlöffel Wasser, Zitronensaft oder Essig, Salz, 1 Prise Zucker, ⅛ l Joghurt, Petersilie.

Den sehr gut gewaschenen Kopfsalat in Viertel schneiden und in einer Schüssel anrichten. Mit Achteln von hartgekochten Eiern garnieren. 1 Eßlöffel Wasser mit etwas Zitronensaft oder Essig verrühren, Salz und 1 Prise Zucker zufügen, mit Jog-

hurt auffüllen. Die Mariade über den Salat gießen und obenauf gehackte Petersilie streuen.

Gurkensalat mit Knoblauch

1 große Salatgurke, Salz, ½ Teelöffel Zucker, 1 Prise Pfeffer, 2 Eßlöffel Essig oder Zitronensaft, 1 Knoblauchzehe.

Die gewaschene Gurke schälen (an den beiden Enden kosten, ob sie bitter ist), hobeln oder in Streifen schneiden. Den Salat mit Salz, Zucker, Pfeffer und Essig oder Zitronensaft abschmecken. Gut vermengen. Eine Glas- oder Porzellanschale mit einer geschälten Knoblauchzehe ausreiben und den Salat hineingeben. Wird Gurke mit Knoblauch abgeschmeckt, ist sie leichter verdaulich. Der Salat darf nie lange stehen, weil die Gurke dann schwer verdaulich wird. Zu Fleisch- und Kartoffelgerichten servieren. – Statt mit Pfeffer und Knoblauch kann der Gurkensalat auch mit feingehacktem Dill abgeschmeckt werden. Sehr beliebt ist er mit dicker Sahne oder Joghurt gebunden.

Tomatensalat

400 g kleine feste Tomaten, 1 Eßlöffel Wasser, Salz, Zucker, Pfeffer, 2 Eßlöffel Zitronensaft, 1 Eßlöffel Öl, ½ kleine Zwiebel, 1 Eßlöffel gehackte Petersilie, Pfeffer.

Die Tomaten abwaschen, mit dem Tomatenmesser in Scheiben schneiden und in eine Schüssel legen. In Wasser Salz und Zucker zergehen lassen, Zitronensaft und Öl verrühren. Die Marinade gut durchschütteln, den Salat damit übergießen und mit feingehackter Zwiebel sowie Petersilie garnieren. Etwas Pfeffer darüberstäuben. Zu gebackenem und gebratenem Fleisch servieren. – Sollen die Tomaten gehäutet werden, dann kurz überbrühen und die Haut abziehen.

Tomatensalat mit Mayonnaise

400 g Tomaten, 2 Eßlöffel gehackte Kräuter (Petersilie, Schnittlauch, Dill), 150 g Mayonnaise, Salz, 1 Prise Zucker, Zitronensaft, 2 Eßlöffel Joghurt.

Feste, gewaschene Tomaten mit einem Tomatenmesser in Scheiben schneiden, in eine tiefe Schüssel legen und dick mit gehackten Kräutern bestreuen. Die Mayonnaise mit Salz, Zucker und Zitronensaft abschmecken, mit Joghurt verdünnen. Den Salat damit übergießen und sofort auftragen. Zu Pfannengerichten, gebratenem und auch geschmortem Fleisch servieren.

Paprikasalat mit Tomatensahne

4 grüne Paprikafrüchte, 4 Eßlöffel dicke saure Sahne, 2 Eßlöffel Tomatenmark, 2 Eßlöffel Öl, Salz, 1 Prise Zucker, 1 Prise edelsüßer Paprika, Petersilie.

Die Paprikafrüchte putzen, entkernen und in Streifen schneiden. Die Sahne mit Tomatenmark verrühren, das Öl zufügen und mit Salz, Zucker, Paprika und gehackter Petersilie abschmecken. Alles gut verschlagen und den Paprika mit der Marinade binden. Zu gebratenem, gegrilltem oder gebackenem Fleisch sehr geeignet. – Unter den Salat können noch 2 zerkleinerte Tomaten oder auch ein Stück geraspelte Gurke gemischt werden.

Sauerkrautsalat

300 g Sauerkraut, 1 Apfel, 1 Gewürzgurke, 1 Zwiebel, Kümmel, ½ Tasse Sauerkrautsaft, Salz, Zucker, 2 Eßlöffel Öl.

Das Sauerkraut abgießen, den Saft aufheben, das Kraut grobhacken und in eine Schüssel geben. Würfelig geschnittenen geschälten Apfel und Gurke, feingehackte Zwiebel und Kümmel untermischen. Den Sauerkrautsaft mit etwas Wasser auffüllen, mit Salz und Zucker abschmecken, das Öl zufügen. Alles gut untereinandermischen und durchziehen lassen. Zu gebratenem und gegrilltem Fleisch sowie zu Kartoffel- und Hülsenfruchtgerichten reichen. – Wenn nötig, den Sauerkrautsalat mit Zitronensaft oder Essig kräftiger abschmecken.

Gemischte Frühlingsfrischkost

2 Stauden Kopfsalat, 2 junge Kohlrabi, 1 kleine Salatgurke, 1 Bund Radieschen, 3 Tomaten, einige junge zarte Zwiebeln mit Grün, 1 Eßlöffel grüne Erbsen, 1 Tasse Wasser, Zitronensaft oder Essig, Salz, Zucker, 1 Prise Pfeffer, 4 Eßlöffel Öl.

Den gut gewaschenen Kopfsalat in Blätter zerlegen und eine tiefe Schüssel damit auslegen. Geschälte Kohlrabi, Gurke und Radieschen würfelig schneiden, überbrühte, abgezogene und zerkleinerte Tomaten sowie in Ringe geschnittene Zwiebeln mit Grün und grüne Erbsen untermengen. Das Wasser mit Zitronensaft oder Essig vermischen, mit Salz, Zucker und Pfeffer abschmecken und mit Öl verrühren. Das Mischgemüse in die mit Salatblättern ausgelegte Schüssel geben und mit der Marinade übergießen. Die Frischkost zu Koch- oder Bratfleisch und zu Pfannengerichten servieren.

Gemischter Salat von Sommergemüse

1 kleiner Blumenkohl, Salz, 200 g Karotten, 150 g Sellerie, 50 g Petersilienwurzel, 100 g Kohlrabi, 1 Apfel, 1 kleine Salatgurke, 2 Tomaten, 1 grüne Paprikafrucht, 1 Zwiebel, Petersilie, 150 g Mayonnaise, Zucker, Zitronensaft, 3 Eßlöffel Sahne.

Den gewaschenen Blumenkohl in Röschen zerlegen und in Salzwasser dünsten. Karotten, Sellerie und Petersilienwurzel putzen und ebenfalls gardünsten. In einer Schüssel die Blumenkohlröschen, würfelig geschnittenes Wurzelgemüse, geschälten, würfelig geschnittenen rohen Kohlrabi, Apfel und Gurke, zerkleinerte Tomaten und entkernte, würfelig geschnittene Paprikafrucht vermischen und gehackte Zwiebeln sowie Petersilie zugeben. Die Mayonnaise mit Zucker, Salz und Zitronensaft abschmecken und mit ungeschlagener Sahne verfeinern. Den Salat damit übergießen, gut vermischen und im Kühlschrank 1 Stunde durchziehen lassen. Zu Fleisch-, Geflügel- und Fischgerichten servieren.

Mehlspeisen

Die tschechische Küche ist besonders wegen ihrer Mehlspeisen bekannt. Nirgends auf der Welt werden so viele Sorten von Buchteln, Kolatschen, Strudeln, Torten und süßem Kleingebäck zubereitet wie in der ČSSR. Man versteht es, den Mehlspeisen nicht nur hervorragenden Geschmack, sondern auch die mannigfaltigsten Formen und Verzierungen zu geben. Geradezu als Nationalgericht können Obstknödel bezeichnet werden, die man aus den verschiedensten Teigarten zubereiten kann. Größter Beliebtheit erfreuen sich auch Hefeknödel und Knödel aus Quarkteig. Je nach Jahreszeit füllt man sie mit Kirschen, Aprikosen und am häufigsten mit Pflaumen; im Winter verwendet man Gefrier- oder Kompottobst. Diese Knödel werden nicht nur als Nachtisch, sondern auch als Hauptgericht gereicht. Ebenso beliebt sind süße Speisen aus Hefeteig, die z. B. als Domažlicer, böhmische und mährische Kolatschen bekannt sind. Dann gibt es auch noch die Mehlspeisen aus Biskuit-, Mürbe- und Brandteig sowie aus gezogenem Teig. Um sie voneinander zu unterscheiden, haben wir sie jeweils nach den Teigarten geordnet. Torten und Kleingebäck werden gesondert aufgeführt.
Die Rezepte für tschechische Mehlspeisen könnten ein umfangreiches Buch füllen. Nachfolgend wurden jedoch nur die typischsten und beliebtesten ausgewählt. Da man in den letzten Jahren auch in der tschechischen Küche etwas von den sättigenden Süßspeisen, wie Buchteln, Kuchen, Strudel usw., abgeht, haben wir noch Rezepte für verschiedene Cremes, Gelees, Salate und Obstbecher hinzugefügt, die man rasch bereiten kann und die

weniger sättigend, dafür jedoch erfrischend sind. Sie werden vorwiegend aus frischem Kompott oder Gefrierobst zubereitet.

Bei der Verwendung von Mehl – nicht nur in diesem Kapitel – ist in den Rezepten mitunter „griffiges" oder „halbgriffiges" Mehl angegeben. Es handelt sich dabei um Mehlsorten, die aus Weizenkörnern von besonderer Härte grob gemahlen werden. Der darin enthaltene Kleber ist fester und geschmeidiger. Steht solches Mehl nicht zur Verfügung, empfiehlt es sich, glattes Mehl mit etwas feinem Grieß zu mischen.

❖❖❖❖❖❖❖❖❖❖❖❖❖❖❖❖❖❖❖❖

Gekochte Obstknödel

Hefeknödel mit Heidelbeeren

10 g Hefe, 1 Teelöffel Zucker, etwa ¼ l Milch, 500 g griffiges Mehl, 1 Prise Salz, 1 Ei, 500 g frische Heidelbeeren, 100 g trockener geriebener Quark, 80 g Zucker zum Bestreuen, etwa 80 g Butter zum Beträufeln.

Die Hefe mit Zucker, lauwarmer Milch und etwas Mehl zu einem dicken Brei verrühren und gehen lassen. In eine Schüssel Mehl sieben, Salz, Hefestück und Ei zugeben, löffelweise Milch zufügen und alles mit einem Kochlöffel zu einem Teig verarbeiten, der etwa 1 Stunde gehen muß. Aus dem Teig gleiche Stücke schneiden, jedes zu einem Viereck ausziehen, darauf 1 Handvoll Heidelbeeren legen, den Teig darüberziehen und zu einer Kugel formen. Die gefüllten Knödel auf einem mit Mehl bestäubten Holzbrett mit einer Serviette zudecken und noch einmal etwa 15 Minuten gehen lassen. Die Knödel dann in einen größen Topf in siedendes Wasser legen und kochen lassen. Nach 4 Minuten mit einem Deckel zudecken. Wenn die Knödel an der Oberfläche schwimmen, den Deckel abheben, die Knödel vorsichtig umdrehen und noch weitere 4 Minuten kochen lassen. Zur Probe einen Knödel herausnehmen, mit der Gabel zerreißen, um festzustellen, ob er gar ist. Die fertigen Knödel mit einem Schaumlöffel herausnehmen, damit sie nicht gedrückt werden. Jeden Knödel mit der Gabel anstechen, damit der Dampf entweicht. Mit geriebenem Quark bestreut und mit zerlassener Butter beträufelt servieren. – Die Knödel können auch ohne Fülle zubereitet und dann mit gesüßten, zerkochten Heidelbeeren oder mit angewärmtem Pflaumenmus übergossen werden.

Obstknödel aus Quarkteig

50 g Margarine, 1 Prise Salz, 1 Ei, 200 g Quark, ¼ l Milch, 500 g halbgriffiges Mehl, etwa 500 g Kirschen, Aprikosen oder Pflaumen, 60 g trockener geriebener Quark, 60 g Zucker, 80 g Butter.

Margarine, Salz und Ei schaumig rühren und langsam Quark, Milch und Mehl zugeben. Den Teig durcharbeiten und daraus eine Rolle formen, die in gleichgroße Stücke geschnitten wird. In jedes Stück etwas Obst einlegen, die Teigenden zusammendrücken und runde Knödel formen. In siedendem Wasser je nach Größe 5 bis 8 Minuten kochen. Einen Knödel zur Probe herausnehmen und aufreißen. Die Knödel abtropfen lassen, mit Quark und Zucker bestreuen und mit zerlassener Butter beträufeln.

Knödel aus Brandteig

½ l Milch, 100 g Margarine, 1 Prise Salz, 350 g griffiges Mehl, 4 Eier, 500 g Pflaumen oder Aprikosen, 80 g trockener geriebener Quark, 60 g Zucker, 80 bis 100 g Butter.

Die Milch mit Margarine und Salz aufkochen. Das Mehl zuschütten und auf kleiner Flamme rühren, bis ein dicker Kloß entsteht, der weder am Kochlöffel noch am Gefäß klebt. In den abgekühlten Teig nach und nach die Eier rühren. Auf einem mit Mehl bestäubten Holzbrett den Teig dünn ausrollen, in Vierecke schneiden und das Obst einwickeln. Dieser Teig eignet sich hauptsächlich für festeres Obst wie Pflaumen oder Aprikosen mit Stein, weil die Früchte nur mit einer dünnen Teigschicht bedeckt werden können. In siedendem Wasser 5 bis 8 Minuten kochen. Mit geriebenem Quark und Zucker bestreuen und mit zerlassener Butter übergießen.

Mehlspeisen aus Gußteig

Kleine Hefeplinsen (Liwanzen)

15 g Hefe, 30 g Zucker, ½ l Milch, etwa 250 g Mehl, Salz, abgeriebene Zitronenschale, 1 Ei, etwa 100 g Fett, Marmelade, 50 g trockener geriebener Quark.

Die Hefe mit Zucker, lauwarmer Milch sowie etwas Mehl verrühren und gehen lassen. Dann Salz, Zitronenschale, Ei, den restlichen Zucker und abwechselnd lauwarme Milch und Mehl zugeben. Alles gut verrühren, bis ein glatter Teig entsteht. Mit einer Serviette bedeckt noch 30 Minuten gehen lassen. Die Pfanne mit zerlassenem Fett ausstreichen und die kleinen Plinsen darin auf beiden Seiten goldgelb backen. Die fertigen Plinsen mit Marmelade bestreichen und mit Quark bestreuen. – Der Quark kann noch mit saurer Sahne beträufelt oder mit 1 Teelöffel Schlagsahne garniert werden. Aus dem gleichen Teig lassen sich auch Obstplinsen backen. Dafür in die Pfanne nur eine dünne Schicht Teig gießen, darauf 1 Apfelscheibe legen und wieder mit Teig begießen. Auch diese Obstplinsen auf beiden Seiten goldgelb backen.

Palatschinken

2 Eigelb, 30 g Zucker, 1 Prise Salz, ½ l Milch, 200 g Mehl, etwa 80 g Fett, Marmelade, Vanillinzucker, Zitrone.

Die Eigelbe, Zucker und Salz in etwas Milch schaumig rühren, dann abwechselnd Mehl und Milch zugeben und zu einem flüssigen Teig verarbeiten. Den Teig etwas stehen lassen. Eine erhitzte Pfanne mit zerlassenem Fett bestreichen und mit einer dünnen Teigschicht begießen. Auf beiden Seiten goldgelb backen. Die fertigen Palatschinken mit Marmelade bestreichen und aufrollen oder mit Zucker bestreuen, mit Zitronensaft beträufeln und nur zusammenlegen.
Palatschinken können auch mit Quarkfülle bestrichen, eingerollt und in eine feuerfeste Schüssel geschichtet werden. Dann in der Röhre etwas anbacken lassen, mit ¼ l Milch, in der 2 Eier verquirlt wurden, übergießen und überbacken. – Nach Belieben mit einer säumigen Schokoladensoße auftragen.
Die aufgerollten Palatschinken können auch zur Hälfte geschnitten, in verrührten Eiern und Semmelbröseln gewendet und in Fett goldbraun gebacken werden.

Mehlspeisen aus Hefe- und Plunderteig

Gugelhupf mit Mohnfülle

120 g Margarine, 140 g Zucker, 6 Eigelb, Salz, abgeriebene Zitronenschale, 30 g Hefe, etwa ¼ l Milch, 500 g halbgriffiges Mehl, 50 g Mandeln, etwas Butter, Fett und Semmelbrösel für die Backform.
Für die Fülle: 120 g gemahlener Mohn, 1 Tasse Milch, 50 g Zucker, je 1 Prise Zimt und Vanillinzucker, 20 g Butter.

Die Margarine zusammen mit dem Zuk-

153

ker schaumig rühren, langsam ein Eigelb nach dem anderen zugeben. Dann Salz, abgeriebene Zitronenschale und das Hefestück zufügen. Für das Hefestück zuvor die Hefe mit 1 Teelöffel Zucker verrühren, mit 2 Eßlöffeln Milch verdünnen, anschließend mit 1 Teelöffel Mehl verarbeiten und gehen lassen. Zuletzt abwechselnd lauwarme Milch und Mehl an den Teig geben. Gut mit dem Holzlöffel durcharbeiten, mit einer Serviette zudekken und an warmer Stelle etwa 1 Stunde gehen lassen. Inzwischen den gemahlenen Mohn mit Milch, Zucker, Gewürzen und Butter auf kleiner Flamme verrühren. Eine Backform gut einfetten und mit Semmelbröseln ausstreuen. Den Boden der Form mit in Scheiben geschnittenen Mandeln belegen. Die Hälfte des Teiges in die Form geben, darauf die Mohnfülle verteilen und mit der anderen Hälfte des Teiges zudecken. In der Form noch 30 Minuten gehen lassen. Mit flüssiger Butter bestreichen und in der erhitzten Backröhre etwa 45 Minuten backen lassen. Warm stürzen und mit Zucker bestreuen.

Osterbrot

750 g halbgriffiges Mehl, 150 g Zucker, Salz, 1 Päckchen Vanillinzucker, abgeriebene Zitronenschale, 40 g Hefe, 3/8 l Milch, 2 Eigelb, 150 g Margarine, 50 g Rosinen, 50 g Mandeln, 1 Ei zum Bestreichen, Fett für das Backblech.

Mehl und Zucker in eine vorgewärmte Schüssel sieben, Salz, Vanillinzucker, etwas abgeriebene Zitronenschale und das Hefestück – mit 1 Teelöffel Zucker, etwa 2 Eßlöffeln Milch und etwas Mehl verrührt – zufügen. Mit lauwarmer Milch, den verquirlten Eigelben und der zerlassenen Margarine einen Teig bereiten, auf ein Holzbrett stürzen und mit der Hand durchkneten. Der Teig darf nicht mehr kleben. Dann in eine Schüssel legen, mit einer Serviette zudecken und 1 Stunde gehen lassen. Den Teig auf dem Brett etwas ausziehen, mit den Rosinen, den abgezogenen und gehackten Mandeln bestreuen, erneut verarbeiten und noch etwas gehen lassen. Aus dem Teig einen runden Laib formen, auf ein gefettetes Kuchenblech legen und mit verquirltem Ei bestreichen. Nach dem Eintrocknen mit einer scharfen Schere in der Mitte des Kuchenlaibs ein Kreuz einschneiden. Langsam bei Mittelhitze in der Röhre etwa 1 Stunde backen. Falls das Osterbrot zu rasch braun wird, gefettetes Pergamentpapier darüberdecken. Damit das Gebäck von unten nicht anbrennt, kann unter das Kuchenblech eine Asbestplatte geschoben oder auch eine flache Kasserolle mit etwas Wasser gesetzt werden.

Feiner Weihnachtsstriezel (Weihnachtsgebäck)

750 g halbgriffiges Mehl, 150 g Zucker, Salz, abgeriebene Zitronenschale, Vanillinzucker, 40 g Hefe, etwa 3/8 l Milch, 150 g Margarine, 4 Eigelb, 50 g Rosinen, 80 g Mandeln, 50 g Zitronat, etwas Fett, 1 Ei zum Bestreichen, 30 g Mandeln zum Bestreuen.

In eine Schüssel Mehl und Zucker sieben, etwas Salz, abgeriebene Zitronenschale und Vanillinzucker zugeben. Das Hefestück und die in Milch und zerlassener Margarine verquirlten Eigelbe zufügen. Mit dem Holzlöffel einen Teig bereiten. Dann auf einem Brett mit der Hand zu einem festen Teig kneten und in einer Schüssel zugedeckt etwa 2 Stunden gehen lassen. Den Teig auf das Holzbrett legen und die Rosinen, die abgezogenen, gehackten Mandeln und das Zitronat hineinarbeiten. Den Teig in 9 Teile schneiden. Für die unterste Schicht des Striezels aus 4 Teilen einen Zopf flechten, darauf kommt ein Zopf aus 3 Teilen und obenauf ein Zopf aus 2 Teilen. Damit die Zöpfe beim Backen nicht verrutschen, sind sie mit Zahnstochern am Ende und in der Mitte zu befestigen. Den

Striezel auf ein gefettetes Papier und damit auf das Kuchenblech legen, noch etwas gehen lassen. Dann mit verquirltem Ei bestreichen und mit abgezogenen, feinstreifig geschnittenen Mandeln bestreuen. Den Striezel in der erhitzten Röhre langsam etwa 45 Minuten backen. Falls die Unterhitze zu groß ist, eine Kasserolle mit Wasser unter das Kuchenblech stellen. Den Striezel vor zu großer Oberhitze mit Pergamentpapier schützen.

Gefüllte Buchteln

20 g Hefe, 50 g Zucker, ¼ l Milch, 500 g Mehl, 1 Päckchen Vanillinzucker, Salz, abgeriebene Zitronenschale, 2 Eigelb, 50 g Margarine, 100 g Butter zum Bestreichen, Zucker zum Bestreuen.

In einem Töpfchen die Hefe mit 1 Teelöffel Zucker, 2 Eßlöffeln Milch und 1 Eßlöffel Mehl zu einem dünnflüssigen Hefestück verrühren und gehen lassen. In eine Schüssel Mehl und Zucker sieben, Vanillinzucker, Salz, etwas abgeriebene Zitronenschale, das Hefestück und abwechselnd lauwarme Milch mit verquirlten Eigelben, Mehl und zuletzt zerlassene Margarine zugeben. Mit dem Holzlöffel zu einem glatten Teig verarbeiten, bis er Blasen bildet. Zugedeckt etwa 1 Stunde gehen lassen. Den Teig auf das Kuchenbrett stürzen und in gleichgroße Stücke schneiden. Aus den Teigstücken kleine Plätzchen formen, in die Mitte eine der nachfolgenden Füllen geben, die Enden zusammendrücken und mit der Naht auf den Boden einer eingefetteten Pfanne legen. Jede Buchtel von allen Seiten mit flüssiger Butter bestreichen, bevor die zweite danebengelegt wird. Die Zutaten reichen für 24 bis 30 Buchteln. Wenn die Pfanne gefüllt ist, alle Buchteln nochmals mit Butter bestreichen und etwa 45 Minuten in der erhitzten Röhre backen. Die Buchteln dann auf ein Brett stürzen, auseinandernehmen und jede mit Zucker bestreuen.

Mohnfülle: 150 g Mohn, ⅓ l Milch, 80 g Zucker, 20 g Butter, 1 Prise Zimt oder etwas abgeriebene Zitronenschale. – Den Mohn mahlen, mit Milch, Zucker und Butter verrühren, in einer kleinen Kasserolle mit etwas Wasser dünsten lassen und von Zeit zu Zeit umrühren. Dann Gewürz zufügen. Die Mohnfülle kann auch noch mit Himbeer- oder Johannisbeermarmelade oder 1 Teelöffel Rum abgeschmeckt werden.

Quarkfülle: 30 g Butter, 2 Eigelb, 50 g Puderzucker, 1 Prise Vanillinzucker, 300 g Quark, 2 Eßlöffel Milch, 20 g Rosinen, 2 Eiweiß. – Die Butter mit Eigelben und Zucker verrühren, den Quark und nach Bedarf etwas Milch zugeben. Zuletzt Rosinen und die steif geschlagenen Eiweiße untermischen.

Pflaumenmusfülle: 200 g Pflaumenmus, abgeriebene Zitronenschale, etwas Vanillinzucker, 1 Teelöffel Rum. – Das Pflaumenmus mit etwas Wasser erwärmen, mit Zitronenschale, Vanillinzucker und Rum vermischen.

Feine Buchteln

120 g Butter, 50 g Zucker, 4 Eigelb, 20 g Hefe, Salz, abgeriebene Zitronenschale, 500 g halbgriffiges Mehl, etwa ¼ l Sahne, etwas Konfitüre, etwa 120 g Butter zum Bestreichen, Vanillinzucker zum Bestreuen.

Butter und Zucker schaumig rühren und langsam ein Eigelb nach dem anderen zugeben. So lange rühren, bis die Masse weißlich wird. Dann das Hefestück zugeben, Salz, abgeriebene Zitronenschale und abwechselnd Mehl und Sahne untermischen. Zu einem glatten Teig verarbeiten und zugedeckt etwa 1 Stunde gehen lassen. Kleine Buchteln formen, mit Konfitüre füllen und in eine gut gefettete Pfanne legen. Jede Buchtel mit zerlassener Butter bestreichen, in der Pfanne nochmals 15 Minuten gehen lassen und dann in der erhitzten Röhre goldgelb bakken. Noch warm mit Vanillinzucker bestreuen.

Kirmes- oder Hochzeitskolatschen

Etwa ¼ l Milch, 30 g Hefe, 80 g Zucker,
1 Päckchen Vanillinzucker, 500 g Mehl,
Salz, 3 Eigelb, abgeriebene Zitronenschale,
100 g Butter, Fett für das Backblech,
2 Eiweiß zum Bestreichen.
Fülle aus Mohn, Quark oder Pflaumenmus
(siehe Rezept „Gefüllte Buchteln"), Vanillin
zucker zum Bestreuen.

Aus einem Drittel der lauwarmen Milch, der Hefe und 1 Teelöffel Zucker das Hefestück anrühren und gehen lassen. In eine Schüssel Mehl, Salz und Zucker sieben, das Hefestück und die in der restlichen Milch verquirlten Eigelbe sowie etwas abgeriebene Zitronenschale zugeben. Zu einem glatten Teig verarbeiten und gehen lassen. Dann in kleine Stücke (etwa 40 Gramm) schneiden, jedes mit der Hand zu einem Küchlein formen und auf ein gefettetes Kuchenblech legen. In jedes Küchlein eine Vertiefung eindrücken, Fülle hineingeben und den Rand mit Eiweißen bestreichen. Nochmals gehen lassen. In der gut erhitzten Röhre 30 Minuten bakken. Die fertigen Kolatschen noch warm mit Vanillinzucker bestreuen.
Hochzeitskolatschen müssen sehr klein geformt werden. Die Mohn- oder Pflaumenmuskolatschen mit feingehackten Mandeln und die Quarkkolatschen mit Rosinen bestreuen. Als Fülle eignen sich auch dickes Apfelmus, frische entkernte Sauerkirschen, Pflaumen usw.

Mährische Kolatschen

Der Teig ist der gleiche wie bei Kirmeskolatschen. Sie unterscheiden sich nur durch die Fülle. Den Teig in Stücke schneiden, jedes zu einem runden Plätzchen formen und mit Pflaumenmus oder Mohnfülle be-

streichen. Dann die Teigenden zusammenlegen und die Kolatschen mit der Naht auf ein gefettetes Kuchenblech legen. In jedes Küchlein mit dem Finger eine Vertiefung eindrücken und Quarkfülle hineingeben. Den Rand mit Eiweiß bestreichen und die Kolatschen in der erhitzten Röhre backen. Ganz frisch schmecken sie besonders gut.

Domažlicer Kuchen

Etwa ¼ l Milch, 100 g Zucker, 30 g Hefe,
500 g Mehl, Salz, abgeriebene Zitronen
schale, 2 Eigelb, 100 g Margarine, 1 Eiweiß
zum Bestreichen, Fett für das Backblech.
Für die Quarkfülle: 200 g Quark, 30 g
Butter, 1 Eigelb, 50 g Zucker, 1 Päckchen
Vanillinzucker, 1 steifgeschlagenes Eiweiß,
eine Handvoll Rosinen.
Für die Mohnfülle: 100 g gemahlener Mohn,
100 g Zucker, 1 Päckchen Vanillinzucker,
10 g Butter, etwa ⅛ l Milch, 100 g
Mandeln.
Für die Pflaumenmusfülle: 100 g Pflaumen
mus, 1 Teelöffel Rum, 1 Prise Zimt, Zucker,
100 g Mandeln.

In einem Drittel der lauwarmen Milch 1 Teelöffel Zucker und die Hefe mit etwas Mehl verrühren und gehen lassen. Das Mehl in eine Schüssel sieben, Salz, Zucker, abgeriebene Zitronenschale, das Hefestück und die Milch — mit den Eigelben und der zerlassenen Margarine verquirlt — zufügen. Alles zu einem glatten Teig verarbeiten und gehen lassen. Auf einem gefetteten großen Kuchenblech aus dem Teig 2 große runde Kuchen mit einem etwas höheren Rand formen. Beide Kuchen dann mit den angerührten Füllen bestreichen, entweder abwechselnd jeweils ein Viertel oder ein Achtel des Kuchens mit einer anderen Fülle oder eine Fülle in die Mitte und mit den weiteren Füllen Kreise bilden. Die Quarkfülle mit Rosinen, die Mohnfülle und die Pflaumenmusfülle mit abgezogenen Mandelhälften in verschiedenen Mustern verzieren. Die Kuchenränder mit Eiweiß bestreichen. Die Kuchen in der erhitzten Röhre etwa 40 Minuten backen, bis die Ränder goldgelb sind, und abgekühlt in Viertel oder Achtel schneiden.

Obstkuchen

1½ Tassen Milch, 40 g Hefe, 90 g Zucker, etwa 500 g halbgriffiges Mehl, Salz, abgeriebene Zitronenschale, 2 Eigelb, 90 g Margarine, etwa 750 g Obst (Pflaumen, Aprikosen, Kirschen usw.), 1 Eiweiß zum Bestreichen, Fett für das Backblech.
Für die Streusel: 120 g Zucker, 1 Prise Vanillinzucker, 200 g griffiges Mehl, 120 g Butter.

Aus 4 Eßlöffeln Milch, der Hefe, 30 Gramm Zucker und 30 Gramm Mehl ein Hefestück rühren und gehen lassen. In eine Schüssel Mehl und Zucker sieben, Salz, abgeriebene Zitronenschale, das Hefestück und lauwarme Milch – mit Eigelben und zerlassener Margarine verquirlt – zugeben. Alles zu einem nicht zu festen Teig verarbeiten. Auf ein gefettetes und mit Mehl bestreutes Kuchenblech legen und auf die Größe des Bleches ausrollen. Etwa 30 Minuten gehen lassen. Dicht mit dem in Stücke geschnittenen Obst belegen und die Streusel darüber verteilen. Für die Streusel auf ein Holzbrett Zucker und Mehl sieben, die in Flöckchen zerteilte Butter darunterkneten, so daß kleine Streusel entstehen. Den Rand des Kuchens mit Eiweiß bestreichen und den Kuchen in der erhitzten Röhre goldgelb backen. Ausgekühlt in Vierecke schneiden.

Dalken

Etwa ⅓ l Milch, 50 g Zucker, 20 g Hefe, 500 g Mehl, Salz, 1 Eigelb, 50 g Margarine, 150 g Öl oder Kokosfett zum Ausbacken,

Pflaumenmus oder Marmelade, 100 g trockener geriebener Quark, 1 Tasse saure Sahne oder Joghurt.

In der Hälfte der Milch 1 Teelöffel Zucker, die Hefe und 1 Teelöffel Mehl zum Hefestück verrühren und gehen lassen. In eine Schüssel Mehl, Salz, Zucker, das Hefestück und die restliche Milch mit verquirltem Eigelb und zerlassener Margarine geben. Alles zu einem glatten Teig verarbeiten und gehen lassen. Dann auf ein Holzbrett stürzen und mit dem Nudelholz fingerdick ausrollen. Mit einem Glas oder einer runden Form gleichgroße Plätzchen ausstechen, auf eine mit Mehl bestäubte Serviette legen und gehen lassen. Zwischendurch einmal wenden und in erhitztem Fettbad ausbacken. Zunächst zugedeckt lassen, dann den Deckel abnehmen, die Dalken umdrehen und auf der anderen Seite goldbraun ausbacken. Die fertigen Dalken mit Pflaumenmus oder anderer Marmelade bestreichen, mit geriebenem Quark bestreuen und mit dicker Sahne oder Joghurt beträufeln. – Die noch warmen Dalken können auch mit zerlassener warmer Butter (50 g) bestrichen und mit Zimtzucker bestreut werden. Auf dem Land werden die Dalken nicht im Fettbad, sondern auf dem Kuchenblech in der Röhre goldgelb gebakken und dann mit Schmalz oder Butter und mit Pflaumenmus bestrichen.

Martinshörnchen

Etwa ⅓ l Milch, 20 g Hefe, 60 g Zucker, 500 g halbgriffiges Mehl, Salz, abgeriebene Zitronenschale, 140 g Margarine, 4 Eigelb, 1 Ei zum Bestreichen, Vanillinzucker zum Bestreuen, Fett für das Backblech.
Für die Fülle: 150 g Haselnüsse, 80 g Zucker, etwas Vanillinzucker, etwas Milch und Rum, 1 bis 2 Teelöffel Semmel- oder Biskuitbrösel.

Aus der Hälfte der Milch, der Hefe und Zucker ein Hefestück rühren und gehen lassen. In eine Schüssel Mehl sieben, Salz, Zucker, das Hefestück, abgeriebene Zitronenschale, lauwarme Milch, zerlassene Margarine und die verquirlten Eigelbe zugeben. Alles zu einem festen Teig verarbeiten und gehen lassen. Dann den Teig auf einem Holzbrett zu einer dicken Platte ausrollen, kleine Vierecke ausschneiden und diese zu Dreiecken zerschneiden. Auf jedes die Fülle geben und von der geraden Seite zur Spitze als Hörnchen zusammenrollen. Die Hörnchen auf ein gefettetes Kuchenblech legen, mit verquirltem Ei bestreichen und noch etwa 20 Minuten gehen lassen. In der erhitzten Röhre goldgelb backen und noch warm mit Vanillinzucker bestreuen. Für die Fülle die Nüsse mahlen, den Zucker zugeben, heiße Milch darübergießen und aufkochen. Dann Rum und einige Semmel- oder Biskuitbrösel zugeben und gut verrühren.

Pfannkuchen (Krapfen)

30 g Butter, 30 g Zucker, 3 Eigelb, etwa 1/3 l Milch, 30 g Hefe, 500 g halbgriffiges Mehl, Salz, abgeriebene Zitronenschale, 2 Teelöffel Rum, 400 bis 500 g Kokosfett oder Schmalz zum Ausbacken, 200 g Marmelade oder Konfitüre, Zucker zum Bestreuen.

Butter und Zucker schaumig rühren, nach und nach die Eigelbe, das Hefestück, abgeriebene Zitronenschale, Rum und abwechselnd Milch und Mehl zugeben. Alles gut verrühren, zu einem glatten Teig verarbeiten und zugedeckt 45 Minuten gehen lassen. Dann den Teig auf ein Brett legen, mit dem Nudelholz zu einer 2 cm dicken Platte ausrollen und mit einer Form runde Küchlein ausstechen. Auf die Hälfte der Küchlein in die Mitte etwas Marmelade geben und jeweils mit einem leeren Küchlein zudecken. Den Rand andrücken und erneut mit der Form ausstechen. Die gefüllten Pfannkuchen mit der Oberseite auf eine mit Mehl bestäubte Serviette legen

und mit einer zweiten, angewärmten zudecken. Etwa 30 Minuten gehen lassen, in der Zwischenzeit wenden. Dann mit der Oberseite in das erhitzte Fettbad legen und ausbacken. Das Fettbad muß etwa 3 Finger hoch sein. Es dürfen nur so viele Pfannkuchen eingelegt werden, daß sie genügend Platz haben und frei schwimmen. Während des Backens zudecken, damit sie von unten braun werden und an der Oberfläche aufgehen. Nach 3 Minuten den Deckel abnehmen, die Pfannkuchen vorsichtig umdrehen und auf der anderen Seite – ohne Deckel – goldbraun backen. Herausnehmen, auf einen Durchschlag oder auf saugfähiges Papier legen, damit das überschüssige Fett abläuft. Noch warm mit Zucker bestreuen.

Gefüllte Plunderteigküchlein

30 g Hefe, 30 g Zucker, 30 g Mehl, etwa 3 Eßlöffel Milch, 500 g halbgriffiges Mehl, Salz, 50 g Vanillinzucker, abgeriebene Zitronenschale, 3 Eigelb, 1/4 l Milch, 200 g Margarine, 1 Eigelb zum Bestreichen, Fett für das Backblech.
Fülle aus Mohn, Quark oder Pflaumenmus (siehe Rezept „Gefüllte Buchteln").

Zwei Drittel des Mehls mit Zucker und Salz in eine Schüssel sieben, abgeriebene Zitronenschale, die Eigelbe, das Hefestück und Milch zugeben. Zu einem glatten Teig verarbeiten und etwa 30 Minuten gehen lassen. Das restliche Mehl mit Margarine zu einem glatten Teig verarbeiten und kühl gestellt rasten lassen. Den gegangenen Teig ausrollen, die gekühlte Margarine-Mehl-Masse in die Mitte legen und gleichfalls ausrollen. Den Teig von 4 Seiten wie einen Umschlag zur Mitte zusammenlegen, dann wieder zur Hälfte zusammenschlagen und leicht ausrollen. So wird der Teig dreimal in der Länge und Breite zusammengelegt und ausgerollt. Dann noch einmal kühl gestellt rasten lassen. Diese Arbeitsgänge noch zweimal wiederholen, bevor der Teig endgültig ausgerollt wird. Vierecke ausstechen, auf ein gefettetes Kuchenblech legen, auf jedes Teigstück etwas Fülle geben (Pflaumenmus-, Quark-, Mohnfülle), die Ecken zur Mitte einschlagen und andrücken. Die Oberfläche mit verquirltem Ei bestreichen. Aufpassen, daß dabei nichts an den Seiten herunterläuft, weil der Teig dann nicht blättrig wird. Die Küchlein in der erhitzten Röhre backen und während des Backens die Temperatur verringern.

Mehlspeisen aus Rührteig

Obstauflauf

180 g Margarine, 220 g Zucker, 1 Päckchen Vanillinzucker, 4 Eier, abgeriebene Zitronenschale, 400 g griffiges Mehl, etwa ³/₈ l Milch, ½ Päckchen Backpulver, Fett und Mehl für die Auflaufform, 400 g Obst.

Margarine und Zucker schaumig rühren und langsam die Eigelbe zugeben. Dann abgeriebene Zitronenschale und abwechselnd Milch und Mehl untermischen. Zum letzten Mehl das Backpulver geben. Die Eiweiße zu festem Schnee schlagen und zuletzt leicht unterziehen. Den Teig in eine gut gefettete und mit Mehl bestäubte Auflaufform füllen, darauf entkernte Kirschen, Johannisbeeren, kleingeschnittene Pflaumen oder Aprikosen verteilen. Den Auflauf in der erhitzten Röhre etwa 35 Minuten backen. Falls das Obst zu feucht ist, etwas Mehl oder einige Semmelbrösel daruntermischen.

Schneller Gugelhupf aus Ölteig

4 Eier, 250 g Zucker mit Vanillinzucker, ½ Glas Öl, 2 Glas griffiges Mehl, ½ Glas Milch, ½ Päckchen Backpulver, abgeriebene Zitronenschale, Fett und Semmelbrösel für die Backform.

Eigelbe und Zucker schaumig rühren, dann tropfenweise – wie bei der Zubereitung von Mayonnaise – Öl zugeben. Die schaumige Masse abwechselnd mit Mehl und Milch verrühren, dabei mit dem letzten Mehl das Backpulver untermischen. Die abgeriebene Zitronenschale und zuletzt den steifen Eischnee zugeben. Den Teig in eine gefettete und ausgebröselte Form füllen und den Gugelhupf in der mäßig vorgewärmten Röhre etwa 40 Minuten backen.

Kirschkuchen

100 g Margarine, 150 g Zucker, 3 Eier, 5 Eßlöffel Milch, 150 g griffiges Mehl, ½ Päckchen Backpulver, 250 g entkernte Sauerkirschen, Puderzucker, Fett und Mehl für die Backform.

Margarine und Zucker schaumig rühren, die Eigelbe und abwechselnd löffelweise Milch und die Hälfte des Mehles zugeben. Die Eiweiße zu steifem Schnee schlagen und die andere Hälfte des Mehles untermischen. Zum letzten Eßlöffel Mehl dann das Backpulver geben. Eine Tortenform gut einfetten und mit Mehl bestäuben, Teig einfüllen, das Obst darüber verteilen und in der leicht vorgewärmten Röhre backen. Mit Puderzucker bestäuben und nach Belieben noch mit Schlagsahne garnieren. – Anstelle von Sauerkirschen können Erdbeeren, Johannisbeeren, kleingeschnittene Pflaumen, Aprikosen usw. verwendet werden.

Zweifarbiger Gugelhupf

200 g Butter oder Margarine, 240 g Zucker, 1 Päckchen Vanillinzucker, 4 Eier, 1 Eßlöffel Rum, etwa ¼ l Milch, 400 g griffiges Mehl, abgeriebene Zitronenschale, 1 Päckchen Backpulver, 30 g Kakao, Puderzucker zum Bestäuben, Fett und Mehl für die Backform.

Die Butter mit Zucker und einem Eigelb

nach dem anderen schaumig rühren. Den Rum in Milch verrühren und abwechselnd Milch und Mehl sowie abgeriebene Zitronenschale zugeben. Mit dem letzten Mehl das Backpulver sieben. In einer Schüssel den Kakao mit etwas Milch auflösen. Die Eiweiße zu festem Schnee schlagen, etwa 2 Eßlöffel in den Kakao geben und mit einem Drittel des Teiges vermischen. Den restlichen Eiweißschnee mit den zwei Dritteln des Teiges verrühren. Die Backform gut fetten und mit Mehl ausstreuen. Zuerst hellen Teig einfüllen, darauf den Kakaoteig und obenauf wieder hellen Teig verteilen. Der Gugelhupf wird in mäßig vorgewärmter Röhre etwa 45 Minuten gebacken. Vorsichtig stürzen, vorher den Boden der Form mit einem feuchten Wischtuch kühlen. So bleibt der Gugelhupf nicht in der Form hängen. Erst nach dem Auskühlen mit Puderzucker bestäuben.

Zweifarbige Schnitten

150 g Margarine, 150 g Zucker, 1 Päckchen Vanillinzucker, 3 Eier, abgeriebene Zitronenschale, ½ Tasse Milch, 350 g halbgriffiges Mehl, 1 Backpulver, 2 Eiweiß, 1 bis 2 Teelöffel Milch, 30 g Kakao, Puderzucker, Marmelade, Fett und Mehl für die Backform.

Margarine und Zucker schaumig rühren, langsam die Eigelbe zugeben und so lange rühren, bis die Masse weißlich aussieht. Dann abgeriebene Zitronenschale und abwechselnd Milch und einen Teil des Mehles zugeben. Unter das letzte Mehl das Backpulver mischen. Zum Schluß den festen Schnee von 5 Eiweißen unterheben. Den Teig in 2 Hälften teilen. An eine Hälfte den mit etwas Milch verquirlten Kakao rühren. Eine Form gut mit Fett ausstreichen und mit Mehl bestäuben. 1 großen Löffel vom hellen Teig hineingeben, gleich daneben 1 Löffel vom dunklen Teig und in der Weise die ganze Form fül-

len. In der erhitzten Röhre langsam backen. Ausgekühlt in Schnitten schneiden, mit Puderzucker bestäuben und mit Marmelade verzieren.

Mohnkuchen mit Nüssen

60 g Margarine, 120 g Zucker, 1 Päckchen Vanillinzucker, 4 Eier, 150 g Mohn, 120 g Nüsse, 4 Eßlöffel Milch, 50 g halbgriffiges Mehl, ½ Päckchen Backpulver, Zimt, 1 Prise gemahlene Nelken, 100 g Marmelade, ⅛ l Schlagsahne, Fett und Mehl für die Backform.

Margarine, Zucker und Eigelbe schaumig rühren. Den gemahlenen Mohn, die gemahlenen Nüsse, Milch und Mehl – mit Backpulver vermischt – zugeben. Den Teig mit Zimt und Nelken würzen und zuletzt steifen Eischnee unterheben. Eine Kuchenform fetten, mit Mehl ausstäuben und den Teig einfüllen. Den Kuchen in der leicht vorgewärmten Röhre etwa 30 Minuten langsam backen. Ausgekühlt stürzen, obenauf mit Marmelade bestreichen und mit Schlagsahne verzieren.

Schokoladenschnitten mit Schlagsahne

100 g Butter, 100 g Zucker, 4 Eier, 3 Tafeln Schokolade, 120 g Mandeln oder Nüsse, etwa 40 g Semmel- oder Biskuitbrösel, ¼ l Schlagsahne, Fett und Semmelbrösel für die Backform.
Für die Creme: 2 Tafeln Schokolade, 1 Eigelb, 50 g Zucker, 100 g Kokosfett.

Butter, Zucker und die Eigelbe schaumig rühren. Die Schokolade aufweichen, die Mandeln oder Nüsse mahlen, die Eiweiße zu steifem Schnee schlagen, einige Semmel- oder Biskuitbrösel zugeben, alles zu einem Teig verrühren.
Fingerhoch in eine gut gefettete und mit Semmelbröseln ausgestreute Form füllen oder auf ein Kuchenblech mit erhöhtem

Kartoffelkuchen mit Fleischfülle

Gemischter Salat von Sommergemüse, Zwiebelsalat

Gekochtes Huhn mit Mayonnaise

Osterbrot

Etagentorte aus Biskuitteig

Piroshki aus Kartoffelteig

Schokoladenschnitten mit Schlagsahne

Pfirsichbecher mit Kakaocreme

Rand gießen und in der mäßig vorgewärmten Röhre langsam backen. Der Kuchen wird in Schnitten oder Würfel geteilt. Die Creme aus angewärmter Schokolade, Eigelb, Zucker und zerlassenem Kokosfett rühren, auskühlen lassen und damit jeweils 2 der Schnitten verbinden. Obenauf mit nur wenig gesüßter steifer Schlagsahne verzieren.

Kartoffelschnitten mit Pariser Schlagsahne

50 g Margarine, 200 g Zucker, 1 Päckchen Vanillinzucker, 3 Eier, 80 g Nüsse, 200 g Kartoffeln, 50 g griffiges Mehl, ½ Päckchen Backpulver, ½ Zitrone, 150 g Konfitüre oder Marmelade, Fett und Semmelbrösel für die Backform.
Für die Schlagsahne: ¼ l Schlagsahne, 40 g Zucker, 25 g Kokao.

Margarine, Zucker und Eigelbe schaumig rühren. Die geriebenen Nüsse und am Tag zuvor gekochte und geriebene Kartoffeln, Mehl – mit Backpulver vermengt – und geriebene Zitronenschale zugeben. Zum Schluß festen Eischnee unterziehen. Eine Kastenform gut mit Fett ausstreichen, mit Semmelbröseln ausstreuen und den Teig einfüllen. Langsam in der vorgewärmten Röhre backen. Ausgekühlt in Schnitten schneiden und jeweils 2 Stück mit Konfitüre verbinden. Am Tag zuvor die flüssige Schlagsahne mit Zucker und Kakao aufkochen, durchseihen und abgekühlt im Kühlschrank aufbewahren. Am nächsten Tag wie normale Schlagsahne steif schlagen. Damit die Schnitten garnieren.

Mehlspeisen aus Mürbeteig

Apfelkuchen

180 g Mehl, 40 g Zucker, 150 g Margarine, 2 Eigelb, 2 bis 4 Eßlöffel Milch, Fett und Mehl für die Backform.
Für die Fülle: 400 g Äpfel, 1 Päckchen Vanillinzucker, abgeriebene Zitronenschale, 30 g Rosinen, 1 Eiweiß, 30 g Nüsse oder Mandeln.

Mehl und Zucker sieben, die Margarine in Flöckchen ringsum verteilen. In das Mehl eine Vertiefung drücken und die in Milch verquirlten Eigelbe hineingießen. Zuerst mit dem Messer, anschließend mit der Hand alles zu einem glatten Teig verarbeiten. Kühl gestellt 30 Minuten rasten lassen. Davon 2 runde Platten ausrollen. Die eine in die gut gefettete und ausgestäubte Tortenform legen und mit den feingehobelten Äpfeln, Vanillinzucker, abgeriebener Zitronenschale und Rosinen bestreuen. Die zweite Teigplatte darauflegen, am Rand fest andrücken, mit Eiweiß bestreichen und mit feingehackten Nüssen oder Mandeln bestreuen. In der erhitzten Röhre 30 bis 35 Minuten backen.

Kuchen mit Preiselbeeren und Quark

150 g Mehl, 50 g Zucker, ½ Päckchen Backpulver, 50 g Margarine, 1 Eßlöffel Rum, 2 bis 3 Eßlöffel Milch, 1 Ei, Fett und Mehl für die Backform.
Für die Fülle: 120 g Quark, 1 Eßlöffel Milch, 30 g Vanillinzucker, 4 Eßlöffel Preiselbeerkompott, 2 Eiweiß.

Mehl, Zucker und Backpulver auf ein Holzbrett sieben, Margarine zerpflücken, in die Mitte eine Vertiefung drücken, das mit Rum und Milch verrührte Eigelb hineingießen und mit dem Messer, später mit der Hand zu einem glatten Teig verarbeiten. Kühl gestellt kurz rasten lassen. Die Backform mit Fett ausstreichen und mit Mehl ausstreuen. 2 Drittel des Teiges zu einer Platte ausrollen, in die Kuchenform legen und mit Fülle bestreichen. Aus den Teigresten kleine Rollen formen, den Kuchen gitterartig verzieren und das Gitter mit Eiweiß bestreichen. Den Kuchen bei mittlerer Hitze in der Röhre backen. Für die Fülle Quark mit Milch, Vanillinzucker und Preiselbeerkompott verrühren und den steifen Eischnee unterziehen.

Kuchen mit Eicreme

150 g Mehl, 60 g Zucker, 100 g Margarine, 1 Eigelb, 1 Teelöffel Milch, 40 g Marmelade, Fett und Mehl für die Backform.
Für die Creme: 1 Tasse Milch, 2 Eigelb, ½ Päckchen Puddingpulver Vanillegeschmack, 30 g Zucker, 3 Eiweiß.

Mehl und Zucker sieben, Margarineflokken auflegen, Eigelb und Milch zugeben und zu einem glatten Teig verarbeiten. Eine runde Platte ausrollen, in die vorbereitete Form legen und goldgelb backen. Den ausgekühlten Kuchen mit Marmelade bestreichen. Für die Creme Milch, Eigelbe, Puddingpulver und Zucker im Wasserbad zu einer dicken Creme rühren. Abkühlen lassen, dann den steifen Eischnee unterziehen. Den Kuchen dick mit der Creme bestreichen und noch einmal kurz in die warme Röhre stellen, bis sich die Eicreme hellrosa färbt.

Obstkuchen mit Gelee

160 g Mehl, 60 g Zucker, 100 g Margarine, 2 Eigelb, 100 g Himbeer- oder Johannisbeermarmelade, 400 g Obst (Himbeeren, Johannisbeeren, Erdbeeren), Fett und Mehl für die Backform.
Für das Gelee: ¼ l Wasser oder Obstsaft, 20 g Gelatine, 50 g Zucker.

Mehl und Zucker sieben, Margarineflöckchen ringsum verteilen. In die Mitte eine Vertiefung drücken, die Eigelbe hineingeben. Alles zu einem glatten Teig verarbeiten. In eine gut ausgestrichene und ausgestreute Form so füllen, daß ein höherer Rand entsteht. Es kann auch ein Teil des Teiges zur Rolle geformt und um den Kuchen gelegt werden. In der Röhre goldgelb backen. Ausgekühlt mit Marmelade bestreichen und das Obst auflegen. Für das Gelee in der Hälfte des Wassers oder Saftes die Gelatine auflösen. In der anderen Hälfte der Flüssigkeit den Zucker zergehen lassen. Wenn der Saft süß genug ist, weniger Zucker verwenden. Die Gelatine verrühren, zu der Zuckerlösung geben und nur noch erwärmen, nicht kochen lassen. Wenn die Lösung zu gelieren beginnt, den Kuchen damit übergießen. Mehrere Stunden kühl stellen, bis das Gelee erstarrt ist. Dann den Kuchen mit einem in heißes Wasser getauchten Messer aufschneiden.

Kuchen mit Quarkfülle

250 g Mehl, 70 g Zucker, ½ Päckchen Backpulver, 120 g Margarine, abgeriebene Zitronenschale, 1 Ei, 2 Eßlöffel Milch, 1 Eiweiß zum Bestreichen, Fett und Mehl für die Backform.
Für die Fülle: 500 g Quark, 2 Eier, 30 g Butter, 2 Eßlöffel Vanillinzucker, abgeriebene Zitronenschale, 30 g Rosinen.

Mehl, Zucker und Backpulver auf ein Brett sieben, Margarine zerpflücken, abgeriebene Zitronenschale zugeben. Eine kleine Vertiefung in das Mehl drücken und mit in Milch verquirltem Ei füllen. Alles zu einem glatten Teig verarbeiten, kühl gestellt rasten lassen. Dann zu 2 Platten ausrollen. Eine auf das gefettete und bemehlte Backblech legen, mit Quarkfülle bestreichen, mit der zweiten Platte zudecken, am Rand andrücken und mit Eiweiß bestreichen. In der erhitzten Röhre goldgelb backen. Für die Fülle Quark mit Eigelben, Butter, Vanillinzucker und abgeriebener Zitronenschale verrühren, Rosinen zugeben und zuletzt steifen Eischnee unterziehen.

Quarkdoppelschnitten

Für den Mürbeteig: 300 g Mehl, 100 g Zucker, 200 g Margarine, abgeriebene Zitronenschale.
Für den Biskuitteig: 4 Eier, 120 g feiner Zucker, 100 g halbgriffiges Mehl.
Für die Fülle: 750 g Quark, 2 Eier, abgeriebene Zitronenschale, 100 g Vanillinzucker, 30 g Rosinen, Fett für das Blech.

Für den Mürbeteig Mehl und Zucker auf ein Brett sieben, zerpflückte Margarine sowie abgeriebene Zitronenschale zugeben und zu einem glatten Teig verarbeiten. Kühl gestellt rasten lassen. Für den Biskuitteig die Eiweiße zu steifem Schnee schlagen, die Eigelbe und den Zucker untermischen und zum Schluß das Mehl zufügen. Den Quark mit Eigelben, Zitronenschale und Vanillinzucker verrühren, zum Schluß Rosinen und steifen Eischnee unterziehen. Den Mürbeteig auf dem gefetteten Backblech ausrollen, mit Quarkfülle bestreichen und obenauf den Biskuitteig gießen. Den Kuchen in der mäßig erhitzten Röhre backen und ausgekühlt in Schnitten schneiden.

Feiner Zopfstrudel

300 g Mehl, ½ Päckchen Backpulver, 100 g Zucker, 1 Päckchen Vanillinzucker, 100 g Margarine, abgeriebene Zitronenschale, 1 Ei, 3 bis 4 Eßlöffel Milch, 1 Ei zum Bestreichen, Fett für das Backblech.
Für die Fülle: 400 g Äpfel, 50 g Zucker, etwas Vanillinzucker, 40 g Nüsse, abgeriebene Zitronenschale.

Mehl, Backpulver und Zucker sieben, Margarine zerpflücken, geriebene Zitro-

nenschale, das Ei und etwas Milch zu einem glatten Teig verarbeiten. Kühl gestellt rasten lassen. Aus dem Teig 2 etwa 15 cm breite Streifen ausrollen. Beide auf ein gefettetes Backblech legen. In die Mitte der Streifen feingehobelte gesüßte Äpfel, vermengt mit gehackten Nüssen und abgeriebener Zitronenschale, verteilen. Den Rand der Streifen mit dem Kuchenrädchen in fingerbreiten Abständen etwa 3 cm tief einrädeln. Diese Streifen über der Fülle miteinander verflechten und mit verquirltem Ei bestreichen. In der gut erhitzten Röhre goldgelb backen und in Portionen schneiden. Die angegebenen Zutaten reichen für 2 Strudel.

Apfelstrudel

400 g Mehl, 1 Päckchen Backpulver, 70 g Zucker, 80 g Margarine, 1 Ei, etwa ⅛ l Milch, 1 Eiweiß, Fett für das Backblech.
Für die Fülle: 800 g Äpfel, 200 g Zucker, 1 Päckchen Vanillinzucker, etwas Zimt, abgeriebene Zitronenschale, 50 g Butter.

Mehl und Backpulver auf ein Holzbrett sieben, Margarine zerpflücken, alles mit Ei und etwas Milch zu einem glatten Teig verarbeiten. Kühl gestellt rasten lassen. Dann zu 2 gleichgroßen Platten ausrollen. Die erste auf das eingefettete Kuchenblech legen, mit gehobelten Äpfeln, Zucker, Zimt und abgeriebener Zitronenschale bestreuen und mit zerlassener Butter beträufeln. Die Äpfel mit der zweiten Platte zudecken, die Ränder andrücken und mit Eiweiß bestreichen. Den Strudel in der Röhre goldgelb backen und ausgekühlt in Vierecke oder Schnitten schneiden.

❖✦❖✦❖✦❖✦❖✦❖✦❖✦❖✦❖✦❖✦❖✦❖✦

Mehlspeisen aus Biskuitteig

Gugelhupf

*6 Eier, 250 g Zucker, 1 Päckchen Vanillin-
zucker, 250 g halbgriffiges Mehl,
abgeriebene Zitronenschale, 30 g Mandeln,
Puderzucker, Margarine und Semmelbrösel
für die Backform.*

In einem Topf im Wasserbad die Eier
schaumig schlagen, langsam Zucker dazu-
rühren und wenn die Masse anfängt, dicklich zu werden, vom Feuer nehmen und
bis zum Abkühlen weiterschlagen. Dann
abgeriebene Zitronenschale und löffelweise das Mehl untermischen. Eine Backform gut mit Fett ausstreichen, mit Semmelbröseln ausstreuen und abgezogene,
in dünne Scheibchen geschnittene Mandeln einlegen. Den Teig einfüllen. In der
nur wenig vorgewärmten Röhre etwa 45
Minuten goldgelb backen. Stürzen und
mit Zucker bestäuben. – Soll der Gugelhupf recht locker sein, kann anstelle von 2
bis 3 Eßlöffeln Mehl die gleiche Menge
Kartoffel- oder Stärkemehl zugefügt werden.

Auflauf aus Biskuitteig

*6 Eier, 200 g Zucker, 50 g Butter, 180 g
griffiges Mehl, 100 g frisches Obst
(Erdbeeren, Himbeeren, Sauerkirschen,
Pflaumen), Puderzucker, Fett und Mehl
für die Backform.*

Die Eigelbe mit der Hälfte des Zuckers
schaumig schlagen und tropfenweise lauwarme Butter zugeben. Die Eiweiße zu
steifem Schnee schlagen, mit der zweiten
Hälfte des Zuckers vermischen und unter
die Eigelbmasse heben. Zuletzt das Mehl
zufügen und den Teig in eine gut gefettete
und ausgestreute Auflaufform gießen.
Obenauf mit Obst belegen. Größeres
Obst (Pflaumen, Aprikosen usw.) in
kleine Stücke schneiden. Feuchtes Obst

mit etwas Mehl, Biskuit- oder Semmelbröseln vermischen. Den Auflauf etwa 30
Minuten langsam backen. Ausgekühlt in
Portionen schneiden und mit Puderzucker
besieben.

Biskuitkuchen mit Äpfeln

*4 Eier, 100 g Zucker, 50 g Butter, 180 g
griffiges Mehl, 30 g Kartoffel- oder
Maisstärkemehl, ½ Päckchen Backpulver,
2 bis 4 Eßlöffel Milch, 30 g Kakao, 4 Äpfel,
Vanillinzucker, 20 g Butter zum Beträufeln,
30 g Butter und Semmelbrösel
für die Backform.*

Die Eigelbe zusammen mit dem Zucker
schaumig schlagen und mit der zerlassenen Butter verrühren. Mehl mit Stärkemehl und Backpulver sieben und abwechselnd mit Milch und Eiweißschnee zur
Eigelbmasse geben. Den Teig in 2 Portionen teilen. Unter eine den Kakao ziehen.
Eine Tortenform gut mit Butter ausstreichen und dicht mit Semmelbröseln ausstreuen. Auf den Boden feingeraspelte
Äpfel, mit Vanillinzucker gesüßt, streuen.
Darauf den hellen Teig und darüber den
Kakaoteig gießen. Den Kuchen mit Butter beträufeln und in der mäßig warmen
Röhre langsam etwa 45 Minuten backen.
Noch warm mit breitem Messer vom Tor-
tenboden lösen und stürzen.

Biskuitkuchen mit Schlagsahne

*5 Eier, 140 g Zucker, abgeriebene Zitronen-
schale, 100 g griffiges Mehl, 100 g Puddingpulver Vanillegeschmack, 30 g Butter,
¼ l Schlagsahne, 100 g feine Marmelade,
20 g Zucker, Fett und Semmelbrösel für
die Backform.*

Eigelbe mit Zucker im Wasserbad so
lange rühren, bis die Masse dicklich wird.
Dann vom Feuer nehmen und bis zum
Auskühlen weiterrühren. Dann abgeriebene Zitronenschale, Eiweißschnee und

mit Puddingpulver vermischtes Mehl zugeben. Zum Schluß die lauwarme Butter tropfenweise unterrühren. Den Teig in eine gut ausgestrichene und ausgestreute Kuchenform füllen und langsam in der erhitzten Röhre 30 Minuten backen. Ausgekühlt auf eine Platte stürzen und mit Schlagsahne, in die mit Wasser verdünnte Marmelade und Zucker gerührt wurde, garnieren.

Mehlspeisen aus Brandteig

Kränzchen

1 Prise Salz, 90 g Margarine, ¼ l Wasser, 200 g griffiges Mehl, 5 Eier, Fett und Mehl für das Backblech.
Für die Eigelbcreme: ½ l Sahne, 100 g Zucker, Vanillinzucker, 4 Eigelb, 40 g Stärkemehl.
Für den Rumguß: 250 g Puderzucker, knapp ⅛ l Wasser, 1 Eßlöffel Rum.

Salz und Margarine mit dem Wasser aufkochen, dann das Mehl hineinschütten und rasch rühren, damit sich keine Klümpchen bilden. Den Topf vom Feuer nehmen und den Teig ständig rühren, bis er glatt und glänzend ist und weder am Kochlöffel noch am Topf klebt. Nach dem Abkühlen die Eier nacheinander hineinrühren. Das Backblech gut einfetten und mit Mehl bestreuen. Mit einer runden Form im Mehl die Größe des Kränzchens andeuten. Den Teig in einen Spritzbeutel füllen und damit Kränzchen auf das Blech spritzen. In der gut vorgewärmten Röhre backen. Nach wenigen Minuten, wenn der Teig aufgeht, die Temperatur drosseln und die Kränzchen gleichmäßig backen. Ausgekühlt aufschneiden und mit Eigelbcreme füllen. Dafür in der Sahne Zucker, Eigelbe sowie Stärkemehl verrühren und im Wasserbad zu einer dicken Creme kochen. In ein Porzellangefäß umgießen und abkühlen lassen. Dann die Creme mit dem Spritzbeutel auf die Kränzchen spritzen. Für den Rumguß den Zucker sieben, löffelweise Wasser und Rum zufügen und rühren, bis die Glasur dick und weißlich wird. Damit die Oberteile der gefüllten Kränzchen bestreichen und auf die gefüllten Unterteile legen. – Anstelle von Kränzchen lassen sich aus dem Teig auch bananenähnliche Streifen auf das Backblech spritzen und später füllen wie oben angegeben.

Windbeutel mit Schlagsahne

¼ l Wasser, 1 Prise Salz, 50 g Öl, 150 g griffiges Mehl, 1 Messerspitze Backpulver, 3 Eier, Fett und Mehl für das Backblech.
Für die Fülle: ¼ l Schlagsahne, 30 g Zucker mit Vanillinzucker.

Wasser, Salz und Öl aufkochen, das Mehl zuschütten und rasch rühren, damit keine Klümpchen entstehen. Dann vom Feuer nehmen, in die ausgekühlte Masse das Backpulver und ein Ei nach dem anderen rühren. Den glatten Teig in einen Spritzbeutel füllen und auf das eingefettete und bemehlte Kuchenblech kleine runde Küchlein (Häufchen) spritzen. In der erhitzten Röhre backen, nach einer Weile die Temperatur drosseln und die Windbeutel gut durchbacken. Ausgekühlt aufschneiden und mit gesüßter Schlagsahne füllen. – Die Windbeutel können auch mit gesalzener Schlagsahne, vermischt mit geriebenem Käse, oder anderen herzhaften Füllungen versehen werden.

❄❄❄❄❄❄❄❄❄❄❄❄❄❄❄❄❄

Mehlspeisen aus gezogenem Teig

Apfelstrudel

*300 g Mehl, ⅛ l lauwarmes Wasser,
5 Tropfen Essig, 1 Ei, 1 Prise Salz, 1 Eßlöffel Schmalz oder Butter, 100 g Butter
oder Schmalz zum Bestreichen und für das
Backblech, Puderzucker.
Für die Fülle: 1½ kg Äpfel, 100 bis 150 g
Semmelbrösel, 50 g Margarine, 80 g Zucker,
Zimt, abgeriebene Zitronenschale,
30 g Rosinen.*

Das Mehl auf ein Brett sieben und in die
Mitte eine Vertiefung drücken. In lauwarmem Wasser Essig und das Ei verquirlen, Salz und zerlassenes Fett zugeben.
Alles in die Vertiefung schütten und zunächst zu einem dünnflüssigen Teig verrühren. Nach und nach Mehl zugeben und
mit der Hand zu einem glatten, glänzenden Teig verarbeiten, der weder an der
Hand noch am Brett kleben darf. Daraus
einen Laib formen, mit Mehl bestreuen
und unter einem angewärmten Topf 30
Minuten rasten lassen. Den Teig in 2 bis 3
Teile aufteilen. Jeden Teil mit dem Nudelholz auf einer mit Mehl bestreuten
Serviette ausrollen bzw. ziehen. Die Teigplatte muß gleichmäßig und ganz dünn
sein. Darauf geraspelte Äpfel, vermischt
mit in Margarine gerösteten Semmelbröseln, Zucker, Zimt, abgeriebener Zitronenschale und Rosinen, streuen. Die
Teigplatte mit der Serviette gleichmäßig
zusammenrollen. Dann auf ein gefettetes
Backblech legen und mit zerlassenem Fett
bestreichen. Bei mittlerer Hitze 30 Minuten backen. Den Strudel während dieser
Zeit mehrmals mit Fett bestreichen. Noch
lauwarm aufschneiden, mit Puderzucker
bestreuen und servieren. – Der gezogene
Strudel kann anstelle von Äpfeln auch mit
entkernten Sauerkirschen, gedünstetem
Kraut, Fleisch- oder Fischhackmasse u. ä.
gefüllt werden. Bereits gezogener Stru-

delteig muß sofort weiterverarbeitet werden, weil er sehr rasch trocknet und dann
beim Einrollen leicht bricht.

Mehlspeisen aus Blätterteig

Blätterteigstrudel

*250 g Butter oder Margarine, 250 g Mehl,
1 Eigelb, Saft von ¼ Zitrone oder 1 Teelöffel Essig, 1 Prise Salz, 1 Ei, Puderzucker.*

Das Fett mit einem Drittel des Mehles zu einem Fettküchlein verarbeiten. Kühl gestellt rasten lassen. Das restliche Mehl mit
Eigelb, Zitronensaft, Salz und etwas Wasser zu einem glatten Teig verarbeiten und
gleichfalls rasten lassen. Den Teig zu einem fingerdicken Viereck ausrollen und
in die Mitte das Fettküchlein legen. Die
vier Ecken des Teiges zusammenlegen wie
zu einem Umschlag und die Ränder andrücken. Das Viereck mit der Naht auf das
mit Mehl bestreute Brett legen und leicht
zu einem Rechteck ausrollen. Dann dreimal zusammenlegen, jeweils mit dem Nudelholz etwas ausrollen und wieder zusammenfalten. Danach den Teig 15 Minuten rasten lassen. Das Zusammenfalten
und Ausrollen noch etwa zwei- bis dreimal wiederholen. Dabei nicht allzuviel
Mehl verwenden! Zuletzt den Teig in 2
gleichgroße Rechtecke von 3 bis 5 mm
Dicke ausrollen. Die eine Teigplatte mit
Äpfeln (siehe Rezept „Apfelstrudel")
oder mit Quarkfülle (siehe Rezept „Gefüllte Buchteln") bestreichen, die zweite
Teigplatte darauflegen, die Ränder andrücken, mit Ei bestreichen und den Strudel in der gut erhitzten Röhre (230 bis
260 °C) etwa 20 bis 25 Minuten goldgelb
backen. Bei ungenügender Hitze entweicht das Fett, der Teig schäumt, blättert
aber nicht. Den Strudel noch warm mit
Puderzucker bestreuen und in breitere
Stücke geschnitten auftragen. – Anstelle
eines großen Strudels lassen sich auch

kleine Portionsstrudel bereiten. Aus Blätterteig können auch Küchlein, Schnitten, Cremeschnittchen, Pastetchen usw. gebacken werden. Alles Blätterteiggebäck schmeckt ganz frisch am besten.

Mehlspeisen aus Lebkuchenteig

Rehrücken

250 g Honig, 1 Tasse Milch, 1 Eigelb, 250 g Roggen- oder dunkles Weizenmehl, 25 g Zucker, ½ Päckchen Pfefferkuchengewürz, Fett und Mehl für die Backform.

Den Honig mit Milch und Eigelb verrühren. Das Mehl zusammen mit dem Pfefferkuchengewürz durchsieben und zugeben. Den Teig in eine gefettete und ausgestäubte Backform füllen und in der mäßig vorgewärmten Röhre etwa 40 Minuten backen. Den ausgekühlten Lebkuchen in Scheiben schneiden. – Der Kuchen kann nach Belieben mit Zitronen- oder Schokoladenguß überzogen werden.

Lebkuchenroulade

500 g Weizenmehl, 1 Päckchen Pfefferkuchengewürz, abgeriebene Zitronenschale, 4 Eßlöffel Honig, 50 g Margarine, 1 Ei, Pflaumenmus, 1 Ei zum Bestreichen, Fett für das Backblech.

Das Mehl zusammen mit den Gewürzen sieben. Den zerlassenen Honig, die flüssige Margarine und das Ei zugeben und zu einem festeren Teig verarbeiten. Davon 2 Platten ausrollen, jede mit verdünntem Pflaumenmus bestreichen und zusammenrollen. Die Rouladen mit verquirltem Ei bepinseln und auf einem gefetteten Backblech in der gut erhitzten Röhre backen. Erkaltet in Scheiben schneiden.

Feine Lebkuchenschnitten

250 g Honig, 100 g Butter, 200 g Zucker, 500 g Mehl, 1 Päckchen Pfefferkuchengewürz, 30 g Kakao, abgeriebene Zitronenschale, 1 Ei, 1 Eßlöffel Rum, Nußhälften, Fett für das Backblech.
Für die Fülle: 200 g Nüsse, 300 g Rosinen, 2 Eßlöffel Honig, 30 g Kakao, 100 g Zucker.
Für den Zuckerguß: 200 g Puderzucker, 2 Eßlöffel heißes Wasser.

Honig, Butter und Zucker zerlassen und abkühlen. Mehl und Pfefferkuchengewürz sieben, Kakao, abgeriebene Zitronenschale, Ei und Rum zugeben. Alles zu einem Teig verarbeiten. Die Hälfte davon ausrollen und auf das gut gefettete Backblech legen. Für die Fülle feingehackte Nüsse und Rosinen mit Honig, Kakao und Zucker verrühren. Diese Masse auf die Teigplatte streichen, die zweite Teigplatte darüberdecken und in der erhitzten Röhre bei Mittelhitze etwa 30 Minuten backen. Für den Zuckerguß Puderzucker und Wasser verrühren und den Guß auf den noch heißen Lebkuchen auftragen. Mit Nußhälften garnieren. Den ausgekühlten Lebkuchen in 5 cm × 10 cm große Stücke schneiden.

Torten

Biskuittorte, Etagentorte (mittelgroße Tortenform)

6 Eier, 200 g Zucker, 30 g Butter, 240 g griffiges Mehl, 120 g Aprikosenmarmelade, 1 Apfelsine, ¼ l Schlagsahne, 30 g Puderzucker, Vanillinzucker, Fett und Mehl für die Backform.

Die Eigelbe zusammen mit dem Zucker so lange schaumig rühren, bis die Masse weißlich wird. Dann die lauwarme Butter zugeben. Die Eiweiße zu steifem Schnee schlagen, zwei Drittel davon abwechselnd

167

mit Mehl in den Teig rühren. Den letzten Eischnee nur leicht unterziehen. Den Teig in eine gut ausgestrichene und ausgestreute Tortenform füllen und langsam 40 Minuten backen. Wenn an einem Holzstäbchen beim Herausziehen kein Teig mehr haftet, ist die Torte gut durchgebacken. Nach dem Auskühlen einmal quer durchschneiden, mit Marmelade füllen und auch die Oberfläche damit bestreichen. Mit entkernten Apfelsinenspalten und leicht gesüßter Schlagsahne garnieren. – Für einen besonderen Anlaß kann aus solchem Biskuitteig eine Etagentorte hergestellt werden. Dafür einen soeben beschriebenen Boden backen. Dieselbe Teigmenge noch mal bereiten und daraus 2 kleinere Böden (etwa 20 und 10 cm ø) backen. Die 3 Böden beliebig mit Creme oder Schokoladenguß zusammensetzen und überziehen. Dann die Etagentorte nach eigener Phantasie mit Obstspalten, Waffeln, Kleingebäck, Konfekt, Schlagsahne usw. garnieren.

Kakaotorte mit Karamelcreme
(große Tortenform)

100 g Butter, 250 g Zucker, 4 Eier, 30 g Kakao, 280 g griffiges Mehl, etwa ¼ l Milch, 1 Päckchen Backpulver, 20 g feingemahlener Kaffee, kandiertes Obst, Schokolade, Fett und Mehl für die Backform. Für die Creme: 200 g Butter, 200 g Puderzucker, 1 Ei, 30 g Kakao, 8 Würfel Zucker.

Butter und Zucker schaumig rühren, ein Eigelb nach dem anderen zugeben, dann Kakao, Mehl und abwechselnd Eischnee und Milch zufügen und verrühren. Mit dem letzten Mehl das Backpulver sieben. Den Teig in eine gefettete und ausgestreute Tortenform füllen und bei Mittelhitze langsam backen, bis beim Anstechen mit einem Hölzchen kein Teig mehr haften bleibt. Die Torte auskühlen lassen, dann zweimal durchschneiden und mit 4 bis 6 Eßlöffeln starkem schwarzem Kaffee

beträufeln. Dann mit der Creme füllen und außen bestreichen. Die Oberfläche mit kandiertem Obst und geriebener Schokolade garnieren oder nur mit Kakao bestäuben. Für die Creme Butter, Puderzucker und 1 Ei so lange rühren, bis die Masse dick wird, dann Kakao und aufgelösten Karamelzucker zugeben. Dafür den Würfelzucker in einem Tiegel goldbraun rösten, dann vorsichtig etwas Wasser zugießen, damit sich der Karamelzucker auflöst.

Kakao-Apfel-Torte
(mittelgroße Tortenform)

6 Eier, 250 g Zucker, 4 Äpfel, 40 g Kakao, 120 g feiner Grieß, 200 g feine Marmelade, ¼ l Schlagsahne, 20 g Puderzucker, Fett und Mehl für die Backform.

Die Eigelbe mit dem Zucker verrühren, geschälte und gehobelte Äpfel, Kakao und Grieß zugeben. Den Teig etwa 30 Minuten stehen lassen und erst wenn der Grieß aufquillt, steifen Eischnee unterziehen. Den Teig in eine gefettete und ausgestreute Tortenform füllen und langsam backen. Nach dem Abkühlen durchschneiden und mit Marmelade füllen. Die Oberfläche mit gesüßter Schlagsahne verzieren.

Nußtorte mit Creme
(große Tortenform)

6 Eier, 150 g Zucker, 150 g Nüsse, 80 g griffiges Mehl, 40 g Butter, 60 g Biskuitbrösel, Fett und Mehl für die Backform. Für die Creme: 200 g Milch, 25 g griffiges Mehl, 200 g Butter, 150 g Zucker, Vanillinzucker, 2 Eigelb, 1 Teelöffel Rum, 100 g Nüsse.

Die Eigelbe mit zwei Drittel des Zuckers schaumig schlagen. Die Eiweiße zu steifem Schnee schlagen, den restlichen Zukker zugeben. In die Eigelbmasse geriebene Nüsse, dann Mehl und Eischnee geben, die zerlassene Butter zutropfen und den Teig mit den zerdrückten Biskuitbröseln andicken. In eine gut ausgestrichene und ausgestreute Tortenform füllen und bei Mittelhitze langsam backen. Für die Creme Milch und Mehl zu einem dicken Brei kochen und abkühlen lassen. Butter, Zucker, Vanillinzucker und Eigelb zusammen schaumig rühren, Rum, löffelweise den abgekühlten Brei und zuletzt die geriebenen Nüsse zugeben. Die Torte zerschneiden, mit Creme füllen und die Oberfläche sowie den Tortenrand damit bestreichen.

Punschtorte (mittelgroße Tortenform)

4 Eier, 2 Eigelb, 140 g Zucker, 60 g Butter, 70 g Kartoffelstärke, 70 g griffiges Mehl, 2 Eßlöffel Kakao, 1 Tropfen rote Speisefarbe, 3 Eßlöffel Punsch oder Rum, 3 Eßlöffel Wasser, 100 g Zucker, Saft von 1 Apfelsine und ½ Zitrone, Marmelade, Fett und Mehl für die Backform und das Blech.
Für den Guß: 250 g Zucker, 2 Eßlöffel Rum, 2 Eßlöffel Zitronensaft.

Die ganzen Eier und die Eigelbe zusammen mit dem Zucker im Wasserbad verrühren. Wenn die Masse dick wird, vom Feuer nehmen und bis zum Abkühlen weiterrühren. Dann zerlassene Butter zutropfen, Stärkemehl und Mehl zugeben. Die Hälfte des Teiges in die vorbereitete Tortenform füllen und bei Mittelhitze langsam backen. Den restlichen Teig in 3 Teile aufteilen. Davon einen mit Kakao verrühren, den zweiten mit roter Speisefarbe färben und den dritten weiß lassen. Diese Teigmassen auf ein gut gefettetes Backblech streichen und gleichfalls bei Mittelhitze langsam backen. Ausgekühlt in farbige Würfel schneiden. Punsch oder Rum mit Wasser und Zucker aufkochen, Zitronen- und Apfelsinensaft zugeben und damit die farbigen Würfel befeuchten. Die gebackene Torte quer teilen, den unteren Teil wieder in die Tortenform legen, mit Marmelade bestreichen, die mit Punsch getränkten farbigen Würfel daraufschichten und mit der zweiten Tortenhälfte bedecken. Die Torte beschweren und 3 Stunden kühl stellen. Dann die Oberfläche mit Marmelade bestreichen und mit dem Zuckerguß übergießen.

Kakaotorte (mittelgroße Tortenform)

5 Eier, 200 g Puderzucker, 1 Apfel, 50 g Nüsse, 1 Teelöffel Kakao, 1 Teelöffel starker schwarzer Kaffee, 100 g griffiges Mehl, 1 Päckchen Backpulver, Fett und Mehl für die Backform, ¼ l Schlagsahne, 1 Eßlöffel Zucker.

Eigelbe und Zucker schaumig rühren, den geschälten, geraspelten Apfel, die gehackten Nüsse, Kakao sowie Kaffee zugeben und alles verrühren. Zuletzt steifen Eischnee und mit Backpulver vermischtes Mehl leicht unterheben. Eine Tortenform gut einfetten, mit Mehl ausstreuen, den Teig einfüllen und in der vorgewärmten Röhre langsam backen. Mit einem Holzstäbchen probieren, ob er durchgebacken ist. Die Torte nach dem Abkühlen quer teilen, mit gesüßter Schlagsahne füllen und auch außen bestreichen.

Nußtorte mit Äpfeln (kleine Tortenform)

3 Eier, 200 g Zucker, 50 g Nüsse, 300 g Äpfel, 60 g feiner Grieß, ⅓ Päckchen Backpulver, Fett und Mehl für die Backform, ¼ l Schlagsahne, 1 Eßlöffel Zucker.

Eigelbe und Zucker schaumig rühren, geriebene Nüsse, geraspelte Äpfel sowie mit Backpulver vermischten Grieß zugeben. Zuletzt die steif geschlagenen Eiweiße unterheben. Die Torte in einer gut gefetteten und ausgestreuten Form langsam backen. Die Oberfläche mit gesüßter Schlagsahne garnieren.

Biskuittorte (mittelgroße Tortenform)

30 Biskuits, ¼ l Milchkaffee, ⅛ l Schlagsahne, 1 Eßlöffel Zucker.
Für die Creme: 140 g Butter, 100 g Puderzucker, 3 Eigelb, 4 Eßlöffel Sahne,
2 Eßlöffel starker schwarzer Kaffee,
1 Eßlöffel Rum, 150 g Mandeln.

Den Boden der Tortenform mit Pergamentpapier oder Alufolie auslegen. Darauf die Biskuits anordnen und leicht mit Milchkaffee befeuchten. Für die Creme die Butter und den gesiebten Puderzucker schaumig rühren. Nach und nach die Eigelbe unterrühren und die gekochte, abgekühlte Sahne sowie Kaffee und Rum dazutropfen. Dann die abgezogenen, geriebenen Mandeln zufügen. Die Biskuitschicht mit der Creme bestreichen, darauf wieder eine Schicht Biskuits verteilen und Creme daraufstreichen. Die Schichten abwechseln. Obenauf müssen Biskuits sein. Die Torte mit einem Gegenstand belasten und über Nacht kühl stellen. Dann stürzen, das Papier entfernen und die Torte mit Schlagsahne verzieren.

Torte mit rosafarbenem Guß (große Tortenform)

6 Eiweiß, 130 g Puderzucker, abgeriebene Zitronenschale, 4 Eigelb, 250 g Mandeln, 80 g Zitronat, Himbeer- oder andere Marmelade.
Für den Guß: 250 g Puderzucker,
⅛ l Wasser, 1 Eßlöffel Himbeersaft oder -konfitüre.

Die Eiweiß zusammen mit einem Drittel des Zuckers zu steifem Schnee schlagen. Dann den restlichen Zucker und die abgeriebene Zintronenschale zufügen. Ein Eigelb nach dem anderen und zuletzt abgezogene, geriebene Mandeln sowie feingehacktes Zitronat untermischen. Alles leicht verrühren. Die Torte in der vorgewärmten Röhre leicht backen. Abgekühlt durchschneiden und mit Marmelade füllen. Für den Guß Zucker, Wasser und Himbeersaft so lange verrühren, bis die Masse dicklich wird. Damit die Tortenoberfläche bestreichen und gut trocknen lassen.

Tee- und Weihnachtsgebäck

Nußkekse

500 g Mehl, 150 g Zucker, 100 g geriebene Nüsse, 100 g Margarine, etwas abgeriebene Zitronenschale, 1 Prise Zimt, 1 Prise gemahlene Nelken, 1 Ei, 2 bis 3 Eßlöffel Milch, 1 Eiweiß zum Bestreichen, mehrere Nüsse zum Garnieren, Fett für das Backblech.

Mehl und Zucker sieben, geriebene Nüsse, Margarine, Zitronenschale und Gewürze zugeben, mit Ei und Milch zu einem festen Teig verarbeiten. Dünn ausrollen, verschiedene Formen ausstechen, mit Eiweiß bestreichen und mit gehackten Nüssen verzieren. In der Röhre goldgelb bakken.

Einfache Kekse

500 g Mehl, 150 g Zucker, 1 Päckchen Vanillinzucker, 1 Teelöffel Backpulver, 80 g Margarine, abgeriebene Zitronenschale, 3 Eier, etwa 4 Eßlöffel Milch, Fett für das Backblech.

Das Mehl mit Zucker und Backpulver auf ein Brett sieben, Margarineflöckchen, abgeriebene Zitronenschale, 2 ganze Eier und 1 in Milch verquirltes Eigelb zugeben. Alles zu einem glatten Teig verarbeiten und kühl gestellt rasten lassen. Dann dünn ausrollen, Kekse ausstechen, auf ein gefettetes Kuchenblech legen, mit dem restlichen Eiweiß bestreichen und goldgelb backen. – Die Kekse können auch mit gehackten Nüssen oder Zuckerguß verziert werden. Für den Zuckerguß 150 g Puderzucker mit 1 Eiweiß und 1 Eßlöffel Wasser oder Milch verrühren.

Kekse aus Kartoffelmehl

260 g Mehl, 260 g Kartoffelmehl, 180 g Zucker, 1 Päckchen Vanillinzucker, 10 g Backpulver, 90 g Margarine, 2 Eier, etwa 3 Eßlöffel Sahne oder Milch, Fett für das Backblech, Eiweiß zum Bestreichen.

Mehl und Kartoffelmehl auf ein Brett sieben, Zucker, Backpulver, Margarine und Eier zugeben und mit Sahne oder Milch zu einem Teig verarbeiten. Den Teig dünn ausrollen und verschiedene Formen oder auch nur Vierecke ausstechen. Auf ein gefettetes Backblech legen, mit verquirltem Eiweiß bestreichen und goldbraun backen. In einer Blechdose aufbewahrt bleiben die Kekse lange frisch.

Leichte Kekse

80 g Margarine, 200 g Zucker, 3 Eier, 500 g Mehl, 5 g Natron, 1/8 l saure Sahne, etwas abgeriebene Zitronenschale, Fett für das Backblech, Eiweiß zum Bestreichen.

Margarine und Zucker schaumig rühren, langsam die Eier und abwechselnd etwas Mehl mit Natron und die saure Sahne zugeben. Das übrige Mehl auf ein Kuchenbrett schütten, in die Mitte eine kleine Vertiefung drücken, das Angerührte hineingießen, geriebene Zitronenschale zufügen und den Teig durcharbeiten. Kühl gestellt rasten lassen, dann ausrollen und verschiedene Formen ausstechen. Auf ein gefettetes Backblech legen, mit Eiweiß bestreichen und in der vorgewärmten Röhre goldgelb backen.

Zimtkekse

500 g Mehl, 250 g Puderzucker, 1 Teelöffel Zimt, 300 g Margarine, 1 Ei, 3 bis 4 Eßlöffel Weißwein, Fett für das Backblech.

Mehl, Puderzucker und Zimt sieben. Die zerbröckelte Margarine, Milch, Ei sowie Weißwein zugeben und zu einem Teig verarbeiten. Sehr dünn ausrollen und kleine Vierecke oder Dreiecke ausstechen. In der vorgewärmten Röhre goldgelb backen. Die Zimtkekse eignen sich als Knabberkekse zum Wein.

Leicht gesalzene Butterkekse

200 g Mehl, 200 g Butter, etwas Salz, etwa 4 Eßlöffel kaltes Wasser, 1 Ei zum Bestreichen, Fett für das Backblech.

Das Mehl sieben, Butterflocken, Salz sowie etwas Wasser zugeben und alles zu einem glatten Teig verarbeiten. Kühl gestellt rasten lassen. Dann dünn ausrollen, mit einer Form Kekse ausstechen, auf ein gefettetes Backblech legen und mit verquirltem Ei bestreichen. In der erhitzten Röhre goldgelb backen. In einer Dose aufbewahren, damit sie lange frisch bleiben.

Mandelplätzchen mit Zuckerguß

100 g Mehl, 1 Päckchen Vanillinzucker, 100 g Mandeln, 100 g Margarine, Marmelade, Fett für das Backblech. Für den Zuckerguß: 2 Eigelb, 80 g Puderzucker, Mandeln zum Verzieren.

Mehl und Vanillinzucker sieben, abgezogene, geriebene Mandeln und Margarineflöckchen zugeben. Zu einem Teig verarbeiten und kühl gestellt rasten lassen. Dann ausrollen, Plätzchen ausstechen und auf gefettetem Backblech bei mittlerer Hitze goldgelb backen. Jeweils 2 Plätzchen mit Marmelade verbinden. Für den

Zuckerguß die Eigelbe mit dem Puderzucker so lange schaumig rühren, bis der Guß zu stocken beginnt. Die Plätzchen damit bestreichen und auf jedes ½ Mandel legen. Gut trocknen lassen.

Turmplätzchen

180 g Mehl, 60 g Zucker, ½ Päckchen Backpulver, 50 g geriebene Mandeln, 150 g Margarine, 1 Prise Zimt, 1 Ei, einige Nüsse, Marmelade, Fett für das Backblech.

Das Mehl sieben, Zucker, Backpulver, geriebene Mandeln, zerbröckelte Margarine und Zimt zugeben. Alles zu einem glatten Teig verarbeiten und kühl gestellt etwas rasten lassen. Dann dünn ausrollen und runde Plätzchen in 3 Größen ausstechen. Die kleinsten mit verquirltem Ei bestreichen und mit einem Stück Nuß verzieren. Alle Plätzchen auf ein gefettetes Backblech legen und goldgelb backen. Jeweils 3 verschieden große Plätzchen mit Marmelade zu Türmchen zusammensetzen.

Karlsbader Plätzchen

150 g Butter, 80 g Zucker, 4 gekochte Eigelb, je 1 Prise gemahlene Nelken, Gewürzkörner und Zimt, 180 g Mehl, 1 Ei, grober Zucker zum Bestreuen, Fett für das Backblech.

Butter und Zucker schaumig rühren, die Eigelbe durch ein Sieb streichen und zugeben, ebenso die Gewürze und zuletzt das Mehl. Alles zu einem Teig verarbeiten, ausrollen und kleine Plätzchen ausstechen. Mit verquirltem Ei bestreichen und mit grobem Zucker bestreuen. Auf gefettetem Backblech langsam bei mittlerer Hitze backen.

Butterplätzchen

250 g Mehl, 60 g Zucker, 140 g Butter, 2 Eigelb, 1 Eßlöffel Milch, Marmelade, Fett für das Backblech.

Das Mehl mit dem Zucker sieben, Butterflöckchen, Eigelbe und Milch zugeben. Den Teig gut durcharbeiten und kühl gestellt rasten lassen. Dann dünn ausrollen, aus einer Hälfte kleine Plätzchen ausstechen und aus der zweiten Hälfte ebenso große Ringe ausstechen. Alles auf ein gefettetes Backblech legen und bei Mittelhitze goldgelb backen. Die Plätzchen mit Marmelade bestreichen und die Ringe darauflegen.

Vanillehörnchen

250 g Mehl, 100 g geriebene Mandeln, 100 g Zucker, 200 g Margarine, 200 g Puderzucker, Vanillinzucker, Fett für das Backblech.

Das Mehl sieben, die geriebenen Mandeln, Zucker sowie Margarineflöckchen zugeben und zu einem Teig verarbeiten. Kühl gestellt rasten lassen. Dann dünn ausrollen und in gleichgroße Stückchen schneiden. Jedes Stückchen aufrollen, zu einem kleinen Hörnchen formen, auf ein gut gefettetes Blech legen und in der erhitzten Röhre rasch backen. Puderzucker und Vanillinzucker mischen. Die noch warmen Hörnchen darin wälzen und auf eine Platte oder ein Brettchen legen. Erst nach dem Auskühlen können sie zum Aufbewahren in eine Dose kommen.

Bärentatzen

230 g Mehl, 160 g Puderzucker, je 1 Prise Zimt und gemahlene Nelken, 30 g Kakao, 80 g Nüsse, 170 g Margarine, Vanillinzucker.

Mehl, Zucker, Zimt, Nelken und Kakao auf ein Brett sieben, geriebene Nüsse und Margarineflöckchen zugeben. Den Teig gut durcharbeiten und zu einer Rolle formen. Daraus kleine Stückchen, je nach der Größe der kleinen Backformen, schneiden. Den Teig in die Formen drücken, diese auf das Blech stellen und bei

Mittelhitze goldgelb backen. Etwas abgekühlt auf ein Brett stürzen und noch warm in Vanillinzucker wälzen. – Der Teig kann auch ausgerollt und zu beliebigen Plätzchen ausgestochen werden.

Nußhäufchen

3 Eiweiß, 200 g Puderzucker, 1 Päckchen Vanillinzucker, 100 g geriebene Walnüsse, 30 g griffiges Mehl, 50 g Walnußkerne zum Verzieren, Fett für das Backblech.

Die Eiweiße mit Zucker und Vanillinzucker etwa 15 Minuten rühren, dann Nüsse und Mehl zugeben. Mit 2 Teelöffeln kleine Häufchen auf ein gefettetes Backblech setzen, obenauf mit ½ Walnußkern verzieren. In der mäßig vorgewärmten Röhre bei geringer Hitze hellgelb backen.

Zitronenkränzchen

280 g Mehl, 180 g Puderzucker, 120 g Margarine, 2 Eigelb, 1 Zitrone, 1 Ei zum Bestreichen, Nüsse zum Bestreuen, Fett für das Backblech.

Mehl und Zucker vermischen, Margarineflöckchen, Eigelbe, Zitronensaft und etwas abgeriebene Zitronenschale zugeben. Zu einem glatten Teig verarbeiten und eine dickere Platte ausrollen. Mit einer Form oder 2 verschieden großen Gläsern kleine Kränzchen ausstechen, mit verquirltem Ei bestreichen und mit gehackten Nüssen bestreuen. Auf gefettetem Blech langsam goldgelb backen.

Anisplätzchen

3 Eier, 200 g Puderzucker, 1 Päckchen Vanillinzucker, Saft von ¼ Zitrone, 150 g Mehl, Anis, Fett und Mehl für das Backblech.

Eier mit Zucker und Vanillinzucker

schaumig rühren und Zitronensaft zufügen. Wenn die Masse zu stocken beginnt, Mehl locker unterrühren. Den Teig in einen Spritzbeutel füllen und mit der Tülle kleine Häufchen auf ein gefettetes und mit Mehl bestäubtes Blech spritzen. Die Häufchen können auch nur mit einem Teelöffel geformt werden. Sie zerfließen zu kleinen Plätzchen, auf die Anis gestreut wird. In die nur wenig vorgewärmte Röhre stellen, die Tür etwas geöffnet lassen und die Plätzchen langsam trocknen. Wenn sie an der Oberfläche trocken sind, die Hitze erhöhen und die Plätzchen goldgelb backen.

Eierkränzchen

2 hartgekochte Eier, 150 g Margarine, 60 g Zucker, 40 g geriebene Mandeln, ½ Zitrone, 200 g Mehl, 1 Ei, gehackte Nüsse und grober Zucker zum Bestreuen, Fett für das Backblech.

Die Eigelbe passieren und mit Margarine verrühren, Zucker, Mandeln, Zitronensaft und etwas abgeriebene Zitronenschale zugeben und zuletzt das Mehl untermischen. Zu einem glatten Teig verarbeiten, ausrollen und Kränzchen ausstechen. Mit verquirltem Ei bestreichen, mit gehackten, etwas gerösteten Nüssen und grobem Zucker bestreuen. Auf gut gefettetem Blech langsam backen.

Feine Sternchen

200 g Mehl, 180 g Stärkemehl, 140 g Puderzucker, 1 Päckchen Vanillinzucker, 6 g Natron, 80 g Butter, 2 Eigelb, 1 Ei, ⅛ l saure Sahne, 1 Ei zum Bestreichen, grober Zucker zum Bestreuen, Fett für das Backblech.

Auf dem Kuchenbrett Mehl, Stärkemehl, Zucker und Natron vermischen. Die Margarineflöckchen zugeben, in die Mitte die Eigelbe und das ganze Ei schlagen und zusammen mit saurer Sahne einen Teig bereiten. Kühl gestellt etwas rasten lassen. Dann zu einer strohhalmdicken Platte ausrollen und Sternchen ausstechen. Auf ein gefettetes Backblech legen, mit verquirltem Ei bestreichen und mit grobem Zucker bestreuen. In der vorgewärmten Röhre goldgelb backen.

Nußherzchen

Für den Nußteig: 2 Eiweiß, 120 g Zucker, 70 g geriebene Nüsse, ½ Eßlöffel Kakao.
Für den Mürbeteig: 150 g Mehl, 50 g Zucker, 50 g geriebene Mandeln, 100 g Margarine, 1 Ei.

Für den Nußteig die Eiweiße zu Schnee schlagen, langsam Zucker und die geriebenen Nüsse zugeben und zuletzt den Kakao unterziehen. Für den Mürbeteig auf dem Kuchenbrett Mehl, Zucker, geriebene Mandeln, Margarineflöckchen und Ei zu einem glatten Teig verarbeiten. Kühl gestellt 1 Stunde rasten lassen. Dann ausrollen und kleine Herzen ausstechen. Den Nußteig mit dem Messer auf die Herzen streichen oder besser mit dem Spritzbeutel aufspritzen, aber so, daß ein 3 mm breiter Rand bleibt. Die Herzchen auf trockenem Backblech bei mittlerer Hitze backen.

Lomnicer Nuß- oder Mandelbeugel

15 g Hefe, 5 Eßlöffel Milch, 20 g Zucker, 250 g Mehl, 120 g Margarine, 2 Eigelb, 50 g geriebene Nüsse oder Mandeln, etwas Rum, Vanillinzucker, Fett für das Backblech.

Die Hefe in lauwarmer Milch mit je 1 Teelöffel Zucker und Mehl verrühren. Margarine und Eigelbe schaumig schlagen, Hefe, Nüsse und langsam auch Mehl unterarbeiten. Den Teig gehen lassen. Auf dem Kuchenbrett kleine Rollen und daraus Halbbögen (Beugel) formen. Auf ein

gefettetes Backblech legen und goldgelb backen. Ausgekühlt mit kaltem Wasser, das mit etwas Rum verrührt wurde, anfeuchten und in Vanillinzucker wenden. Nochmals auf das Backblech legen und bei mäßiger Hitze nur trocknen.

Ingwerplätzchen

140 g Puderzucker, 1 Ei, 1 Eigelb, 100 g Mehl, 10 g gemahlener Ingwer, Wachs für das Backblech.

Puderzucker, Ei und Eigelb in einem Topf im Wasserbad auf der Kochstelle schlagen. Wenn die Masse dick wird, vom Feuer nehmen und bis zum Auskühlen weiterrühren. Dann löffelweise Mehl mit Ingwer gesiebt zugeben. Den Teig sehr dünn ausrollen und verschiedene Formen ausstechen. Die Plätzchen auf ein mit Wachs bestrichenes Backblech legen und entweder auf dem Herd oder in der geöffneten und nur wenig beheizten Röhre mindestens 2 Stunden trocknen lassen. Sie können auch über Nacht stehenbleiben. Anschließend langsam goldgelb backen.

Teig für süße und salzige Plätzchen

300 g Mehl, Salz, 220 g Margarine, 15 g Hefe, 1 Würfel Zucker, etwa 6 Eßlöffel Milch, 1 Ei zum Bestreichen, grobes Salz und Kümmel oder Vanillinzucker zum Bestreuen, Fett für das Backblech.

Auf ein Backbrett Mehl und Salz sieben, Margarineflöckchen, die mit 1 Würfel Zucker, etwas Milch und Mehl verrührte Hefe zufügen, einen festen Teig kneten und in ein feuchtes Wischtuch wickeln. Im Kühlschrank rasten lassen oder 2 Stunden in kaltes Wasser legen. Dann den Teig abtrocknen, auf dem Brett ausrollen und kleine Plätzchen, Sternchen o. ä. austechen. Auf ein gefettetes Backblech legen, mit verquirltem Ei bestreichen und mit grobem Salz und Kümmel bestreuen. In der erhitzten Röhre rasch backen. Jeweils 2 Salzplätzchen können mit Käsefülle oder Sardellenbutter zusammengesetzt werden. Für süße Plätzchen den Teig vor dem Backen nicht bestreichen und bestreuen, dafür noch heiß in Vanillinzucker wälzen. Dieses Gebäck ist bei richtiger Zubereitung sehr mürbe.

Nußkränzchen

250 g Mehl, ½ Päckchen Backpulver, 80 g Zucker, 120 g Margarine, 100 g geriebene Nüsse, Vanillinzucker, Fett für das Backblech.

Das Mehl mit Backpulver und Zucker sieben, Margarine und geriebene Nüsse zugeben. Zu einem glatten Teig verarbeiten, dann in kleinen Stückchen durch den Fleischwolf mit dem Gebäckvorsatz drehen. Aus den Streifen kleine Kränzchen formen und auf ein gefettetes Kuchenblech legen. In der erhitzten Röhre backen und noch warm in Vanillinzucker wälzen. – Aus dem Teig können auch Stangen und Hörnchen geformt werden.

Zitronenstangen

180 g Mehl, 120 g Margarine, 1 Eigelb, Fett für das Backblech.
Für den Zitronenguß: 1 Eiweiß, 120 g Puderzucker, Saft von ¼ Zitrone.

Mehl, Margarine und Eigelb zu einem glatten Teig verrühren, dünn ausrollen und in breite Streifen schneiden. Für den Zitronenguß in einer Schüssel Eiweiß mit Puderzucker und Zitronensaft so lange rühren, bis der Guß sich weiß färbt und dicklich wird. Den Guß mit einem breiten Messer, das zuvor in heißes Wasser getaucht wurde, auf die Teigstücken streichen und eintrocknen lassen. Dann den Teig zu 10 mm breiten und 30 bis 40 mm langen Stangen schneiden, vorsichtig auf ein gefettes Backblech legen und bei Mittelhitze goldgelb backen.

Salzstangen mit Mandeln

150 g Mehl, 150 g geriebener Käse, 150 g Margarine, Salz, 1 Ei zum Bestreichen, grobes Salz und Kümmel zum Bestreuen, 50 g Mandeln, Fett für das Backblech.

Auf einem Holzbrett gesiebtes Mehl, geriebenen Käse, Margarineflöckchen und etwas Salz zu einem glatten Teig verarbeiten. Kühl gestellt rasten lassen. Dann 4 mm dick ausrollen, mit Ei bestreichen, mit grobem Salz, Kümmel und etwas geriebenem Käse bestreuen. Mit dem Lineal Stangen von 1 cm Breite und 7 cm Länge schneiden und in die Mitte jeweils eine abgezogene Mandelhälfte drücken. Die Stangen auf ein gefettetes Backblech legen und bei starker Hitze rasch backen. Sehr vorsichtig vom Blech nehmen, da sie recht mürbe sind und leicht brechen.

Makronen

3 Eiweiß, 300 g Zucker, 4 Eßlöffel 4prozentiger Essig, 100 g Kokosraspeln, 100 g Mehl, Fett für das Backblech.

Eiweiße und Zucker in einem Topf im Wasserbad rühren, bis die Masse heiß ist, dann Essig sowie Kokosraspeln zugeben und weiterrühren, bis die gesamte Masse heiß ist. Den Topf vom Feuer nehmen und das Mehl unterrühren. Auf das Backblech ein gefettetes Papier legen, darauf kleine Häufchen aus der Masse setzen, etwa 2 Stunden stehen lassen und dann in der mäßig erhitzten Röhre backen.

Mohnstangen

20 g Hefe, 4 Eßlöffel Sahne, 160 g Mehl, 20 g Zucker, 100 g Margarine, 1 Prise Salz, 1 Ei zum Bestreichen, Mohn zum Bestreuen, Fett für das Backblech.

Die Hefe mit Sahne, etwas Mehl und Zucker ansetzen. Zu dem gesiebten Mehl die zerpflückte Margarine, Salz und das Hefestück geben. Alles zu einem glatten Teig verarbeiten. Daraus schmale, etwa 20 cm lange Stangen ausrollen. Auf einem gefetteten Backblech gehen lassen. Dann mit verquirltem Ei bestreichen und mit Mohn bestreuen. In der vorgewärmten Röhre goldgelb backen.

Anisstangen

70 g Margarine, 70 g Zucker, 4 Eigelb, 140 g Mehl, 1 Eiweiß zum Bestreichen, Anis, Fett für das Backblech.

In einer Schüssel Margarine und Zucker verrühren und auf die lauwarme Herdplatte oder einen warmen Topf stellen, bis die Margarine zergeht. Auskühlen lassen, die Eigelbe und die Hälfte Mehl zugeben und alles zu einem glatten Teig verarbeiten. Schmale Stangen oder Brezeln formen, auf ein gefettetes Blech legen, mit Eiweiß bestreichen und mit Anis bestreuen. Bei mäßiger Hitze langsam backen.

Brezeln aus Hefeteig

6 Eßlöffel Sahne, 25 g Hefe, 30 g Zucker, 250 g halbgriffiges Mehl, 70 g Margarine, 2 Eigelb, abgeriebene Zitronenschale, 1 Prise Salz, 2 Eiweiß zum Bestreichen, grober Zucker und Mohn zum Bestreuen, Fett für das Backblech.

In der Sahne Hefe, etwas Zucker und Mehl verquirlen. Die Margarine zusammen mit Zucker und Eigelben schaumig rühren, abgeriebene Zitronenschale, Salz und das Hefestück zugeben. Langsam Mehl zuschütten, alles zu einem festen Teig verarbeiten und gehen lassen. Aus dem Teig kurze Rollen und daraus Brezeln formen. Auf ein gefettetes Blech legen, mit Eiweißen bestreichen, mit grobem Zucker und Mohn bestreuen. In der Röhre bei Mittelhitze goldgelb backen.

Prager Stangen

60 g Butter, 2 Eigelb, 140 g Zucker, 140 g ungeschälte Mandeln, 1 Eßlöffel Wasser, 1 Eßlöffel Mehl, Fett für das Backblech. Für den Zuckerguß: 2 Eiweiß, 140 g Puderzucker.

Die Butter zusammen mit Eigelben und Zucker schaumig rühren, geriebene Mandeln, Wasser und Mehl zugeben. Alles zu einem Teig verarbeiten, zu einer dicken Platte ausrollen und mit Zuckerguß überziehen. Dafür die Eiweiße mit dem Zucker verrühren. Wenn der Guß etwas getrocknet ist, Stangen schneiden und in kaltem Wasser anfeuchten. Dann auf ein gefettetes Kuchenblech legen und langsam backen.

Schneebusserl

4 Eiweiß, 70 g Zucker, 240 g Puderzucker.

Die Eiweiße zu festem Schnee schlagen, Zucker zugeben und zuletzt den Puderzucker leicht unterheben. Die Busserl mit dem Spritzbeutel auf ein gefettetes Papier auf dem Backblech spritzen oder mit einem Teelöffel als kleine Häufchen setzen. Den Löffel zwischendurch in heißes Wasser tauchen. Die Busserl in der lauwarmen Röhre so lange mehr trocknen als backen lassen, bis sie sich gut vom Papier entfernen lassen.

Zuckerbusserl

210 g Zucker, 4 Eiweiß, etwas Vanillinzucker, Oblaten, Wachs für das Backblech.

140 Gramm Zucker mit etwas Wasser beträufeln und aufkochen lassen. Nach einigen Minuten eine kleine Drahtschlinge eintauchen. Wenn sich beim Herausziehen eine Blase bildet, dann den Zucker vom Feuer nehmen. Die Eiweiße zu festem Schnee schlagen, den restlichen Zucker und den Vanillinzucker unterrüh-

ren und dann tropfenweise den gekochten Zucker zugeben. Auf ein mit Wachs bestrichenes Blech Oblaten legen und darauf die Busserl mit dem Spritzbeutel spritzen. Es können auch mit einem Teelöffel Häufchen aufgesetzt werden. In der lauwarmen Röhre trocknen.

Kokosschnitten

250 g Margarine, 4 Eßlöffel Kakao, 250 g Zucker, 1 Teelöffel Rum, 3 Eier, 250 g Biskuitbrösel, 100 g Kokosraspeln.

Die Margarine zerlassen, Kakao, Zucker, Rum, Eier, Biskuitbrösel und Kokosraspeln darunterrühren. Alles zu einem Teig verarbeiten. Auf dem Brett längliche Rollen formen und trocknen lassen. Dann zu kleinen Plätzchen oder Schnitten aufschneiden.

Hagebuttenplätzchen

300 g Zucker, 3 Eßlöffel Hagebuttenmarmelade.
Für den Zuckerguß: 1 Eiweiß, 100 g Puderzucker, Saft von ½ Zitrone.

Den Zucker mit der Marmelade verarbeiten. Daraus runde Plätzchen, Stangen oder Hörnchen formen. Mit Zuckerguß bestreichen und trocknen lassen. Für den Guß das Eiweiß gut rühren, dann langsam Zucker und Zitronensaft zugeben. So lange rühren, bis der Guß sich weißlich färbt und zu stocken beginnt.

Flammeris

Grießflammeri mit Obst

½ l Milch, 1 Prise Salz, 60 g Grieß, 1 Päckchen Vanillinzucker, 70 g Zucker, Zitronenschale, 1 Ei, 300 g Obst (Erdbeeren, Himbeeren, Johannisbeeren, Weinbeeren, Pfirsiche).

Die Milch mit dem Salz aufkochen. Den zuvor etwas in kalter Milch angerührten Grieß zugeben und unter ständigem Rühren 10 Minuten zu Brei kochen. Zucker, etwas abgeriebene Zitronenschale sowie das Eigelb zugeben, vom Feuer nehmen und den steifen Eischnee unterziehen. Kleine Kompottschüsseln oder Tassen mit kaltem Wasser ausspülen und mit dem Brei füllen. Erkaltet stürzen und mit Obst garnieren.

Karamelflammeri

100 g Zucker, 4 Eßlöffel Wasser, ½ l Milch, 50 g Stärkemehl, 1 Päckchen Vanillinzucker, 1 Ei, 2 Apfelsinen, 2 Bananen oder Sauerkirschen oder auch Erdbeeren.

Den Zucker goldbraun zu Karamel rösten und mit dem Wasser aufkochen. In 3 Eßlöffeln kalter Milch das Stärkemehl verrühren. Die übrige Milch mit Vanillinzucker aufkochen, Karamel und Stärkemehl zugeben. Unter ständigem Schlagen mit dem Schneebesen aufkochen. Das Eigelb zugeben und weiterschlagen, bis die Masse ausgekühlt ist. Dann erst steifen Eischnee unterziehen und den Flammeri in Kompottschüsseln füllen. Nach dem Erkalten mit Obst garnieren.

Obstkaltschale

500 g Obst (Erdbeeren, Himbeeren, Johannisbeeren usw.), ¼ l Wasser, 150 g Zucker, 50 g Stärkemehl, ⅛ l Schlagsahne.

Das Obst vorbereiten, in Wasser zerkochen und durch ein Sieb streichen. ½ Liter dieses Obstsaftes mit Zucker abschmecken, erwärmen, in kaltem Wasser verrührtes Stärkemehl zugeben und unter ständigem Rühren aufkochen. Den Brei in kalt ausgespülte Schüsseln oder breite Gläser füllen und nach dem Auskühlen mit Obst und gesüßter Schlagsahne garnieren.

Obstkaltschale mit Grieß

250 g Himbeeren oder Sauerkirschen,
250 g Johannisbeeren, ¼ l Wasser, 150 g
Zucker, 150 g Grieß, 50 g Mandeln.

Das vorbereitete Obst in Wasser mit Zucker zerkochen und durch ein Sieb streichen. Etwa ½ Liter des Saftes erwärmen, in kaltem Wasser angerührten Grieß zugeben, 5 Minuten kochen lassen. Dann abgezogene und feingehackte Mandeln zugeben. Rühren, bis der Brei ausgekühlt ist. In Schüsseln oder Gläser füllen und erkaltet mit Obst garnieren.

Cremes

Erdbeercreme

500 g Erdbeeren oder Himbeeren, 4 Eßlöffel
Wasser, 12 g Gelatine, 3 Eiweiß, 100 g
Zucker, 1 Päckchen Vanillinzucker,
⅛ l Schlagsahne.

Das Obst durch ein Sieb passieren. In 2 Eßlöffeln kaltem Wasser die Gelatine auflösen, 2 Eßlöffel warmes Wasser zugeben und erwärmen, bis sich die Gelatine restlos aufgelöst hat. Aus den Eiweißen festen Schnee schlagen, Zucker und durchgeseihte Gelatine langsam zufügen und verrühren. Den Eischnee mit dem Obst vermischen, in hohe Gläser füllen und kühl stellen. Vor dem Servieren mit Schlagsahne und Beeren garnieren.

Vanillecreme mit Obst

3 Eigelb, ⅓ l Milch, 100 g Zucker, 30 g
Stärkemehl, 1 Päckchen Vanillinzucker,
3 Eßlöffel Wasser, 12 g Gelatine,
¼ l Schlagsahne, 250 g frisches oder
Kompottobst.

Die Eigelbe in der Milch verquirlen. Zukker, Stärkemehl sowie Vanillinzucker zu-

geben und im Wasserbad so lange schlagen, bis die Masse eindickt. Sie darf nicht kochen! Die Gelatine in Wasser auflösen und auf die noch warme Creme durchseihen. Die Creme rühren, bis sie ausgekühlt und steif ist. Dann erst die Schlagsahne unterziehen. In Schüsseln oder Formen füllen und im Kühlschrank stocken lassen. Stürzen und mit Obst garnieren.

Nußcreme

100 g Nüsse, 20 g Zucker, ⅓ l Milch,
14 g Gelatine, 2 Eßlöffel Wasser,
½ l Schlagsahne, 70 g Puderzucker,
½ Päckchen Vanillinzucker, einige
Früchte.

Die Nüsse in einer eisernen Pfanne mit Zucker rösten, durch die Mandelmühle drehen, Milch übergießen und langsam kochen. Die Gelatine in 2 Eßlöffeln kaltem Wasser auflösen, etwas Milch mit Nüssen zugeben und erwärmen. Wenn die Gelatine sich aufgelöst hat, die übrige Milch zugießen. Zur Schlagsahne etwas Puderzucker und Vanillinzucker geben, dann nach und nach unter die ausgekühlte Gelatinemasse rühren. Mit der Creme Formen oder Schüsseln füllen und im Kühlschrank stocken lassen. Vor dem Servieren mit Nüssen und Obst verzieren.

Joghurtcreme mit Obst

2 Flaschen Joghurt, 40 g Zucker, 1 Zitrone,
1 Prise Zimt oder Vanillinzucker,
2 Bananen, 1 Apfel, 1 Apfelsine, 2 Eßlöffel
Wasser, 8 g Gelatine.

Den Joghurt mit Zucker schlagen und Zitronensaft, Zimt oder Vanillinzucker zugeben. Die Bananen schälen und mit der Gabel zerdrücken. Apfel und Apfelsine ebenfalls schälen und in kleine Würfel schneiden. Die Gelatine in etwas kaltem Wasser einweichen, anwärmen und auflösen. Damit den mit Obst vermischten Joghurt begießen. In tiefe Schüsseln füllen, mit Obst garnieren und im Kühlschrank stocken lassen.

Obstbecher und -schälchen

Preiselbeerbecher

12 Würfel Zucker, 6 Eßlöffel Wasser, 25 g Stärkemehl oder Puddingpulver Vanillegeschmack, 2 Eiweiß, 20 g Puderzucker, 200 g Preiselbeeren, 1/8 l Schlagsahne, 10 g Zucker.

Den Würfelzucker mit 2 Eßlöffeln Wasser beträufeln und zu Karamel kochen, dabei ständig rühren. Wenn der Zucker bräunt, schnell vom Feuer nehmen, heißes Wasser zugießen, verrühren und erneut aufkochen. Stärkemehl in Milch verquirlen und unter ständigem Rühren aufkochen lassen. Dann den Karamelzucker zugeben. Die Eiweiße zu festem Schnee schlagen. Puderzucker zugeben und unter die Creme rühren. Ausgekühlt in hohe Glaskelche füllen. Als unterste Schicht Preiselbeerkompott oder auch Johannisbeer- oder Himbeergelee und dann die Creme einfüllen. Obenauf ein Häubchen Schlagsahne setzen und gut gekühlt servieren.

Vanillebecher mit Obst

3 Eigelb, 80 g Zucker, 1 Päckchen Vanillinzucker, 1/4 l Milch, 8 g Gelatine, 3 Eßlöffel Wasser, 1/4 l Schlagsahne, 300 g frisches oder Kompottobst (Aprikosen, Sauerkirschen, Birnen).

Eigelbe, Zucker und Vanillinzucker in Milch verrühren und im Wasserbad zu einer dicken Creme schlagen. Inzwischen die Gelatine in etwas Wasser einweichen, erwärmen, auflösen und zur ausgekühlten Creme geben. Wenn sie zu stocken beginnt, 2 Drittel der gesüßten steifen

Schlagsahne zufügen und in Schüsseln füllen. Die Creme mit Obst und Schlagsahne garnieren und kalt servieren.

Obstbecher mit Schokoladenguß

500 g Obst (Erdbeeren, Bananen, Pfirsiche, Birnen, Sauerkirschen, Mischobst oder auch Kompott), Zitronensaft, 1 Tasse Vanilleeis, 30 g Nußkerne.
Für den Schokoladenguß: 30 g Butter, 50 g Zucker, 1 Päckchen Vanillinzucker, 30 g Kakao, 3 bis 4 Eßlöffel Wasser.

Das Obst vorbereiten, große Stücke in kleine Würfel schneiden, weißes Obst mit Zitronensaft beträufeln. Für den Schokoladenguß die Butter zerlassen, Zucker, Vanillinzucker und Kakao abwechselnd mit Wasser zugeben und zu einer cremigen Masse verrühren, die nicht kochen darf. In die Gläser zuerst Obst füllen, dann etwas Eis und wieder Obst. Obenauf mit ausgekühltem Schokoladenguß übergießen und mit gehackten Nüssen bestreuen. Im Kühlschrank kalt stellen. Als Beilage leichtes Gebäck.

Pfirsichbecher mit Kakaocreme

6 große Pfirsiche, 4 Eßlöffel Wasser, 50 g Zucker, 1/2 Zitrone.
Für die Creme: 40 g Zucker, 1 Prise Salz, 20 g Kakao, 15 g Stärkemehl, 1/4 l Milch, 1/8 l Schlagsahne.

Die Pfirsiche mit heißem Wasser überbrühen, schälen, halbieren, in heiße Zuckerwasserlösung legen, mit Zitronensaft beträufeln und etwas dünsten. Für die Creme Zucker, Salz, Kakao und Stärkemehl in der Milch verrühren. Im Wasserbad so lange schlagen, bis die Creme zu stocken beginnt. In Glaskelche oder Schüsseln zunächst Obst füllen, dann die Creme darübergießen und mit steifer Schlagsahne garnieren. Als Beilage Oblaten reichen.

Zitronenbecher mit Biskuits

*150 g Zucker, ½ l Wasser, 50 g Butter,
2 Eigelb, 1 Puddingpulver Vanillegeschmack, 2 Zitronen, 100 g Biskuits,
⅛ l Schlagsahne.*

Den Zucker im Wasser verrühren, die
Butter, die Eigelbe und das Puddingpulver zugeben. Im Wasserbad so lange
schlagen, bis die Creme dick wird. Vom
Feuer nehmen, Zitronensaft und abgeriebene Zitronenschale unterrühren. Zuerst
Biskuits in die Schüssel schichten, die ausgekühlte Creme darüber verteilen und
obenauf mit Schlagsahne garnieren.

Bananenbecher

*50 g Haferflocken, 30 g Butter, 90 g Zucker,
4 große Bananen, 1 Prise Salz, Saft von
½ Zitrone, 150 g Sauerkirsch- oder
Preiselbeerkompott, ⅛ l Schlagsahne.*

Die Haferflocken in Butter mit
20 Gramm Zucker goldgelb rösten, dann
vom Feuer nehmen und auskühlen lassen.
Die Bananen mit der Gabel zerdrücken
(einige Scheiben zum Garnieren übriglassen), mit Zucker sowie Salz verrühren und
mit Zitronensaft beträufeln. Dann mit den
Haferflocken vermischen, entkernte Sauerkirschen zugeben und steif geschlagene,
gesüßte Schlagsahne unterziehen. Die
Gläser mit der Haferflocken-Obst-Masse
füllen, obenauf ein Häubchen aus Schlagsahne setzen und mit Bananenscheiben
und Kirschen garnieren.

Apfelbecher

*3 Frischrahmkäse, ⅛ l Apfelsaft oder -most,
30 g Zucker, 1 Eigelb, 1 Teelöffel Rum,
4 große Äpfel, Zitronensaft, etwas
Preiselbeer- oder Johannisbeerkompott oder
Weinbeeren.*

Die Frischrahmkäse mit dem Apfelsaft
verschlagen, Zucker und Eigelb zugeben

und mit Rum abschmecken. Die Äpfel
schälen, in Würfel schneiden, sofort mit
Zitronensaft beträufeln und mit der Käse-
creme vermischen. In Gläser füllen und
obenauf mit Beeren garnieren. Gut gekühlt auftragen.

Quarkbecher mit Rosinen und Obst

*500 g Quark, ¼ l Schlagsahne, etwas Salz,
30 bis 50 g Zucker, 100 g Rosinen, 50 g
kandierte Kirschen und Zitronat oder
etwas frisches Obst.*

Den Quark durch ein Sieb passieren, langsam mit ungeschlagener Sahne verdünnen, Salz, Zucker und zuletzt Rosinen und
das kleingeschnittene Obst zugeben. In
Gläser füllen und gut kühlen. Mit Oblaten, Keksen oder anderem Backwerk servieren.

Pfirsichgelee

*700 g Pfirsiche, ½ l Wasser, 2 Zitronen,
¼ l Weißwein, 40 g Gelatine, etwas Öl,
50 g Mandeln, ⅛ l Schlagsahne, 10 g
Zucker.*

Die härteren Pfirsiche schälen, in Stücke
schneiden, kurz in Zitronenwasser dünsten und abseihen. In das Wasser die wei-
cheren Pfirsiche hineinschneiden und zu
Brei kochen. Dann durch ein Sieb passieren. Dieses Püree mit Wein, Wasser und
Zitronensaft auf 1 Liter Flüssigkeit auffüllen. Die Gelatine einweichen, unter
Rühren erwärmen, auflösen und in das
noch warme Püree rühren. Schüsseln mit
Öl auspinseln, jeweils 1 Stück Pfirsich und
in Scheiben geschnittene, abgezogene
Mandeln hineinlegen, mit etwas ausgekühltem Gelee übergießen. Warten bis
die Schicht festgeworden ist, dann weiter-
gießen. Die gefüllten Schüsseln über
Nacht im Kühlschrank stehen lassen. Vor
dem Auftragen das Gelee stürzen und mit
steifer gesüßter Schlagsahne garnieren.

Apfelgelee mit Obst

½ l Apfelsaft oder -most, ¼ l Weißwein oder Wasser mit Zitronensaft, 30 bis 50 g Zucker, 12 g Gelatine, 2 Eßlöffel Wasser, 1 Orange, 1 Banane, 1 Apfel, 4 Aprikosen, 10 bis 12 Sauerkirschen oder Pflaumen, 2 Eßlöffel Zitronensaft, ⅛ l Schlagsahne, 10 g Zucker.

Den Apfelsaft mit Wein oder Zitronenwasser vermischen und mit Zucker abschmecken. Die Gelatine in kaltem Wasser einweichen und mit dem Obstsaft erwärmen, bis sie sich völlig aufgelöst hat. Dann durchseihen und auskühlen lassen. Das Obst schälen, in kleine Würfel schneiden und in die Schüssel schichten. Mit Zitronensaft beträufeln, damit es seine helle Farbe behält. Langsam mit dem Gelee übergießen. Dann auskühlen lassen und mit steifer gesüßter Schlagsahne garnieren.

Joghurtgelee mit Obst

2 Flaschen Joghurt, 2 Eßlöffel Zucker, 1 Päckchen Vanillinzucker, 12 g Gelatine, ⅛ l Wasser, 1 Banane, 2 Orangen, 2 Äpfel, 200 g Preiselbeer- oder Johannisbeerkompott.

Den Joghurt mit Zucker und Vanillinzucker schaumig rühren. Die Gelatine in kaltem Wasser einweichen, dann erwärmen, bis sie sich auflöst. In den Joghurt durchseihen. Das Obst schälen, in Würfel schneiden und in Schüsseln legen. Johannisbeer- oder Preiselbeerkompott zugeben. Mit Joghurt übergießen und im Kühlschrank auskühlen lassen. In Schälchen oder Gläsern servieren.

Apfelsinengelee mit Obst

2 Apfelsinen, 1 Zitrone, ⅛ l Wasser, 200 g Zucker, 12 g Gelatine, 2 Eßlöffel Wasser, 2 Bananen oder 5 Aprikosen oder 2 Ananasscheiben.

Die Apfelsinen und die Zitrone auspressen. Ein dünnes Stück Apfelsinenschale abschälen, in Zuckerwasser kurz aufkochen. Die Gelatine in 2 Eßlöffeln kaltem Wasser einweichen, zu dem Apfelsinenschalenwasser geben (Schale herausnehmen) und anwärmen, bis sich die Gelatine auflöst. Dann den ausgepreßten Saft zufügen. Zuerst in Würfel geschnittenes Obst in die Schüsseln schichten und dann das Gelee darübergießen. Im Kühlschrank erstarren lassen.

Vanillebecher mit Obst

3 Eigelb, 100 g Zucker, 1 Vanillinzucker, l Sahne, 6 g Gelatine, 2 Eßlöffel Wasser, 1 Eßlöffel Rum, 100 g Biskuits, 400 g frisches oder Kompottobst (Pfirsiche, Ananas, Aprikosen), ⅛ l Schlagsahne, 10 g Zucker.

Eigelbe, Zucker und Vanillinzucker in Sahne verrühren und im Wasserbad schlagen, bis eine dicke Creme entsteht. Gelatine in Wasser einweichen, erwärmen, gut verrühren und auf die Creme seihen. Den Rum zufügen und abkühlen lassen. In die Gläser zuerst Biskuits legen, darauf Obst und zuletzt die eingedickte Creme darübergießen. Die Becher obenauf mit einem Häubchen aus leicht gesüßter Schlagsahne garnieren. – Nach Belieben noch mit geraspelter Schokolade bestreuen.

Apfelsalat

250 g Äpfel, 250 g Aprikosen, 2 Bananen, 1 Zitrone, 2 Eßlöffel Weißwein, Zucker, ⅛ l Schlagsahne.

Die Äpfel schälen, in Würfel schneiden, die Aprikosen halbieren und die geschälte Banane in Scheiben schneiden. Alles mit Zitronensaft beträufeln, Wein zugeben und mit Zucker abschmecken. Den Salat gut vermischen, kalt stellen und mit gesüßter Schlagsahne garnieren.

Gemischter Obstsalat mit Quark

2 Äpfel, 2 Bananen, 1 Zitrone, 200 g Johannisbeeren oder Erdbeeren, 150 g Quark, ⅛ l Sahne, 45 g Zucker, 1 Päckchen Vanillinzucker, 1 Teelöffel Rum, 40 g geröstete Haselnüsse.

Die Äpfel und Bananen schälen und in kleine Scheiben schneiden. Alles mit Zitronensaft beträufeln, die Johannis- oder Erdbeeren zugeben. Den Quark durch ein Sieb passieren, mit der Sahne schaumig schlagen, mit Zucker, Vanillinzucker und Rum abschmecken. Den Quark über das Obst gießen. Den Salat mit gerösteten Haselnüssen verzieren.

Gemischter Salat mit Mayonnaise

400 g kleine feste Tomaten, 200 g Äpfel, 1 große Salatgurke, 200 g Mayonnaise, Salz, Pfeffer, Zucker, Zitrone, ⅛ l Schlagsahne.

Die Tomaten in Scheiben schneiden, Äpfel und Gurke schälen und ebenfalls in Scheiben schneiden. Den Salat in einer flachen Schüssel anrichten. Entweder vermischen oder jeweils eine Schicht Tomaten, Äpfel und Gurken auflegen. Die Mayonnaise mit Salz, Pfeffer und Zucker abschmecken, mit Zitronensaft beträufeln und mit Schlagsahne verrühren. Damit den Salat übergießen und kalt stellen. – Anstelle von Äpfeln oder zusätzlich können Melonen oder grüne Paprikafrüchte verwendet werden.

Möhrensalat mit Obst

300 g Möhren, 1 Apfel, 2 Bananen, 1 Orange, 1 Zitrone, 50 g Zucker, 40 g geröstete Haselnüsse.

Die Möhren putzen und reiben. Geschälten geriebenen Apfel, in Scheiben geschnittene Bananen und Orangenstücke zugeben. Den Zitronensaft mit 3 Eßlöffeln Wasser verdünnen, mit Zucker abschmecken und über den Salat gießen. Den Salat zum Schluß mit gerösteten Nüssen garnieren.

❖❖❖❖❖❖❖❖❖❖❖❖❖❖❖❖❖❖

Getränke

Zu den beliebtesten Getränken in der ČSSR gehört Pilsner Urquell. Bei festlichen Anlässen reicht man Rot- oder Weißwein und als Aperitif Wermutwein, Cherry Brandy, Weinbrand oder Wodka. Von den warmen Getränken wird schwarzer Kaffee am meisten getrunken, den man ungefiltert direkt in der Tasse aufbrüht. Die neuen kleinen Kaffeemaschinen benutzt man für die Zubereitung von Filterkaffee, der mit etwas Milch oder Sahne serviert wird. Beliebt ist auch der sogenannte Wiener Kaffee mit Schlagsahne.

Tee wird meistens nachmittags oder abends nach dem Abendbrot getrunken. Häufig reicht man ein Gläschen Rum, Zitronensaft oder Sahne dazu.

❖❖❖❖❖❖❖❖❖❖❖❖❖❖❖❖❖

Holunderwein

2 kg Holunderbeeren, 4 l Wasser, 3 Pfefferkörner, 4 Gewürzkörner, 3 Nelken, 2 kg Zucker, 50 g Hefe.

Die Holunderbeeren mit dem kalten Wasser übergießen, die Gewürze zugeben und etwa ½ Stunde kochen. Dann durch ein Baumwolltuch seihen und den Saft zusammen mit dem Zucker nochmals 10 Minuten kochen lassen. In dem abgekühlten Saft die zerdrückte Hefe gut verrühren und 24 Stunden stehen lassen. Am nächsten Tag umrühren und weitere 24 Stunden gären lassen. Dann in eine 5-Liter-Flasche seihen, mit Einmachfolie fest verschließen, zubinden und in einem warmen Raum etwa drei Monate stehen lassen. Den fertigen Wein in Literflaschen abfüllen und gut verkorken.

Holunderlikör

1 kg Holunderbeeren, 2 l Wasser, 1 kg Zucker, 1 Vanilleschote, 6 Nelken, etwas Muskat, 1 Zitrone, ¾ l Wodka oder Obstgeist

Die Holunderbeeren zusammen mit Wasser und Zucker ½ Stunde kochen. Den Saft durchseihen, Gewürze und Zitronensaft zugeben und nochmals 1 Stunde kochen lassen. Danach wieder durchseihen, mit dem Alkohol vermischen und in Flaschen abfüllen.

Orangen-Juice

Schale von 3 Orangen, 3½ l Wasser, 3 Teelöffel kristallisierte Zitronensäure, 500 g möglichst grober Zucker.

Die Orangenschale in ½ Liter kaltem Wasser mit der Zitronensäure über Nacht einweichen. Dann im Mixer zerkleinern. 3 Liter Wasser mit dem Zucker kochen, den Orangenextrakt zugeben, gut verrühren und durch ein feines Sieb oder ein Tuch seihen. Der Juice wird mit Selterswasser verdünnt oder verschiedenen Getränken zugefügt. Es dürfen keine Schalen von Orangen verwendet werden, die chemisch behandelt wurden!

Orangensaft mit Rum

Schale von 6 Orangen, ¼ l Rum, 1 l Wasser, 1 kg Zucker, 25 g kristallisierte Zitronensäure.

Die gewaschenen Schalen vom weißen Inneren säubern, in kleinere Stücke schneiden, mit dem Rum übergießen und 4 Tage stehen lassen. Das Wasser mit dem Zucker aufkochen und abkühlen lassen. Die Orangenschalen mit dem Rum und die in Wasser aufgelöste Zitronensäure zugeben. Alles gut verrühren und in Flaschen seihen. Der Saft kann als Likör getrunken werden, schmeckt aber auch vortrefflich als Zusatz zu Tee.

Kirschlikör

*1½ kg Sauerkirschen, 1 kg Zucker,
1 Vanilleschote, 3 g Zimt, 5 Nelken,
4 bittere Mandeln, 1 l Wodka oder Obstgeist.*

Die Kirschen entkernen und in eine Flasche mit breitem Flaschenhals füllen. Mit
abgekühltem gekochtem Zucker übergießen, Vanilleschote und Gewürze sowie
Mandeln und den Alkohol zugeben. Alles
verrühren und 3 bis 4 Wochen in der
Sonne stehen lassen. Dann erst durchseihen, in Flaschen füllen und gut verkorken.

Eierlikör

*5 Eigelb, 250 g Zucker, 1 Päckchen Vanillin-
zucker, ¼ l Schlagsahne, ⅛ l Milch,
½ Flasche Weinbrand (0,5 l).*

Die Eigelbe mit Zucker und Vanillinzuk-
ker schaumig rühren. Schlagsahne, Milch
und Alkohol zugeben, gut verrühren
und in Flaschen füllen. Die Flaschen fest
verschließen und etwa 2 Monate stehen
lassen.

Hausgemachter Obstpunsch

*450 g Würfelzucker, 4 Apfelsinen, ¼ l
Wasser, 2 Zitronen, Tee von ½ l Wasser
und 10 g Tee, ⅛ l Rum, 1 Stückchen
Vanilleschote.*

Den Zucker und die dünne Schale von 1
Apfelsine mit dem Wasser zum Faden kochen. Den Saft der übrigen Apfelsinen
und der Zitronen zugeben, ebenso Tee,
Rum und Vanille. Alles aufkochen lassen
und in Gläser durchseihen. Heiß servieren.

Warme Milch zur Stärkung
(Einzelportion)

*1 Eigelb, 20 g Zucker, 200 ml Milch, 1 Glas
Rum oder Weinbrand.*

Das Eigelb mit dem Zucker verrühren,
mit heißer Milch auffüllen und verquirlen.
Mit Rum oder Weinbrand abschmecken.
Das Getränk ist besonders im Winter erfrischend und stärkend.

Grog
(Einzelportion)

*1 Zitronenscheibe, 1 Teelöffel Zucker,
1 Teelöffel Rum, 1 Glas Wasser.*

In ein Glas zuerst die Zitronenscheibe legen, den Zucker darauf schütten, den
Rum und zum Schluß das siedene Wasser
zugießen. Heiß servieren.

Punsch mit Wein

*½ l Wasser, 500 g Zucker, ¼ l Rotwein,
1 Vanilleschote, 1 Prise Zimt, ¼ l Rum,
5 Eßlöffel Himbeersaft.*

Das Wasser mit Zucker, Wein, Vanille
und Zimt kochen. Rum und Himbeersaft
zugießen, verrühren, kurz aufkochen,
vom Feuer nehmen und auskühlen lassen. In
Flaschen abfüllen und gut verkorken. Je
älter der Punsch ist, desto besser schmeckt
er. Das Getränk wird je nach Bedarf im
Glas mit siedendem Wasser übergossen.

Rezeptverzeichnis